最高人民法院
民事审判第一庭裁判观点

侵权责任卷

最高人民法院民事审判第一庭 编

人民法院出版社

图书在版编目（CIP）数据

最高人民法院民事审判第一庭裁判观点. 侵权责任卷/最高人民法院民事审判第一庭编. -- 北京：人民法院出版社，2023.6
ISBN 978-7-5109-3807-8

Ⅰ.①最… Ⅱ.①最… Ⅲ.①侵权行为－民事诉讼－审判－案例－中国 Ⅳ.①D923

中国国家版本馆CIP数据核字(2023)第095003号

最高人民法院民事审判第一庭裁判观点·侵权责任卷

最高人民法院民事审判第一庭　编

责任编辑	陈　思
封面设计	尹苗苗
出版发行	人民法院出版社
地　　址	北京市东城区东交民巷27号（100745）
电　　话	（010）67550596（责任编辑）　67550558（发行部查询） 　　　　　65223677（读者服务部）
客 服 QQ	2092078039
网　　址	http://www.courtbook.com.cn
E－mail	courtpress@sohu.com
印　　刷	天津嘉恒印务有限公司
经　　销	新华书店
开　　本	787毫米×1092毫米　1/16
字　　数	372千字
印　　张	22
版　　次	2023年6月第1版　2023年6月第1次印刷
书　　号	ISBN 978-7-5109-3807-8
定　　价	78.00元

版权所有　侵权必究

编写说明

在全面推进依法治国、建设中国特色社会主义法治国家的伟大进程中，最高人民法院坚持以习近平新时代中国特色社会主义思想为指导，坚决贯彻落实党的二十大精神和习近平法治思想，坚持党对司法工作的绝对领导，树立现代化的审判理念，促进审判体系和审判能力现代化，以司法审判工作现代化服务保障中国式现代化，充分发挥监督指导全国审判工作、确保法律正确统一适用的职能作用，紧紧围绕"公正与效率"这个主题，履行为大局服务，为人民司法，促进厚植党执政的政治根基的职责使命，把能动司法贯穿新时代新发展阶段审判工作始终，努力让人民群众在每一个司法案件中感受到公平正义，以高质量司法服务高质量发展。

公平正义是司法的灵魂和生命。司法的公平正义，具体体现在每一个司法裁判之中。司法案例中的裁判观点凝结着法官的司法智慧与辛勤劳动，承载着丰富的裁判规则和审判经验，蕴含着重要的法治和司法文化价值。最高人民法院民事审判第一庭权威案例所确定的裁判观点是法官智慧的集中体现，体现了先进的司法理念、公平的裁判尺度、科学的裁判方法，对人民法院审理类似案件作出裁判提供参考和指引，对于统一裁判思路和法律适用标准，促进类案同判和法律正确适用，提高审判质效和司法公信力、维护司法公正和社会和谐稳定具有重要意义。

最高人民法院民事审判第一庭裁判观点系列丛书收录了自2010年以来最高人民法院民事审判第一庭审判的各类权威案例的裁判观点。本丛书分为婚姻家庭、物权、侵权责任、民事合同、民事诉讼五卷。每个案例下包括【案例原文】【新旧法律依据对照】【法律适用指引】【类案裁判观点】四个栏目。通过对案例原文的全面呈现、新旧法条的列举对照、法律条文的适用指引、裁判观点的权威阐释，总结审判经验，体现了最高人民法院对各类型民事案件的法律适用和裁判标准。此外，为了真实地还原案例原貌，在【案例原文】中保留了案例裁判时所适用的裁判依据和法条内容，并在【新旧法律依据对照】中，对案例中所引用的重要法律条文做了新旧法条对照指引，方便读者更好地适用新法。

  本丛书具有以下几个特点：一、全面系统。本丛书梳理了最高人民法院民事审判第一庭自2010年以来审判的婚姻家庭、物权、侵权责任、民事合同、民事诉讼五大类权威案例，并提炼、归纳了案例相关的法律适用疑难问题和裁判观点。二、权威准确。体现本丛书裁判观点的所有案例均来源于最高人民法院官方网站和《最高人民法院公报》《民事审判指导与参考》等官方权威出处，精选其中对审判和执行工作具有现实重要指导意义的权威裁判观点，对裁判观点已过时或不再适用的案例予以删除。三、新颖实用。本丛书密切联系当前民事审判工作中的重点、难点、疑点和热点问题，所收录的法律适用指引和类案裁判观点均体现《民法典》《民事诉讼法》等相关法律和司法解释的最新规定及政策精神，总结的审判经验、裁判规则、裁判观点对各级法院审判人员审理相同或相似案件具有较高的借鉴意义和参考价值。

  对于本丛书编写工作中存在的不足或疏漏之处，敬请读者指正。

编者
二〇二三年六月

总目录

一、损害赔偿 …………………………………………（ 1 ）
二、责任主体的特殊规定 ………………………………（ 77 ）
三、产品责任 ……………………………………………（ 111 ）
四、机动车交通事故责任 ………………………………（ 161 ）
五、医疗损害责任 ………………………………………（ 243 ）
六、高度危险责任 ………………………………………（ 253 ）
七、其他 …………………………………………………（ 277 ）
附录　最高人民法院典型案例 …………………………（ 329 ）

目　录

一、损害赔偿

【案例一】 林某某、陈某某诉蔡某某一般人格权纠纷案…………（ 3 ）
　　【新旧法律依据对照】…………………………………………（ 8 ）
　　【法律适用指引】………………………………………………（ 11 ）
　　法律适用指引一　过错侵权责任的构成要件…………………（ 11 ）
　　法律适用指引二　关于过错推定责任…………………………（ 15 ）
　　法律适用指引三　过错责任原则和过错推定原则的举证证明责任分配
　　　　　　　　　　规则………………………………………………（ 16 ）
　　法律适用指引四　被侵权人请求精神损害赔偿的基本条件…（ 17 ）
　　法律适用指引五　关于请求精神损害赔偿的范围……………（ 20 ）
　　法律适用指引六　要正确认识精神损害赔偿与物质损害赔偿特别是死亡
　　　　　　　　　　赔偿金、残疾赔偿金之间的关系…………（ 20 ）
　　法律适用指引七　应注意区分《民法典》第一千一百九十四条与第一
　　　　　　　　　　千一百九十五条、第一千一百九十六条、第一千一百九
　　　　　　　　　　十七条的适用范围……………………………（ 21 ）
　　法律适用指引八　应注意区分网络服务提供者的具体类型，来确定其
　　　　　　　　　　承担侵权责任的请求权基础……………………（ 22 ）
　　法律适用指引九　举证责任及其分配…………………………（ 22 ）
【案例二】 宜兴市建工建筑安装有限责任公司与张某、张某山申请
　　　　　诉中财产保全损害赔偿责任纠纷案……………………（ 26 ）
　　【新旧法律依据对照】…………………………………………（ 30 ）

1

【法律适用指引】..(31)
　　　法律适用指引一　过错责任原则..............................(31)
　　　法律适用指引二　无过错责任原则的裁判适用..................(32)
　　　法律适用指引三　受害人过错的考量..........................(33)
【案例三】因财产保全引起的损害赔偿案件，应当如何认定申请人
　　　　　申请财产保全错误..............................(35)
　　【新旧法律依据对照】..............................(39)
　　【法律适用指引】..............................(40)
　　　法律适用指引一　过错侵权责任的构成要件..................(40)
　　　法律适用指引二　适用无过错责任原则时的侵权责任构成要件....(44)
【案例四】赵某华与沈阳皇朝万鑫酒店管理有限公司、沈阳中一万
　　　　　鑫物业管理有限公司财产损害赔偿纠纷案..............(47)
　　【新旧法律依据对照】..............................(68)
　　【法律适用指引】..............................(72)
　　　法律适用指引一　过错责任原则和过错推定原则的举证证明责任分配
　　　　　　　　　　规则..............................(72)
　　　法律适用指引二　承担按份责任的责任人的诉讼主体资格........(74)
　　　法律适用指引三　第三人直接实施侵权行为..................(74)
　　【类案裁判观点】..............................(75)
　　　类案裁判观点　物业公司违反安全保障义务责任的认定..........(75)

二、责任主体的特殊规定

【案例五】张某生等诉上海康仁乐购超市贸易有限公司生命权纠
　　　　　纷案..............................(79)
　　【新旧法律依据对照】..............................(84)
　　【法律适用指引】..............................(85)
　　　法律适用指引一　安全保障义务的概念和性质..................(85)
　　　法律适用指引二　违反安全保障义务责任的特点................(88)
　　　法律适用指引三　违反安全保障义务责任的构成要件............(91)

【案例六】 被诱使脱离监护的限制民事行为能力人侵权，如何确定
民事责任 ·· （ 95 ）
　【新旧法律依据对照】 ·· （ 101 ）
　【法律适用指引】 ·· （ 102 ）
　　法律适用指引一　对法定监护顺位的适用 ··· （ 102 ）
　　法律适用指引二　对成年人行为能力的判断 ·· （ 103 ）
　　法律适用指引三　无民事行为能力的认定标准 ··· （ 103 ）
　　法律适用指引四　无民事行为能力人进行的婚姻登记行为是否有效 ··· （ 104 ）
　　法律适用指引五　行为能力个案审查的考量因素 ······································· （ 105 ）
　　法律适用指引六　域外自然人、非无国籍人的民事权利能力认定 ······ （ 106 ）
　　法律适用指引七　监护人责任的特点 ··· （ 106 ）
　　法律适用指引八　审判实务中对被告的处理 ·· （ 108 ）
　　法律适用指引九　被监护人的范围 ··· （ 108 ）
　　法律适用指引十　监护人不明确的情况处理 ·· （ 109 ）
　　法律适用指引十一　不满18周岁的行为人承担侵权责任 ························· （ 109 ）
　　法律适用指引十二　夫妻离婚后的监护 ·· （ 109 ）
　【类案裁判观点】 ·· （ 110 ）
　　类案裁判观点　单位担任监护人是否承担监护责任 ··································· （ 110 ）

三、产品责任

【案例七】 刁某奎诉云南中发石化有限公司产品销售者责任纠纷案
·· （ 113 ）
　【新旧法律依据对照】 ·· （ 119 ）
　【法律适用指引】 ·· （ 121 ）
　　法律适用指引一　销售者责任的构成要件 ··· （ 121 ）
　　法律适用指引二　举证责任及其分配 ··· （ 122 ）
　　法律适用指引三　关于诉讼费用的规定 ·· （ 124 ）
　　法律适用指引四　以判决、裁定方式依法改判、撤销或者变更 ············ （ 130 ）
【案例八】 国家标准、行业标准不统一如何判定产品是否合格 ········ （ 132 ）

【新旧法律依据对照】…………………………………………（137）
　【法律适用指引】……………………………………………（139）
　　法律适用指引一　价款或者报酬如何确定…………………（139）
　　法律适用指引二　履行地点如何确定………………………（140）
　　法律适用指引三　履行方式如何确定………………………（140）
　　法律适用指引四　履行费用如何确定………………………（141）
　　法律适用指引五　《民法典》第五百一十一条的审判适用……（141）
　　法律适用指引六　产品责任的举证责任……………………（142）
　　法律适用指引七　产品责任的诉讼时效……………………（143）
【案例九】消费者不当使用商品与商品责任的免除……………（144）
　【新旧法律依据对照】…………………………………………（154）
　【法律适用指引】……………………………………………（156）
　　法律适用指引一　民事责任的本质特征……………………（156）
　　法律适用指引二　产品缺陷的判断标准……………………（157）
　　法律适用指引三　产品责任的抗辩事由……………………（158）
　　法律适用指引四　物业公司违反安全保障义务责任的认定……（159）

四、机动车交通事故责任

【案例十】保险公司能否以已向被保险人理赔为由对抗受害人的
　　　　　交强险赔偿请求权……………………………………（163）
　【新旧法律依据对照】…………………………………………（167）
　【法律适用指引】……………………………………………（167）
　　法律适用指引一　过失相抵原则适用的主体范围…………（167）
　　法律适用指引二　过失相抵原则在特殊侵权领域的适用…（168）
　　法律适用指引三　过失相抵原则的适用方法………………（170）
　　法律适用指引四　过失相抵与因果关系中断………………（171）
【案例十一】农村"五保户"因交通事故等侵权行为致死获赔的
　　　　　　死亡赔偿金应归谁所有……………………………（172）
　【新旧法律依据对照】…………………………………………（179）

【法律适用指引】…………………………………………（181）
　　法律适用指引一　残疾赔偿金的定性和计算标准…………（181）
　　法律适用指引二　侵权责任的请求权主体…………………（183）
　　法律适用指引三　"无名死者"的请求权主体………………（186）

【案例十二】机动车一方未投交强险时，发生交通事故时责任应如
　　　　　　何承担………………………………………………（189）
　　【新旧法律依据对照】……………………………………（193）
　　【法律适用指引】…………………………………………（196）
　　　法律适用指引　机动车交通事故责任的归责原则………（196）

【案例十三】道路交通事故损害赔偿纠纷案件中，机动车交通事故
　　　　　　责任强制保险中的分项限额能否突破……………（198）
　　【新旧法律依据对照】……………………………………（203）
　　【法律适用指引】…………………………………………（206）
　　　法律适用指引　死亡赔偿金的性质认识…………………（206）

【案例十四】无偿代驾发生交通事故，如何认定无偿驾驶人和车辆
　　　　　　所有人的责任………………………………………（209）
　　【新旧法律依据对照】……………………………………（215）
　　【法律适用指引】…………………………………………（217）
　　　法律适用指引一　民法典对机动车交通事故责任体系的完善………（217）
　　　法律适用指引二　经同意的使用人承担责任的前提和原则………（218）

【案例十五】违法驾驶情形下交强险保险公司追偿权的行使对象、
　　　　　　追偿范围及其诉讼程序
　　　　　　——道路交通损害赔偿司法解释第十八条的解释论
　　　　　　………………………………………………………（220）
　　【新旧法律依据对照】……………………………………（231）
　　【法律适用指引】…………………………………………（233）
　　　法律适用指引一　"执行工作任务"的理解………………（233）
　　　法律适用指引二　劳务派遣期间责任主体的特殊规定…（235）
　　　法律适用指引三　用人单位对工作人员行使追偿权……（238）
　　　法律适用指引四　工作人员因执行工作任务遭受第三人侵害如何追偿
　　　　　　………………………………………………………（238）

5

法律适用指引五　工作人员因执行工作任务而自己受到伤害如何追偿 …………………………………………………（239）
法律适用指引六　所有人、管理人的归责原则和过错认定 …………（240）
【类案裁判观点】………………………………………………………（242）
类案裁判观点一　用工单位和劳务派遣单位就其工作人员侵权行为的责任分配进行了约定的效力认定 ………………………（242）

五、医疗损害责任

【案例十六】人身损害赔偿纠纷案件中社会医疗保险机构所支付医疗费的追偿方式 ……………………………………………（245）
　　【新旧法律依据对照】……………………………………………（250）
　　【法律适用指引】…………………………………………………（250）
　　法律适用指引　造成他人人身损害的一般赔偿范围 ……………（250）

六、高度危险责任

【案例十七】受害人从事违法行为触电造成损害，供电企业能否免责 ………………………………………………………………（255）
　　【新旧法律依据对照】……………………………………………（260）
　　【法律适用指引】…………………………………………………（261）
　　法律适用指引一　自甘冒险规则在审判实践中的适用 …………（261）
　　法律适用指引二　自甘冒险的具体法律适用 ……………………（263）
　　法律适用指引三　自甘冒险与受害人同意 ………………………（268）
　　法律适用指引四　自甘冒险与过失相抵规则 ……………………（269）
　　法律适用指引五　过失相抵的适用范围 …………………………（270）
　　法律适用指引六　过失相抵的适用规则 …………………………（273）
　　法律适用指引七　活动组织者承担责任的规则 …………………（274）
　　法律适用指引八　从事高空、高压、地下挖掘活动或者使用高速轨道运输工具致害责任中"受害人故意"的判定 …………（275）

七、其 他

【案例十八】江苏省消费者权益保护委员会诉乐融致新电子科技（天津）有限公司消费民事公益诉讼案 …………（279）

  【新旧法律依据对照】 ……………………………………（288）

  【法律适用指引】 …………………………………………（288）

    法律适用指引一 公益诉讼与人民检察院提起的公诉 …………（288）

    法律适用指引二 公益诉讼与普通民事诉讼（私益诉讼） ………（289）

    法律适用指引三 消费民事公益诉讼中诉的类别 ………………（290）

  【类案裁判观点】 …………………………………………（293）

    类案裁判观点一 消费民事公益诉讼中确认不公平格式条款无效的形成判决具有形成力，这是一种对世效力，可及于一般第三人 …………………………………（293）

    类案裁判观点二 消费民事公益诉讼的一项重要功能是针对经营者的不当经营行为预防损害后果的发生和扩大，这一功能面向将来 …………………………………（294）

【案例十九】车某倩诉连云港亲亲袋鼠教育咨询有限公司、连云港苏宁置业有限公司苏宁广场购物分公司等侵权责任纠纷案 …………………………………………（295）

  【新旧法律依据对照】 ……………………………………（306）

  【法律适用指引】 …………………………………………（307）

    法律适用指引一 举证责任及其分配 ……………………………（307）

    法律适用指引二 人民法院调查收集的证据 ……………………（308）

    法律适用指引三 人民法院依法、全面、客观审核证据 ………（309）

    法律适用指引四 举证责任制度 …………………………………（309）

    法律适用指引五 展销会、租赁柜台消费相关法律责任 ………（310）

【案例二十】常某富诉南京秦房物业管理有限责任公司侵权责任纠纷案 ………………………………………………（313）

  【新旧法律依据对照】 ……………………………………（318）

  【法律适用指引】 …………………………………………（320）

法律适用指引一 业主大会或者业主委员会的决定对业主具有法律约束力 …………………………………………………………（320）

法律适用指引二 业主行使撤销权的问题 ……………………（321）

法律适用指引三 关于业主大会及业主委员会的诉讼主体资格问题 …（323）

法律适用指引四 关于业主撤销权纠纷诉讼中的举证责任问题 ………（324）

法律适用指引五 关于过错责任原则 …………………………（325）

【类案裁判观点】 ……………………………………………………（326）

类案裁判观点一 部分业主对业主大会或者业主委员会决定事项不服提起的诉讼如何处理 ……………………………………（326）

类案裁判观点二 业主大会或者业主委员会作出的与物业管理无关的决定如何处理 ………………………………………（327）

附录　最高人民法院典型案例

刘某云诉中国银行股份有限公司衡阳分行、中国建设银行股份有限公司衡阳市分行财产损害赔偿纠纷案
　　——消费者取款时银联卡号及密码被他人复制，卡上存款被取走，由提供银联卡的银行承担赔偿责任 ……………………（331）

青海茂祥房地产开发有限公司与青海省气象局财产损害赔偿纠纷案 …………………………………………………………（332）

杜某某诉张某某、何某某财产损害赔偿案 ………………………（334）

云和县土岩岗头庵叶腊石矿与国网浙江省电力公司矿产压覆侵权纠纷案 …………………………………………………………（335）

贵州泰蘋河生态养殖开发有限公司诉贵州华锦铝业有限公司财产损害赔偿案 …………………………………………………（337）

兰坪三江铜业有限责任公司诉兰坪汇集矿业有限公司财产损害赔偿纠纷案 …………………………………………………（338）

一、损害赔偿

一、损害赔偿

【案例一】

林某某、陈某某诉蔡某某一般人格权纠纷案[*]

【裁判摘要】

1. 民事主体行使各自的民主权利，均应在法律赋予的限度之内，不得以行使自己的权利为由侵害其他民事主体的合法权益。

2. 人民法院审理民事主体各自行使民事权利导致冲突的案件，应当依据事实，判断各方当事人行使其民事权利的合法性与适度性，据此平衡上述权利冲突。

原告：林某某，男，住广东省汕头市。
原告：陈某某，女，住广东省汕头市。
被告：蔡某某，男，住广东省汕头市。

原告林某某、陈某某因与被告蔡某某发生一般人格权纠纷，向广东省汕头市濠江区人民法院提起诉讼。

原告林某某、陈某某诉称：2016年6月2日，林某某、陈某某双方在汕头市濠江区仙师公庙门口发生口角。被告蔡某某未经林某某、陈某某同意，使用手机对其两人争吵的行为进行拍摄，并将所拍摄的视频上传至互联网进行传播。林某某、陈某某得知后，要求蔡某某交出用于拍摄该视频的手机并将该视频删除，但遭蔡某某拒绝。之后，该视频在互联网上迅速传播，导致陈某某因无法忍受社会舆论与"人肉搜索"而多次产生轻生念头。2016年6月3日晚，林某某、陈某某向公安机关报案。

---

[*] 案例来源：《最高人民法院公报案例》2020年第11期（总第291期）。

在汕头市公安局濠江分局达濠派出所（以下简称达濠派出所），蔡某某承认上述事情是其所为，并写下了《澄清书》，表示同意删除视频。2016年6月24日，上述视频被安徽电视台公共频道（以下简称安徽公共频道）夜线60分栏目组播放。自此，该视频被各大视频网站及网络新闻头条播放，网站最高点击量达到6193.4万余次。蔡某某的上述行为对林某某、陈某某的名誉、隐私、工作、生活及精神造成严重影响，其行为侵犯了林某某、陈某某的肖像权，以及对林某某、陈某某的名誉造成严重的损害。现林某某、陈某某向法院起诉请求：（1）蔡某某立即对网络上现有视频进行彻底消除，并且在汕头电视台"今日视线"栏目或知名报社登报进行公开道歉，以及在"QQ""微信""新浪微博"等网络软件中进行书面道歉；（2）蔡某某赔偿林某某、陈某某精神损失、名誉损失2万元。

原告林某某、陈某某为证明其诉讼请求，向法院提供了：（1）视频资料、《澄清书》；（2）报警回执。

被告蔡某某辩称：被告于2016年6月2日在汕头市濠江区仙师公庙旁看见原告林某某正在殴打原告陈某某，出于正义用手机拍摄了上述不法行为。后来，应同事吴某某之要求将该视频通过微信发送给吴某某，随即将视频在手机上删除。视频是被吴某某上传至微信群的，并非由被告上传至互联网。为此，被告也已向林某某、陈某某道歉并向林某某之父母送上糖果表示歉意，在达濠派出所处理本纠纷期间也向林某某、陈某某写下《澄清书》。2016年6月25日，林某某、陈某某告知其该视频已被安徽公共频道播放，被告即通过电话及邮件联系安徽公共频道要求在网络上删除该视频，但没有得到回复。被告认为，其所拍摄的涉及林某某、陈某某的视频系在公共场所拍摄的，并不侵犯林某某、陈某某的隐私权，视频并未盈利，故也不侵犯林某某、陈某某的肖像权，且视频并没有拍摄到林某某的脸部，对陈某某的脸部也不能清晰地显示；该视频并无存在虚假、侮辱、诽谤原告的情节，故并没有贬低林某某、陈某某的行为；该视频在网上传播的影响并不大，且被告的拍摄行为也系响应创建文明城市伸张正义而为，并不违法；林某某、陈某某请求精神损害赔偿没有依据；被告作为普通公民，无法协调相关网站删除涉案视频。因此，请求法院驳回林某某、陈某某的诉讼请求。

被告蔡某某为证明其主张，向法院提供了《创文行动"两不现象随手拍"活动启事》。

广东省汕头市濠江区人民法院一审查明：原告林某某在汕头市濠江区一路上因与原告陈某某发生争吵而公然扇打陈某某的脸部。被告蔡某某用手机将林某某、陈某某的上述行为拍摄成视频并上传于互联网。该视频于2016年6月25日被安徽公共频道以《实拍女子遭男友连扇巴掌》为题进行播报。林某某、陈某某就此向蔡某某提出删除视频的要求。蔡某某为此向林某某、陈某某出具了《澄清书》，表示愿意删除其拍摄的涉诉视频。

广东省汕头市濠江区人民法院一审认为：民事主体行使各自的民事权利应在法律赋予的限度之内，法律同样禁止任何权利人以行使自己权利为由侵害其他民事主体的合法权益。本案双方当事人的讼争焦点实质为民事主体各自行使民事权利之间的冲突，必须依据案件事实确定各方当事人行使其民事权利的合法性与适度性，从而平衡上述权利冲突。本案原告林某某与原告陈某某虽系夫妻关系，但林某某在公共场所公然使用暴力扇打陈某某的脸部，林某某的该行为具有违法性，且已侵害了陈某某的人格尊严。被告蔡某某对林某某的上述不法暴力行为进行拍摄并予以公布，并无不当。但是，对于陈某某而言，在公共场所被他人暴力扇打脸部，其人格尊严本已受到侵害，而蔡某某在没有对视频中陈某某的容貌及形象进行模糊处理的情况下，对该视频进行公布，导致视频在安徽公共频道上播放，其行为事实上导致陈某某因人格尊严受侵害而形成的不利影响得以扩大，给陈某某造成更大的精神伤害。蔡某某应对此承担相应的侵权责任。

关于原告陈某某认为被告蔡某某的行为侵犯其名誉权的主张，法院认为，名誉是社会上人们对自然人或者法人的品德、声誉、形象等各方面的综合评价；侵害名誉权是指行为人利用各种形式侮辱、诽谤他人的名誉，导致受害人的社会评价降低；而人格尊严是指作为一个"人"所应有的最起码的社会地位，及应受到社会和他人最起码的尊重。虽然侵害公民名誉权的行为，都会在不同程度上损害公民的人格尊严，但是侵害公民人格尊严的行为，未必会造成对受害人社会评价的降低。陈某某并没有证据证明蔡某某的行为已导致其社会评价降低，且蔡某某的行为也不属于侮辱、诽谤等行为，故陈某某认为蔡某某侵害其名誉权的主张没有事实及法律依据，法院不予支持。对于陈某某主张蔡某某侵害其隐私权、肖像权的主张，因林某某、陈某某的行为发生于公共场所且本案并无证据证明蔡某某因该拍摄行为而获取了利益，故陈某某的该主张没有法律依据，法院不予支持。

对于原告林某某主张被告蔡某某侵害其合法权益的主张，因林某某在公共场所公然使用暴力侮辱他人的行为本来就属违法，为法律所禁止，蔡某某对林某某的该违法行为进行公布并无不妥，况且该视频也只是显示了林某某的背面，一般人并无法判断出其系林某某本人，故蔡某某的行为并没有侵害林某某的合法权益。林某某的该主张没有事实及法律依据，法院不予支持。

行为人因过错侵害他人民事权益，应当承担侵权责任。公民的人格尊严受到侵害的，有权要求停止侵害、消除影响、赔礼道歉，并可以要求赔偿损失。被告蔡某某将涉诉视频通过互联网进行公布并被安徽公共频道播放，致该视频至今仍存在于安徽卫视网站上，蔡某某有义务通知安徽卫视对其网站上存在的该视频予以删除。对于原告陈某某提出的要求蔡某某删除其他网站上的其他涉诉视频，因其无法提供证据证明该视频存在于其他网站之上，故对陈某某超出上述范围的请求，法院不予支持。陈某某要求蔡某某进行赔礼道歉，符合法律规定。至于赔礼道歉的方式应当与侵权行为影响范围相应，法院认为蔡某某应采用书面形式致歉，内容须经法院审核。因蔡某某实施侵害陈某某人格尊严的行为，必定给陈某某精神造成损害，陈某某要求支付精神损失费，理由正当，结合本案的侵权范围、影响、过错程度，法院酌定被告蔡某某赔偿陈某某精神损害抚慰金1000元。但应指出，陈某某提出的赔偿2万元的要求过高，故法院对其超过上述金额部分不予支持。

被告蔡某某虽称其行为是对不文明行为的曝光，属于正义行为，但任何权利均不是绝对的，法律在赋予权利主体行使自由权的时候，都规定行使权利的必要限度，蔡某某行使其合法权利时应遵循适度性，不应侵害他人的合法权益，故法院对其抗辩不予采信。

据此，广东省汕头市濠江区人民法院依照《中华人民共和国民法通则》第一百零一条、第一百零六条第二款，《中华人民共和国侵权责任法》第六条第一款、第二十二条、第三十六条第一款，《中华人民共和国妇女权益保障法》第四十二条，《中华人民共和国民事诉讼法》第六十四条第一款和《最高人民法院关于适用〈中华人民共和国民事诉讼法〉的解释》第九十条之规定，于2016年8月30日判决如下：

一、被告蔡某某应在本判决生效后十日内通知安徽电视台公共频道删除其网站中存在的其于2016年6月25日播放的《实拍女子遭男友连扇巴掌》的视频。

二、被告蔡某某应在本判决生效后十日内向法院提交对原告陈某某的道歉书，道歉书的内容由法院核定；逾期法院将指定在一家全国发行的报刊上刊登本民事判决书的主要内容，费用由被告蔡某某承担。

三、被告蔡某某应在本判决生效后十日内赔偿原告陈某某精神损害抚慰金1000元。

四、驳回原告林某某的诉讼请求。

五、驳回原告陈某某的其他诉讼请求。

如果未按本判决指定的期间履行给付金钱义务，应当依照《中华人民共和国民事诉讼法》第二百五十三条之规定，加倍支付迟延履行期间的债务利息。

案件受理费100元（已预交），由被告蔡某某负担。

一审判决后，双方当事人均未提起上述，一审判决已发生法律效力。

【新旧法律依据对照】

旧法	新法	旧司法解释	新司法解释
《民法通则》第一百零一条 居民委员会、村民委员会具有基层群众性自治组织法人资格，可以从事为履行职能所需要的民事活动。 未设立村集体经济组织的，村民委员会可以依法代行村集体经济组织的职能。	《民法典》第一百零一条 居民委员会、村民委员会具有基层群众性自治组织法人资格，可以从事为履行职能所需要的民事活动。 未设立村集体经济组织的，村民委员会可以依法代行村集体经济组织的职能。		
《侵权责任法》第六条 行为人因过错侵害他人民事权益，应当承担侵权责任。 根据法律规定推定行为人有过错，行为人不能证明自己没有过错的，应当承担侵权责任。	《民法典》第一千一百六十五条 行为人因过错侵害他人民事权益造成损害的，应当承担侵权责任。 依照法律规定推定行为人有过错，其不能证明自己没有过错的，应当承担侵权责任。		

续表

旧法	新法	旧司法解释	新司法解释
《侵权责任法》第二十二条 　　侵害他人人身权益，造成他人严重精神损害的，被侵权人可以请求精神损害赔偿。	《民法典》第一千一百八十三条 　　侵害自然人人身权益造成严重精神损害的，被侵权人有权请求精神损害赔偿。 　　因故意或者重大过失侵害自然人具有人身意义的特定物造成严重精神损害的，被侵权人有权请求精神损害赔偿。		
《侵权责任法》第三十六条第一款 　　网络用户、网络服务提供者利用网络侵害他人民事权益的，应当承担侵权责任。	《民法典》第一千一百九十四条 　　网络用户、网络服务提供者利用网络侵害他人民事权益的，应当承担侵权责任。法律另有规定的，依照其规定。		
《民事诉讼法》(2017年)第六十四条 　　当事人对自己提出的主张，有责任提供证据。 　　当事人及其诉讼代理人因客观原因不能自行收集的证据，或者人民法院认为审理案件需要的证据，人民法院应当调查收集。	《民事诉讼法》(2021年)第六十七条 　　当事人对自己提出的主张，有责任提供证据。 　　当事人及其诉讼代理人因客观原因不能自行收集的证据，或者人民法院认为审理案件需要的证据，人民法院应当调查收集。		

续表

旧法	新法	旧司法解释	新司法解释
人民法院应当按照法定程序，全面地、客观地审查核实证据。	人民法院应当按照法定程序，全面地、客观地审查核实证据。		
		《民事诉讼法司法解释》（2020年12月23日修正） 第九十条 　　当事人对自己提出的诉讼请求所依据的事实或者反驳对方诉讼请求所依据的事实，应当提供证据加以证明，但法律另有规定的除外。 　　在作出判决前，当事人未能提供证据或者证据不足以证明其事实主张的，由负有举证证明责任的当事人承担不利的后果。	《民事诉讼法司法解释》（2022年3月22日第二次修正） 第九十条 　　当事人对自己提出的诉讼请求所依据的事实或者反驳对方诉讼请求所依据的事实，应当提供证据加以证明，但法律另有规定的除外。 　　在作出判决前，当事人未能提供证据或者证据不足以证明其事实主张的，由负有举证证明责任的当事人承担不利的后果。

【法律适用指引】

法律适用指引一
过错侵权责任的构成要件

一般而言,依据《民法典》第一千一百六十五条第一款的规定,按照过错责任原则,侵权责任的成立,必须具备违法行为、损害事实、因果关系和主观过错四个要件,四者缺一不能构成侵权责任。

(一)关于过错认定的一般规则

现在理论界对于过错系主观过错还是客观过错存有不同认识。主观过错说认为,过错是违法行为人对自己的行为及其后果所具有的主观心理状态。客观过错说认为,我国对过错的判断标准应当客观化,即应采用客观过错,摈弃现行的主观过错说,认为这种客观过错指行为人未尽到一般人所能尽到的注意义务,也即违背了社会秩序要求的注意。"过错是指判断过错不再以行为人个人的主观状态为根据,而是以一般注意义务的违反为标准。这种过错就是指对一般注意的违反。"综合过错说认为,过错首先是行为人进行某种行为时的心理状态,即使是法人,也具有这种法律上的心理状态。过错虽然是一种心理状态,但它必然是通过行为人的具体行为体现出来,判定一个人有无故意或者过失,总是和一定的行为联系起来的,并以行为为其前提和条件。没有行为,不管人们具备什么样的心理状态,也谈不上过错。这种过错,实际上是对行为人在进行这种行为时所具有的心理状态以及行为的本身的社会评价和价值评价。王利明教授在其《侵权责任法研究》中进一步主张过错能够代替违法行为这一客观要件,认为违法行为应包含于过错之中。应该说,主观与客观在具体行为中既有联系又有区别。对于一个具体行为,既包括行为人主观的状态,即观念上的形态,也包括客观上的外在样态,即身体上的动静。这两种形态,既有主观与客观的表现形式不同,又是相互联系，统一在一起的。应当看到，从判断侵权责任构成上，由于过错体现在行为之中，就应当从行为中检验、判断行为人是否有过错，即对于过错的认定，往往都需要采取客观标准，这是现代民法理论和实务发展的趋势。无论是采主观过错说的学者还是采客观过错说的学者都赞成检验过错标准的客观化。检验过错用客观标准，是指判断过错时，采用客观的标准来衡量，违反客观标准，则应当认定为有过错。特别是，过失的归责基础就在于行为人对于损害的发生原有预见的可能，只是由于自身原因导致违反了该注意义务，而没有预见，所以判断过失的重心在于行为人对于损害的发生是否能够预见，学说上称为"预见可能性说"。判断此种预见可能性是否存在，应当考虑特定行为人的年龄、性别、健康、能力等主观因素以及其当时所处的环境、时间以及行为的类型等因素。但还应注意的是，现代侵权法并非完全以客观标准衡量过错的有无，主观标准仍有适用的必要。在行为人故意侵权时，当其行为完全表现出其故意的心理状态时，则仍用主观标准而非客观标准判断。一般注意义务的违反并不是衡量一切过错的标准，而是衡量行为人主观上是否有过失的标准，因而，过失才是对一般注意义务的违反。如果确定故意能用主观标准判断而偏采用客观的违反注意义务的标准判断之，显然是舍本求末。换言之，用客观标准衡量过错，并不是绝对的标准，用客观标准衡量的只是过失，以及无法用主观标准衡量的某些故意。对于故意的衡量标准，还是要用主观标准来衡量。

按照过错责任构成的四要件论。过错，是指侵权人在实施侵权行为时对于损害后果的主观心理状态，包括故意和过失。

故意，是侵权人预见自己行为的损害结果，仍然希望这一损害后果发生或者放任这一后果发生的主观心理状态。根据侵权人心理状态的不同，故意又可以分为直接故意和间接故意两种形式。

过失，包括疏忽和懈怠。侵权人对自己行为的损害结果，应当预见或者能够预见由于疏忽大意而没有预见，为疏忽；侵权人对自己行为的损害结果虽然预见到但却由于过于自信而认为可以避免，最终没有避免损害后果的发生为懈怠。一般而言，民法上的过失，就是侵权人对被侵权人应负注意义务的疏忽或懈怠。"过失者，行为人对于自己的行为，所生一定之结果，如为相当之注意，即可避免，而欠缺此注意之心理状态也。"如上所述，关于过失的认定，通常采客观标准，即侵权人的行为违反相关法律规定与其实施该行为时有无过错有密切联系，实务上通常采用违法推定过失或者违法视为过失的做法。

（二）关于行为违法的认定

行为违法就是指行为人实施的行为在客观上违反法律规定，主要表现为违反法律规定的义务、违反保护他人的法律和故意实施违背善良风俗而造成他人损害的行为。

行为依其方式分为作为和不作为。这两种行为方式均可构成侵权行为的客观表现方式。作为是违反法律规定的不作为法定义务的行为。作为的违法行为是侵权行为的主要方式，即以积极行为侵害他人民事权益的行为。比如伤人身体、毁人财物等行为。不作为是违反法律规定的积极作为的法定义务的行为。行为样态上通常是消极地、未实施相应行为或是实施相应行为达不到积极履行法定义务的后果。确定不作为违法行为的前提是行为人负有法定的作为义务。通常而言，法定作为义务的来源有三种：一是来自法律的直接规定。法律规定的扶养义务、安全保障义务等都属此类。二是来自当事人之间的约定。如当事人通过意思自治的形式约定的各种作为义务。违反这一义务不仅会产生违约责任，也会产生侵权责任，属于二者竞合的情形。三是来自行为人的先前行为。行为人先前的行为使他人进入某种危险状态，这时行为人应当承担危险防免的作为义务。审判实践中，对于共同饮酒后其中一人发生人身伤亡的案件根据案件具体情况判决共同饮酒者或者其中的组织者承担相应的赔偿责任，其法理依据基本上都是作为义务的违反。

（三）关于损害的认定

损害作为一种事实状态，是指因一定的行为或事件使某人受侵权法保护的权利和利益遭受某种不利益的影响，包括人身伤害和财产损害以及精神痛苦。损害通常可分为直接损害和间接损害，"着眼于损害之引发，谓损害事故直接引发之损害为直接损害，非直接引发而系因其他媒介因素之介入所引发之损害则为间接损害"。而就经济利益的损失而言,大致包括直接损失、间接损失和纯粹经济损失。直接损失是已得利益之丧失,间接损失是虽受害时尚不存在,但受害人在通常情况下如果不受侵害,必然会得到的利益的丧失,是可得利益的减少,即"该得而未得"。间接损失的是一种未来的可得利益,在侵害行为实施时,它只具有一种财产取得的可能性,还不是一种现实的利益。纯粹经济损失是指受害人因他人的侵权行为遭受了经济上的损害,但该种损害不是由于受害人所遭受的有形的人身损害或有形的财产损害而产生的经济损失,即受害人直接遭受财产上的不利益,而非因人身或物被侵害而发生,例如餐厅、工厂等由于停电、罢工不能营业而受到的损失等。其与间接损失的根本区别在于,间接损失是对受害人自身的权利造成直接损失的基础上造成的损失,而纯粹经济损失非以造成受害人的权利损害为前提,仅为单纯的经济损失。

(四) 关于因果关系的认定

因果关系是侵权责任法乃至整个民法领域最复杂的问题之一。一般而言,作为过错责任的构成要件,因果关系的判定多遵循的规则为直接原因的规则和相当因果关系的规则。对于前者,是指违法行为与损害结果之间具有直接因果关系,无须再适用其他因果关系理论判断,即可直接确认其具有因果关系。此多表现为一因一果的因果关系类型。对于后者,也称为适当条件说。这种学说认为,某一事实仅于现实情形发生某种结果,尚不能就认为有因果关系,必须在一般情形,依社会的一般观察,亦认为能发生同一结果的时候,才能认为有因果关系。适用相当因果关系规则,关键在于掌握违法行为是发生损害事实的适当条件。适当条件是发生该种损害结果的不可或缺条件,它不仅是在特定情形下偶然引起的损害,而且是一般发生同种结果的有利条件。确定行为与结果之间有无因果关系,要依行为时的一般社会经验和知识水平作为判断标准,认为该行为有引起该损害结果的可能性,而在实际上该行为又确实引起了该损害结果,则该行为与该损害结果之间有因果关系。目前对于侵权责任纠纷,往往需要运用相当因果关系的规则来判断,因为这一规则采取的是较为客观的判断模式，仅要求法官依法查明违法行为与损害事实之间在通常情况下存在因果关系即可。

法律适用指引二
　　关于过错推定责任

　　过错推定原则，是指在法律有特别规定的场合，从损害事实的本身推定加害人有过错，并据此确定造成他人损害的行为人赔偿责任的归责原则。过错推定是工业革命时代，当受害人特别是大量工人遭受侵害的事故频繁出现后，由于证明行为人主观过错难度很大，受害人往往无法得到救济的情况下，在程序法上产生的一项补救措施，即在法律有特别规定的场合，从损害事实的本身推定加害人有过错，行为人要对其没有过错承担举证责任，如不能完成举证责任，则行为人要承担侵权责任。举证责任倒置是过错推定的重要特征。在适用过错推定责任原则的侵权责任纠纷中，受害人在诉讼中，能够举证证明损害事实、违法行为和因果关系三个要件的情况下，如果加害人不能证明对于损害的发生自己没有过错，那么，就从损害事实的本身推定被告在致人损害的行为中有过错，并就此承担赔偿责任。过错推定原则从本质上说也是过错责任原则的一种，其价值判断标准和责任构成要件也都与一般的过错责任原则的要求是一致的。但作为一项独立的归责原则，过错推定责任与过错责任还是存在很大区别，具体如下：

　　第一，过错责任原则和过错推定责任原则的调整范围是完全不同的。一般的过错责任原则调整的侵权行为范围是一般侵权行为，而过错推定责任原则调整的范围不是一般侵权行为，而是一部分特殊侵权行为。

　　第二，过错责任原则和过错推定责任原则的举证责任不同。适用过错责任原则，举证责任由原告承担，而过错推定责任原则在证明主观过错要件上实行举证责任倒置，原告不承担举证责任，而是由被告承担举证责任。

　　第三，适用过错责任原则和适用过错推定原则的侵权责任形态不同。

适用过错责任原则的侵权行为是一般侵权行为，其侵权责任形态是直接责任。而适用过错推定原则的侵权行为是特殊侵权行为，其责任形态是替代责任。从历史的角度观察这两个侵权归责原则也是不同的。在过错责任原则诞生之时，就分为两种不同形式，作出不同的规定，调整不同的侵权案件。

《民法典》第一千一百六十五条第二款规定了过错推定责任原则。通过过错推定原则，从损害事实中推定行为人有过错，受害人免除了举证责任而处于有利的地位，行为人则应承担更重的举证责任，因而更有利于保护受害者的合法权益。同时，行为人也可以举证证明自己没有过错而免责，仍符合公平正义的民法要求。举证责任倒置是过错推定在证明责任承担上适用的特殊规则，但作为过错责任原则的一种特殊形式，在适用过错推定原则确定侵权损害赔偿时，其侵权损害赔偿的构成与适用过错责任原则没有根本的变化，仍然要具备过错、违法行为、因果关系、损害事实这四个要件，只是在过错的认定上采取推定行为人有过错而由其证明自己没有过错以免责的做法。

法律适用指引三

过错责任原则和过错推定原则的举证证明责任分配规则

证据制度是现代民事诉讼制度的基石，举证证明责任是证据制度的脊梁。《民事诉讼法》第六十八条第一款规定："当事人对自己提出的主张应当及时提供证据。"当事人对有利于自己的主张，都应当提出证据，加以证明。当事人对自己提出的诉讼请求所依据的事实或者反驳对方诉讼请求所依据的事实有责任提供证据加以证明。没有证据或者证据不足以证明当事人的事实主张的，由负有举证责任的当事人承担不利后果。《民事诉讼法司法解释》对举证证明责任问题作出了规定。其第九十条第一款规定："当事人对自己提出的诉讼请求所依据的事实或者反驳对方诉讼请求所依据的事实，应当提供证据加以证明，但法律另有规定的除外。"第二款规定："在作出判决前，当事人未能提供证据或者证据不足以证明其事实主张的，由负有举证证明责任的当事人承担不利的后果。"这一规定是建立在法律要件分类说的基础上的。民事案件举证责任的分配，原则上应当以当事人主张的权利构成要件为标准，将权利构成要件事实的举证责任分配给权利主张方，对于妨碍权利成立或者消灭权利要件事实的举证责任分配给对方当事人。无论是物权纠纷、合同纠纷还是侵权纠纷案件，在举证责任分配上，除非法律另有规定，都应当遵循举证责任分配的一般规则。具体分配上，应当首先确定案件中当事人主张的法律关系之要件事实，按照该条规定区分权利成立要件和权利消灭或者妨碍要件，在当事人之间进行分配。确定系争法律关系的要件事实，应当依据民事实体法关于民事法律关系构成的要件予以判断。在侵权责任案件中，就是要确定特定侵权责任的具体构成要件和抗辩事由。在过错侵权责任情形中，责任构成要件有四个：一是侵权人实施了侵权行为，二是侵权人实施侵权行为有过错，三是受害人受有损害，四是侵权行为与损害之间有因果关系。这四个方面的构成要件事实均须原告方承担举证责任，在过错推定侵权责任下，责任构成要件与过错侵权责任相同，但侵权行为人无过错是责任抗辩事由，如其不能证明自己没有过错，则直接认定过错存在，责任可以成立。在此应当注意的是，过错推定责任仅是对过错的推定，并不包括对因果关系的推定。也就是说，有关因果关系的举证责任实际上并未转移。但基于此类案件原、被告双方举证能力的差异，基于分担风险以及维护公平正义促进经济社会发展进步的考虑，在因果关系认定上采用事实自证法则或者举证责任缓和的规则，适当降低对因果关系认定的标准。

法律适用指引四

被侵权人请求精神损害赔偿的基本条件

依据《民法典》第一千一百八十三条第一款的规定，主张精神损害赔偿须满足以下条件：

(一)侵害他人人身权益可以请求精神损害赔偿

根据第一款的规定，精神损害赔偿的范围是侵害自然人人身权益，侵害财产权益原则上不在精神损害赔偿的范围之内，《精神损害赔偿司法解释》第三条关于"死者的姓名、肖像、名誉、荣誉、隐私、遗体、遗骨等受到侵害，其近亲属向人民法院提起诉讼请求精神损害赔偿的，人民法院应当依法予以支持"的规定，与《民法典》第一千一百八十三条不冲突，应当作为死者人格利益保护的规则予以继续适用；至于"具有人格象征意义的特定纪念物品，因侵权行为而永久性灭失或者毁坏"的情形因《民法典》第一千一百八十三条第二款对此作了修正，则应当适用该条的规定，对有关特别物品的损害适用精神损害赔偿。依据《民法典》总则编有关民事权利一章的规定，人身权益包括生命权、健康权、姓名权、名誉权、肖像权、隐私权、监护权等权利及相应利益。

(二)须造成被侵权人严重精神损害

换言之，并非只要侵害他人人身权益被侵权人就可以主张精神损害赔偿，而只有"造成严重精神损害"才可以。一般而言，对于"严重"的认定，应当结合精神损害自身特性和现行司法解释进行理解。精神损害是否达到严重程度，应视人格权益性质不同而有所区别。对于侵害身体权、健康权的情形，在目前尚无新的针对性规定出台的情形下，仍可考虑借鉴当前司法实践中的主要做法，以达到伤残标准作为构成严重精神损害的主要依据。原则上，只有达到伤残等级标准，才能提起精神损害赔偿。至于没有达到伤残等级标准的，精神损害是否构成后果严重，则应视情况而定，从严把握。相比身体、健康被侵害导致伤残的情形，生命被侵害造成的恶劣影响更为显著，更有必要以精神损害赔偿方式抚慰相关人员因此遭受的精神痛苦。而关于精神性人格权益被侵害的情形，鉴于该类人格权益很难外化且存在个体差异性，因此，在确定是否达到严重标准时，应综合考虑侵权人的主观状态、侵害手段、场合、行为方式和被侵权人的精神状态等具体情节加以判断。

(三)侵害行为与精神损害后果有因果关系

对此，有观点倾向于采用必然因果关系说。所谓必然因果关系，是指侵害行为与损害结果之间具有内在的、本质的、必然的联系。如果侵害行为与损害结果之间只有外在的、偶然的联系，就不能认定二者之间具有因果关系。这种学说强调，为了正确地确定责任，应当区别原因和条件，原因是必然引起结果发生的因素，而条件只为结果的发生提供了可能性。也即，只有在侵害行为造成了精神损害时，才能适用《民法典》第一千一百八十三条请求精神损害赔偿。此理由在于：（1）精神损害本身的无形性、内在性决定了其发生与否很难确认。事实上，司法实践中出现的精神损害赔偿纠纷往往是多种条件综合作用的结果。如果仅以侵害行为可能导致精神损害为由，简单认定侵害人承担精神损害赔偿责任，则可能对侵害人有失公允。（2）规定只有侵害行为与精神损害之间有必然因果关系才可主张精神损害赔偿，可以严格限制《民法典》第一千一百八十三条适用的范围，减少滥讼行为并降低司法成本。目前司法实务中，侵权纠纷中主张精神损害赔偿的情形越来越多。这其中有不少属于侵害行为与所主张的精神损害没有必然联系的情况。如果允许被侵权人仅以侵害行为与精神损害后果之间存在可能的联系为由主张精神损害赔偿，将诱导更多的被侵害人为谋取不法利益，随意提起诉讼主张精神损害赔偿。这势必会导致司法资源的无谓消耗。（3）规定侵害行为与精神损害后果之间存在必然因果关系可以减少法官自由裁量权的滥用。这一观点较有道理，基于精神损害本身的不可判断性和当前司法实践的现状，为防止精神损害赔偿可能的滥用，影响正常的行为自由和社会秩序，对于侵害行为与精神损害的后果之间的因果关系，在认定上应持谨慎从严的态度，依法准确判断侵害行为与精神损害后果之间是否存在因果关系。

（四）精神损害赔偿的适用要符合其他有关侵权责任构成的相应要件

被侵权人主张精神损害赔偿，除了具备上述有关精神赔偿的适用条件外，还要根据具体侵权行为类型，适用过错责任的情形要以侵权人有过错为要件，适用无过错责任原则的情形则不再强调侵权人的过错。但在适用《民法典》第一千一百八十三条第二款规定的侵害特定物品的精神损害赔偿时，要以侵权人有"故意和重大过失"为限，侵权人仅有"一般过错"则不能承担精神损害赔偿的责任，但在符合相应侵权行为构成要件的情况下要依法承担其他的侵权责任，比如物质损害赔偿责任等。此外，被侵权人主张侵权人承担精神损害赔偿责任的，应按照相应的举证责任分配规则承担相应的举证责任，就《民法典》第一千一百八十三条第二款的规定而言，其应当就此物品属于具有人身意义的特定物和侵权人有故意和重大过失等要件承担举证责任。

法律适用指引五
关于请求精神损害赔偿的范围

一般来说，请求精神损害赔偿的主体应当是直接遭受人身权益侵害的本人。受到他人侵害致残，或者名誉等人身权益受到他人侵害造成严重的精神损害的，可以请求精神损害赔偿。同时根据《民法典》第一千一百八十一条的规定，"被侵权人死亡的，其近亲属有权请求侵权人承担侵权责任"。这里并没有否定精神损害赔偿。因此，在被侵权人死亡的情况下，其近亲属有权主张精神损害赔偿。依据《精神损害赔偿司法解释》第四条的规定，法人或者非法人组织以名誉权、荣誉权、名称权遭受侵害为由，向人民法院起诉请求精神损害赔偿的，人民法院不予支持。

法律适用指引六
要正确认识精神损害赔偿与物质损害赔偿特别是死亡赔偿金、残疾赔偿金之间的关系

相比较于人身损害赔偿和财产损害赔偿的客观性，精神损害赔偿因其自身的抽象性、主观性而很难精确量化。对精神损害赔偿的具体理解，可以结合相关学理、现有司法解释和司法实践经验等进行。

1. 《民法典》侵权责任编分别规定了人身损害赔偿、财产损失赔偿和精神损害赔偿，三者之间为并列关系，所以精神损害赔偿独立于人身损害赔偿。死亡赔偿金和残疾赔偿金均为人身损害赔偿项下的具体项目，精神损害赔偿系独立于死亡赔偿金和残疾赔偿金而存在。认为精神损害

赔偿已被死亡赔偿金和残疾赔偿金吸收的观点不符合法律规定。

2. 根据《民法典》第一千一百八十三条第一款的规定，可以请求精神损害赔偿的条件是"人身权益受到侵害"且"造成严重精神损害"。所谓"人身权益"，是指与财产权益相对的概念，包括生命权、健康权等人格权以及婚姻自主权、监护权等身份权等；"造成严重精神损害"是对损害程度的一个限制，是否严重，主要取决于身体、健康等被损害的程度。

3. 如果认为可以支持精神损害赔偿的请求，具体赔偿数额应综合多种因素考量。《精神损害赔偿司法解释》第五条规定："精神损害的赔偿数额根据以下因素确定：（一）侵权人的过错程度，但是法律另有规定的除外；（二）侵权行为的目的、方式、场合等具体情节；（三）侵权行为所造成的后果；（四）侵权人的获利情况；（五）侵权人承担责任的经济能力；（六）受理诉讼法院所在地的平均生活水平。"司法实践中，人民法院在考量上述因素基础上确定精神损害赔偿数额的做法已经取得了明显效果。其中，第六个参考因素"受诉法院所在地平均生活水平"与《人身损害赔偿司法解释》中关于残疾赔偿金、死亡赔偿金按照"受诉法院所在地"相关收入标准计算的规定有相似的考虑。故若出现上述情形，在计算精神损害赔偿数额时，也可参照适用《人身损害赔偿司法解释》第十八条第一款规定的"赔偿权利人举证证明其住所地或者经常居住地城镇居民人均可支配收入高于受诉法院所在地标准的，残疾赔偿金或者死亡赔偿金可以按照其住所地或者经常居住地的相关标准计算"，来确定具体的精神损害赔偿数额。

法律适用指引七

应注意区分《民法典》第一千一百九十四条与第一千一百九十五条、第一千一百九十六条、第一千一百九十七条的适用范围

《民法典》第一千一百九十四条是关于网络侵权的原则性规定，规范的是网络用户、网络服务提供者的直接侵权行为，对于网络用户、网络

服务提供者的行为是否构成侵权行为、是否应承担侵权责任，还应依据《民法典》第一千一百九十四条以及《著作权法》等有关规定来判断。而《民法典》第一千一百九十五条、第一千一百九十六条、第一千一百九十七条规范的是网络用户利用网络实施侵权行为时，网络服务提供者在何种情况下需要与网络用户承担连带责任，网络服务提供者承担的连带责任是中间责任。

法律适用指引八

应注意区分网络服务提供者的具体类型，来确定其承担侵权责任的请求权基础

目前，很多网络主体提供的服务具有多样性，既提供技术服务，又主动提供相关内容，如搜狐、新浪等综合性门户网站既是技术服务提供者，又是内容服务提供者。在确认其承担侵权责任的请求权基础时，应当根据具体情形作出必要的区分，不同类型网络服务提供者成立侵权责任的要件、承担责任的方式以及免责事由都是有区别的。

法律适用指引九

举证责任及其分配

举证责任又称证明责任，是指当事人对自己提出的主张有提供证据进行证明的责任。具体包含行为意义上的举证责任和结果意义上的举证责任两层含义：其一，行为意义上的举证责任是指当事人对自己提出的主张有提供证据的责任；其二，结果意义上的举证责任是指当待证事实真伪不明时由依法负有证明责任的人承担不利后果的责任。从行为和结果双重含义上来界定举证责任的内涵，对于提高民事审判效率、推进民事审判方式改革具有十分重要的意义。《民事诉讼法》第六十七条第一款规定了"谁主张，谁举证"原则，侧重于举证的行为意义。《民事诉讼法司法解释》第九十条规定："当事人对自己提出的诉讼请求所依据的事实

或者反驳对方诉讼请求所依据的事实，应当提供证据加以证明，但法律另有规定的除外。在作出判决前，当事人未能提供证据或者证据不足以证明其事实主张的，由负有举证证明责任的当事人承担不利的后果。"司法解释的这一规定从结果意义上完善了举证责任制度。据此，双方当事人对于自己提出的主张各自负有举证责任。原告对自己的诉讼请求所依据的事实，被告对自己答辩或者反诉所依据的事实，第三人对自己提出的请求所依据的事实等，都应当提出证据。没有证据或者证据不足以证明其提出的事实主张的，该方当事人将承担对自己不利的后果，承担败诉的风险。

我国民事诉讼举证责任分配采用法律要件分类说。《民事诉讼法司法解释》第九十一条规定："人民法院应当依照下列原则确定举证证明责任的承担，但法律另有规定的除外：（一）主张法律关系存在的当事人，应当对产生该法律关系的基本事实承担举证证明责任；（二）主张法律关系变更、消灭或者权利受到妨害的当事人，应当对该法律关系变更、消灭或者权利受到妨害的基本事实承担举证证明责任。"这一规定就是采用了法律要件分类说。具体而言：

1. 在合同纠纷案件中，主张合同关系成立并生效的一方当事人对合同订立和生效的事实承担举证责任；主张合同关系变更、解除、终止、撤销的一方当事人对引起合同关系变动的事实承担举证责任。对合同是否履行发生争议的，由负有履行义务的当事人承担举证责任。对代理权发生争议的，由主张有代理权的一方当事人承担举证责任。《最高人民法院关于审理民间借贷案件适用法律若干问题的规定》第十五条第一款规定："原告仅依据借据、收据、欠条等债权凭证提起民间借贷诉讼，被告抗辩已经偿还借款的，被告应当对其主张提供证据证明。被告提供相应证据证明其主张后，原告仍应就借贷关系的存续承担举证责任。"这一规定体现了举证责任分配理论在司法解释层面的应用。

2. 在一般侵权纠纷案件中，主张损害赔偿的权利人应当对损害赔偿请求权产生的要件事实加以证明，即侵害事实、侵害行为与侵害事实之间存在因果关系、行为具有违法性及行为人存在过错。免责事由属于妨碍权利产生的事实，如受害人故意造成损害事实，应当由行为人加以证明。

3. 在劳动争议纠纷案件中，因用人单位作出开除、除名、辞退、解除劳动合同、减少劳动报酬、计算劳动者工作年限等决定而发生劳动争议的，由用人单位负举证责任。

4. 一些特殊案件中适用举证责任倒置。举证责任倒置并未脱离法律要件说的范畴，只是法律将某些特殊案件的部分要件事实的举证责任分配给了另外一方。例如，生态环境损害赔偿、医疗责任损害赔偿、缺陷产品致人损害赔偿等特殊类型的侵权案件，根据《民法典》规定，可以适用举证责任倒置。

5. 在法律没有明确规定时，人民法院可以通过公平原则和诚信原则，综合当事人的举证能力等因素，对待证事实进行考量，从而将其纳入法律、司法解释规定的某一规范所对应的事实，再决定举证责任的承担。

举证责任制度适用时需要注意的问题：

第一，举证责任是一种不利后果，体现的是结果意义上的举证责任。这种后果只有在主要事实真伪不明时才能发生作用，能够查明事实的，不能通过举证责任让一方当事人承担不利后果。通过举证责任认定的事实是一种拟制事实，审判实践中应当尽量不予以适用，只有穷尽所有证据方法后才能予以适用；在能够查明事实或者对待证事实能够通过证明标准予以认定的，不应以举证责任的方式来认定事实。

第二，真伪不明的事实一般指作为裁判依据的基本事实，不涉及间接事实和辅助事实。从裁判适用实体法规范角度看，基本事实即实体法规范的要件事实，对基本事实存在与否作出认定，即可作出裁判。例外的是，即使作为间接事实，文书真实性仍是需要加以证明的。书证的真实性应当由提供者加以证明，需要进行鉴定的，提供者负有提出鉴定申请的义务。

第三，对于特定的待证事实而言，证明责任为单方责任，即由哪一方当事人承担是法律规范预先设定的，故在诉讼中不存在对某一待证事实的举证责任在不同当事人之间转移的问题。如《最高人民法院关于审理民间借贷案件适用法律若干问题的规定》第十六条规定："原告仅依据金融机构的转账凭证提起民间借贷诉讼，被告抗辩转账系偿还双方之前借款或者其他债务的，被告应当对其主张提供证据证明。被告提供相应证据证明其主张后，原告仍应就借贷关系的成立承担举证责任。"也就是说，民间借贷关系成立的事实证明责任始终在债权人一方，但债务人主张债务已消灭或应由他人偿还的事实属于另一待证事实，应由债务人承担举证责任。同样，举证责任的不利后果也只能由一方承担，无法由双方分担或共担。

  第四，不负有举证责任的当事人对相关事实也可以提供相应证据进行反驳，以便使该事实处于确定状态，而不是被动地让事实处于真伪不明状态，即使该事实无法确定，该当事人也不承担不利后果。《民事诉讼法司法解释》第一百零八条第二款规定："对一方当事人为反驳负有举证证明责任的当事人所主张事实而提供的证据，人民法院经审查并结合相关事实，认为待证事实真伪不明的，应当认定该事实不存在。"也就是说，不负有举证责任的当事人为反驳而提供证据，还可以起到证明防御的作用，使负有举证责任的当事人所举证据的证明力下降。

【案例二】

宜兴市建工建筑安装有限责任公司与张某、张某山申请诉中财产保全损害赔偿责任纠纷案[*]

【裁判摘要】

由于当事人的法律知识、对案件事实的举证证明能力、对法律关系的分析判断能力各不相同，通常达不到司法裁判所要求的专业水平，因此当事人对诉争事实和权利义务的判断未必与人民法院的裁判结果一致。对当事人申请保全所应尽到的注意义务的要求不应过于苛责。如果仅以保全申请人的诉讼请求是否得到支持作为申请保全是否错误的依据，必然会对善意当事人依法通过诉讼保全程序维护自己权利造成妨碍，影响诉讼保全制度功能的发挥。而且，《侵权责任法》第六条和第七条规定，侵权行为以过错责任为原则，无过错责任必须要有法律依据，但《侵权责任法》所规定的无过错责任中并不包含申请保全错误损害赔偿责任。因此，申请保全错误，须以申请人主观存在过错为要件，不能仅以申请人的诉讼请求未得到支持为充分条件。

---

[*] 案例来源：《最高人民法院公报案例》2018年第9期（总第265期）。

最高人民法院民事裁定书

（2018）最高法民申 2027 号

再审申请人（一审原告、二审上诉人）：宜兴市建工建筑安装有限责任公司。住所地：江苏省宜兴市宜兴环科园茶泉路 6 号。

法定代表人：张某义，该公司董事长。

委托诉讼代理人：费某新，江苏通运律师事务所律师。

委托诉讼代理人：朱某，江苏通运律师事务所律师。

被申请人（一审被告、二审被上诉人）：张某，女，汉族，住山东省济南市历下区。

被申请人（一审被告、二审被上诉人）：张某山，男，汉族，住山东省青州市黄楼街道办事处辛庄村。

再审申请人宜兴市建工建筑安装有限责任公司（以下简称宜兴建筑公司）因与被申请人张某、张某山申请诉中财产保全损害责任纠纷一案，不服山东省高级人民法院（以下简称山东高院）（2017）鲁民终 1932 号民事判决（以下简称二审判决），向本院申请再审。本院依法组成合议庭进行了审查，现已审查终结。

宜兴建筑公司申请再审称：二审判决认定的基本事实缺乏证据证明。1. 对什么是《中华人民共和国民事诉讼法》第一百零五条规定的"错误"没有司法解释，但张某申请财产保全错误不仅可以从败诉这一结果中推定，也可以从张某伪造事实的诉讼中予以确认。2. 二审判决认定张某申请诉讼保全不存在恶意缺乏证据证明。宜兴建筑公司不是涉案《借款合同》的当事人，不应作为被告。证人张某友在庭审中所作的证人证言都以张某的说法为准。张某提交的青州市城市展览馆项目的现金日记账是虚假的，不足以证明宜兴建筑公司的行为。宜兴建筑公司并没有出具过授权委托书，张某向法院提交的授权委托书是虚假的，不能作为认定宜兴建筑公司承担还款责任的依据。张某在其他民间借贷纠纷案件中选择只起诉翁某刚、撤回对宜兴建筑公司的起诉，说明其知道证据材料是虚假的。由于张某伪造账本、提供假证、盗用授权委托书以及在诉讼中明知错误仍申请诉讼保全，应认定其申请诉讼保全存在恶意。3. 二审判决认定张某申请诉讼保全的行为未对宜兴建筑公司造成实际损失缺乏证据证明。张某申请冻结宜兴建筑公司银行账户，导致宜兴建筑公司不能正常运营，只能向非金融机构及其他单位和个人拆借，而拆借利率要比银行贷款利率高出好几倍。至账户被解封时，宜兴建筑公司已支付利息高达1069.89万元，该损失应由张某和担保人张某山承担。故依照《中华人民共和国民事诉讼法》第二百条第二项规定申请再审。

张某、张某山提交书面意见称，申请保全错误应以申请人存在故意或重大过失为前提，诉讼结果不应完全作为申请保全有错误的判断依据。张某申请诉讼保全没有恶意，不存在过错，客观上没有对宜兴建筑公司造成损失。宜兴建筑公司与案外人宜兴安泰建筑商品房屋开发有限责任公司、江苏文卓房地产开发有限公司存在关联关系。本案是三家公司恶意串通制造的虚假诉讼。

本院经审查认为，根据宜兴建筑公司的再审申请理由以及提交的证据，本案的争议焦点问题为：申请保全错误是否仅以申请人诉讼请求未得到支持为充分条件、二审判决认定张某申请诉讼保全不存在恶意是否缺乏证据证明、二审判决认定张某申请诉讼保全的行为未对宜兴建筑公司造成实际损失是否缺乏证据证明。

一、关于申请保全错误是否仅以申请人诉讼请求未得到支持为充分条件的问题

《中华人民共和国民事诉讼法》第一百零五条规定："申请有错误的，申请人应当赔偿被申请人因保全所遭受的损失。"由于当事人的法律知识、对案件事实的举证证明能力、对法律关系的分析判断能力各不相同，通常达不到司法裁判所要求的专业水平，因此当事人对诉争事实和权利义务的判断未必与人民法院的裁判结果一致。对当事人申请保全所应尽到的注意义务不应过于苛责。如果仅以保全申请人的诉讼请求是否得到支持作为申请保全是否错误的依据，必然会对善意当事人依法通过诉讼保全程序维护自己权利造成妨碍，影响诉讼保全制度功能的发挥。而且，

《中华人民共和国侵权责任法》第六条和第七条规定,侵权行为以过错责任为原则,无过错责任必须要有法律依据,但《中华人民共和国侵权责任法》所规定的无过错责任中并不包含申请保全错误损害赔偿责任。综上,申请保全错误,须以申请人主观存在过错为要件,不能仅以申请人的诉讼请求未得到支持为充分条件。

二、关于二审判决认定张某申请诉讼保全不存在恶意是否缺乏证据证明的问题

宜兴建筑公司申请再审主张,张某在另案中存在伪造账本、提供假证、盗用授权委托书的行为,证明其存在主观恶意,但上述主张只是宜兴建筑公司的怀疑,其并未提交充分有效的证据证明该主张,本院不予支持。案外人翁某刚为张某出具的部分《收款收据》加盖有宜兴建筑公司青州市城市展览馆项目部的公章;张某提供了宜兴建筑公司出具的授权委托书,主张翁某刚系宜兴建筑公司青州项目部经理,负责宜兴建筑公司相关工程的前期筹款、项目规划及施工等工作;宜兴建筑公司在本案一审中亦认可翁某刚系挂靠其经营,基于上述事实,张某将宜兴建筑公司作为被告,为保证将来判决生效后能得到顺利执行,在诉争标的范围内对宜兴建筑公司的银行账户存款申请查封,系依法行使法律赋予的诉讼权利。张某在其他民间借贷纠纷案件中选择只起诉翁某刚、撤回对宜兴建筑公司的起诉,都属于为维护自己的实体权利而依法行使诉讼权利的行为,并不能据此认定其主观上存在通过申请诉讼保全损害宜兴建筑公司权利的恶意。因此,宜兴建筑公司关于二审判决认定张某申请诉讼保全不存在恶意缺乏证据证明的再审申请理由不能成立。

三、关于二审判决认定张某申请诉讼保全的行为未对宜兴建筑公司造成实际损失是否缺乏证据证明的问题

宜兴建筑公司在一审中提交了授权委托书、借款协议、建设工程施工合同、领款汇款凭证、利息支付收据等证据以证明张某申请诉讼保全的行为对其造成了利息损失,但授权委托书加盖的公章与本案诉状中公章明显不一致,且两份借款合同均非以宜兴建筑公司名义签订,此后的利息也均未通过该公司支付。此外,根据宜兴建筑公司自述,其作为被

执行人的案件上百起，是否仅因张某申请诉讼保全的行为造成其损失并不能确定。宜兴建筑公司未提交充分有效的证据证明其遭受的利息损失，也未能证明其所遭受的损失与张某申请诉讼保全之间存在因果关系。因此，宜兴建筑公司关于二审判决认定张某申请诉讼保全的行为未对其造成实际损失缺乏证据证明的再审申请理由亦不能成立。

综上，宜兴建筑公司的再审申请不符合《中华人民共和国民事诉讼法》第二百条第二项规定的情形。本院依照《中华人民共和国民事诉讼法》第二百零四条第一款、《最高人民法院关于适用〈中华人民共和国民事诉讼法〉的解释》第三百九十五条第二款规定，裁定如下：

驳回宜兴市建工建筑安装有限责任公司的再审申请。

【新旧法律依据对照】

旧法	新法
《侵权责任法》 第六条 　　行为人因过错侵害他人民事权益，应当承担侵权责任。 　　根据法律规定推定行为人有过错，行为人不能证明自己没有过错的，应当承担侵权责任。	《民法典》 第一千一百六十五条 　　行为人因过错侵害他人民事权益造成损害的，应当承担侵权责任。 　　依照法律规定推定行为人有过错，其不能证明自己没有过错的，应当承担侵权责任。
《侵权责任法》 第七条 　　行为人损害他人民事权益，不论行为人有无过错，法律规定应当承担侵权责任的，依照其规定。	《民法典》 第一千一百六十六条 　　行为人造成他人民事权益损害，不论行为人有无过错，法律规定应当承担侵权责任的，依照其规定。

【法律适用指引】

法律适用指引一
　　过错责任原则

　　理论界对于侵权责任的归责原则体系存有不同认识。但一般都认为,《侵权责任法》第六条第一款规定的"行为人因过错侵害他人民事权益,应当承担侵权责任"是关于过错责任的一般规定,即过错责任原则的一般条款。该条第二款规定的"根据法律规定推定行为人有过错,行为人不能证明自己没有过错的,应当承担侵权责任"则是过错推定责任的一般条款。《民法典》第一千一百六十五条基本沿用上述规定,明确规定了过错责任原则和过错推定责任原则的一般条款,但在第一款规定中增加了"造成损害的"这一表述,以损害作为承担损害赔偿责任的必备要件之一,强调了过错责任原则必须造成损害的要求(这里的损害是广义的概念,包括现实损害和可能遭受的不利后果)。一般认为,过错责任原则,是以过错作为价值判断标准,判断行为人对其造成的损害应否承担侵权责任的归责原则。在一般侵权行为引起的损害赔偿案件中,应当由主观上有过错的一方承担赔偿责任。主观上的过错是损害赔偿责任构成的必备要件之一,缺少这一要件,即使侵权人的行为造成了损害事实,并且侵权人的行为与损害结果之间有因果关系,也不承担赔偿责任。

　　过错责任原则是侵权责任中最基本、最主要的归责原则。其重大意义在于:第一,在道德观念上,确认个人就自己的过错行为所导致的损害,应负赔偿责任,乃正义的要求;反之,如果行为非出于过失,行为人已尽注意之能事,在道德上无可非难,不应负侵权责任。第二,在社会价值上,任何法律必须调和"个人自由"与"社会安全"两个基本价值,过错责任被认为最能达成此项任务,因为个人如果已尽其注意,即得免负侵权责任,则自由不受束缚,聪明才智可得发挥。人人尽其注意,一般损害亦可避免，社会安全亦足以维护。第三，过错责任体现人的尊严，肯定人的自由，承认个人抉择、区别是非的能力，个人基于自由意思决定从事某种行为而造成损害的，因其具有过失，法律予以制裁，使其负赔偿责任，最足以表现对个人尊严的尊重。①

准确把握过错责任原则的内涵，应当注意以下几点：

第一，过错责任原则要求过错作为侵权责任构成的必备要件。在《侵权责任法》中适用过错责任原则的场合，行为人的主观过错是必备要件之一。如果行为人在主观上没有过错，就不能构成侵权责任。

第二，过错责任原则要求以过错作为责任构成的最终要件。德国学者耶林指出："使人负损害赔偿的，不是因为有损害，而是因为有过失，其道理就如同化学上之原则，使蜡烛燃烧的，不是光，而是氧，一般的浅显明白。"② 这一关于过错要件在一般侵权责任构成中决定性地位的经典表述，广为流传。过错责任原则要求以过错作为侵权责任构成的价值判断标准，过错不仅是侵权责任构成的一般要件，更是决定侵权责任构成的最终的、决定性的要件。

法律适用指引二

无过错责任原则的裁判适用

《民法典》第一千一百六十六条规定本身只是为了表明在我国无过错责任原则是与过错责任原则并列的归责原则，其并不直接具有作为裁判根据的意义。要对某一案件适用无过错责任，必须是《民法典》或者单行法明确规定该类案件不以过错为承担责任的条件。在立法中，有的建议取消单行法对无过错责任的具体规定，由《民法典》规定几个适用无过错责任原则的条件和标准。但是，考虑到某一领域是否适用无过错责任原则受多种因素的影响，例如危险程度、政策选择、事故发生的可能

---

① 王泽鉴：《侵权行为法》（第一册），我国台湾地区三民书局1999年版，第14页。
② 王泽鉴：《民法学说与判例研究》（第二册），中国政法大学出版社1998年版，第144~145页。

性等,且决定不同领域是否适用无过错责任原则的条件和标准也不完全相同,由法律统一规定哪些因素作为适用无过错责任原则的条件和标准很难,也没有把握,最终并没有规定这样的条件和标准。[①] 因此,适用无过错责任原则的案件,所适用的是《民法典》或者其他法律关于无过错责任的具体规定。《民法典》或者其他法律未明确规定适用无过错责任原则的案件,均属于过错责任原则的适用范围。由此可知,无过错责任原则的适用应当遵循责任法定原则,只有在法律有明确规定的情况下才可以适用,这里并不存在自由裁量权的行使问题。而且《民法典》第一千一百六十六条规定的"法律规定"应当遵循严格的文义解释,即只限于《立法法》明确规定的法律,并不包括行政法规,也不包括部门规章。可以说,立法机关决定哪些行业领域应当适用无过错责任原则是比较慎重权衡的结果。侵权责任编顺承《侵权责任法》的规定明确规定了几种适用无过错责任原则的特殊侵权行为,如第四章的产品责任、第八章的高度危险责任等。

在此需要注意的是,《民法典》第一千二百三十六条"从事高度危险作业造成他人损害的,应当承担侵权责任"之规定实际上是对于高度危险责任适用无过错责任的一般条款。这一规定并没有明确高度危险责任的具体类型,即在高度危险责任一章中具体列举的行为类型之外,只要符合该条规定情形的,都要承担高度危险责任。从这个角度言之,高度危险责任体系具有一定的开放性和前瞻性,高度危险作业的内涵及行为类型可以随着社会的发展而扩展。这也为审判实务中准确适用该条规定,衡平相关利益关系,促进社会发展进步预留了空间。

法律适用指引三
受害人过错的考量

在适用无过错责任原则的侵权行为中,只是强调不以加害人过错为

[①] 王胜明主编:《中华人民共和国侵权责任法释义》,法律出版社2010年版,第50页。

要件，即不考虑行为人过错，但绝非不考虑受害人的过错。如果受害人对损害的发生也有过错，则应根据具体情况减轻，甚至免除行为人的侵权责任，比如在很多无过错责任侵权行为类型中，受害人故意就是法定免责事由。

【案例三】

因财产保全引起的损害赔偿案件，应当如何认定申请人申请财产保全错误[*]

一、案情简介

2010年2月，甲公司以乙和丙公司为共同被告，向某人民法院提起诉讼，在该案中，甲公司要求乙偿还借款3500万元，丙公司作为借款的实际使用人，承担连带清偿责任。在诉讼过程中，2010年4月，甲公司对丙公司名下的房产申请了财产保全，该院于2010年5月作出民事裁定，将丙公司名下17套房屋予以查封。2010年9月，该人民法院作出一审判决，认定甲公司与乙之间的借款合同合法有效，丙公司虽然使用了该合同项下的借款，但丙公司取得该款项的使用权并不是依据借款合同，而是基于乙向丙公司投资的另一法律关系，故丙公司不应承担还款责任，判决乙向甲公司偿还借款3500万元，驳回了甲公司对丙公司的诉讼请求。该判决生效后，该院裁定解除了对丙公司17套房产的查封，实际查封日期为140天。

丙公司遂以甲公司申请财产保全错误为由提起诉讼，要求甲公司赔偿因查封房产造成的占用资金损失及房价下跌损失等200余万元。

---

[*] 案例来源：最高人民法院民事审判第一庭编：《民事审判指导与参考》2013年第2辑（总第54辑）。

二、法院裁判情况

一审法院认为，甲公司以丙公司实际使用借款合同项下款项为由，将丙公司诉至法院并申请查封了丙公司所有的房产，造成丙公司不能及时将房屋出售变现，确实存在资金占用损失。经人民法院生效判决认定，丙公司不应对甲公司承担借款偿还责任，因此，应当认为甲公司申请财产保全错误，甲公司应赔偿丙公司查封期间资金占用损失80万元。

甲公司不服提出上诉。二审法院认为，甲公司在诉讼过程中对丙公司所有的房屋申请财产保全，是行使法律赋予其的诉讼权利的表现。虽然最终人民法院生效裁判认为，丙公司对甲公司不负清偿义务，但甲公司的诉讼请求与财产保全申请，不存在明显的恶意，其对丙公司提出的诉讼请求未得到人民法院的支持，仅是因其对涉案法律关系和当事人民事责任的理解错误。因此，不应认为甲公司申请财产保全错误。二审撤销了一审判决，驳回了丙公司的诉讼请求。

三、主要观点及理由

本案的争议焦点是，因财产保全引起的损害赔偿案件中，应当如何认定申请人申请财产保全错误。对此问题有两种观点：

第一种观点认为，对于财产保全损害赔偿责任，应当适用过错责任归责原则，只有在申请人对财产保全错误存在故意或重大过失的情况下，方可认为构成申请有错误。

第二种观点认为，申请人申请有错误的表述，是一种客观描述，因此对财产保全损害赔偿责任，应当适用无过错责任归责原则，只要申请人最终没有获得胜诉或者完全胜诉，即构成财产保全错误，而无需考虑申请人对保全错误的主观过错状态。

我们认为，第一种观点更为合理。具体理由如下：

《民事诉讼法》第一百零五条规定，申请有错误的，申请人应当赔偿被申请人因保全所遭受的损失。按照此规定，财产保全损害赔偿成立的条件为申请人的"申请有错误"和被申请人存在"因保全所遭受的损失"。在实践中，如何认定申请人的申请确有错误，往往是案件争议的焦点问题。从财产保全损害赔偿的性质上看，财产保全损害赔偿属于侵权损害赔偿，除适用民事诉讼法的规定外，还应当适用《侵权责任法》的相关规定。《侵权责任法》第六条规定，行为人因过错侵害他人民事权益，应当承担侵权责任。根据法律规定推定行为人有过错，行为人不能证明自己没有过错的，应当承担侵权责任。第七条规定，行为人损害他人民事权益，不论行为人有无过错，法律规定应当承担侵权责任的，依照其规定。也就是说，按照《侵权责任法》的规定，侵权责任的归责原则以过错责任原则为基本原则，在法律有特别规定的情况下，适用无过错责任原则，而其中过错责任原则还包括过错推定的特殊形式。从法律规定上看，无过错责任原则与过错推定的适用，应当具有明确的法律依据。因此，对于财产保全损害赔偿案件，能否适用无过错责任原则，关键是看如何理解《民事诉讼法》中的"申请有错误"。从实践中的具体情况看，申请人的申请错误，可以表现在申请前提错误、财产保全对象错误、保全数额超过诉讼请求范围等多种情况，而是否可以仅以申请人的诉讼请求最终没有全部获得法院裁判支持，作为确认申请错误的依据，是此类案件争议的关键问题。

毋庸否认的是，从方便审判操作、利于裁判统一的角度看，认为只要申请人的诉请没有获得全部支持则构成"申请有错误"是更加简便易行的。而且从理论上看，财产保全申请应该基于合理的诉讼请求，在申请人败诉或部分败诉的情况下，可以认为其对己方诉讼请求的考察缺乏相应的合理性判断，同时也并未履行审慎对待他人权利的义务，因此可以认为是申请错误。

但是从实际情况来看，申请人对诉讼请求能否得到支持、保全是否必要等判断，并不一定总是和客观实际以及人民法院的判断一致。申请人认为合理的诉请和保全可能并不为人民法院所认同，而在很多时候，这是因为申请人对于法律规定的了解或者理解存在误区。在一些法律规定不明确的领域，甚至还谈不上错误，而仅是申请人的认识与人民法院的最终认定不同而已。因此，对财产保全损害赔偿责任，适用无过错责任原则，认为申请人在败诉或部分败诉的情况下，即应当对被申请人的损失承担赔偿责任，很可能会造成对当事人依法申请财产保全权利的不当遏制，使得当事人申请财产保全的风险和成本大大上升，更多的当事人因对财产保全损害赔偿责任的担忧，而选择放弃申请必要的财产保全，则可能威胁到财产保全民事诉讼制度的现实地位，并使更多的生效裁判面临执行不能的风险。从目前《民事诉讼法》设置的再审、抗诉等审判监督程序的角度看，经人民法院一审、二审生效的裁判，可能并不是最终的生效裁判。如果当事人依据业已生效的一审或二审裁判提起了财产保全损害赔偿之诉，人民法院仅按照既有的裁判结果，认定败诉的申请人申请财产保全错误，并支持了被申请人提出的损害赔偿请求，之后该生效裁判经审判监督程序被撤销，申请人获得胜诉，则可能带来无穷尽的财产损害赔偿之诉。

因此，我们认为，对《民事诉讼法》规定的"申请有错误"，不应仅从字面上将其理解为申请人败诉或未完全胜诉则构成"申请有错误"，而是应当对这一"错误"作进一步的解读，探究申请人对申请财产保全出现错误的主观过错情况。也就是说，对于财产保全损害赔偿责任，不应认为法律规定了特别的无过错责任归责原则，而是应当适用侵权责任基本归责原则，即过错责任原则。财产保全的申请人仅在对财产保全出现错误存在一定主观过错的情况下，构成"申请有错误"。

在明确财产保全损害赔偿案件适用过错责任归责原则的情况下，何种程度的主观过错能够构成财产保全损害赔偿责任，也是审判中需要解决的问题。对此，法律没有明确进行规定。一般认为，过错的判断标准可以分为三个层次，即普通人的注意义务、处理自己事务的同等注意义务和善良管理人的注意义务，违反上述三种注意义务，分别构成重大过失、具体轻过失和抽象轻过失。在财产保全损害赔偿的问题上，我们认为，首先应当明确的是，不应要求申请人尽善良管理人的注意义务，也就是说，不应对申请人设定过于严格的过错认定标准。而在普通人的注意义务与处理自己事物的同等注意义务之间，我们倾向于认为，前者是一个更为客观的标准，更容易在实践中予以证明和判断。而且，采取普通人的注意义务标准，将重大过失纳入申请人主观过错范围内，可以在申请人诉讼权利保护、权利滥用限制和被申请人合法权益维护之间进行合理平衡，保障民事诉讼活动的顺利进行，从而实现既避免权利滥用，又维护当事人民事诉讼行为自由这一侵权责任法律基点和价值取向，因而是较为适宜的。

四、最高人民法院民一庭裁判观点

因财产保全引起的损害赔偿案件，应当适用《侵权责任法》规定的过错责任归责原则。在申请人对出现财产保全错误存在故意或重大过失的情况下，应当认为申请人的申请有错误。

【新旧法律依据对照】

旧法	新法
《侵权责任法》 第六条 　　行为人因过错侵害他人民事权益，应当承担侵权责任。 　　根据法律规定推定行为人有过错，行为人不能证明自己没有过错的，应当承担侵权责任。	《民法典》 第一千一百六十五条 　　行为人因过错侵害他人民事权益造成损害的，应当承担侵权责任。 　　依照法律规定推定行为人有过错，其不能证明自己没有过错的，应当承担侵权责任。
《侵权责任法》 第七条 　　行为人损害他人民事权益，不论行为人有无过错，法律规定应当承担侵权责任的，依照其规定。	《民法典》 第一千一百六十六条 　　行为人造成他人民事权益损害，不论行为人有无过错，法律规定应当承担侵权责任的，依照其规定。

【法律适用指引】

法律适用指引一
过错侵权责任的构成要件

一般而言，依据《民法典》第一千一百六十五条第一款的规定，按照过错责任原则，侵权责任的成立，必须具备违法行为、损害事实、因果关系和主观过错四个要件，四者缺一不能构成侵权责任。

（一）关于过错认定的一般规则

现在理论界对于过错系主观过错还是客观过错存有不同认识。主观过错说认为，过错是违法行为人对自己的行为及其后果所具有的主观心理状态。[1] 客观过错说认为，我国对过错的判断标准应当客观化，即应采用客观过错，摒弃现行的主观过错说，认为这种客观过错指行为人未尽到一般人所能尽到的注意义务，也即违背了社会秩序要求的注意。[2] "过错是指判断过错不再以行为人个人的主观状态为根据，而是以一般注意义务的违反为标准。这种过错就是指对一般注意的违反。"[3] 综合过错说认为，过错首先是行为人进行某种行为时的心理状态，即使是法人，也具有这种法律上的心理状态。过错虽然是一种心理状态，但它必然是通过行为人的具体行为体现出来，判定一个人有无故意或者过失，总是和一定的行为联系起来的，并以行为为其前提和条件。没有行为，不管人们具备什么样的心理状态，也谈不上过错。这种过错，实际上是对行为人在进行这种行为时所具有的心理状态以及行为的本身的社会评价和价值评价。[4] 王利明教授在其《侵权责任法研究》中进一步主张过错能够

---

[1] [苏] B·格里巴诺夫等主编：《苏联民法》（下册），法律出版社1986年版，第398页。
[2] 杨丽等：《侵权责任要件研究》，载《政法论坛》1993年第2期。
[3] 杨丽等：《侵权责任要件研究》，载《政法论坛》1993年第2期。
[4] 王利明主编：《人格权法新论》，吉林人民出版社1994年版，第96~97页。

代替违法行为这一客观要件，认为违法行为应包含于过错之中。① 应该说，主观与客观在具体行为中既有联系又有区别。对于一个具体行为，既包括行为人主观的状态，即观念上的形态，也包括客观上的外在样态，即身体上的动静。这两种形态，既有主观与客观的表现形式不同，又是相互联系，统一在一起的。② 应当看到，从判断侵权责任构成上，由于过错体现在行为之中，就应当从行为中检验、判断行为人是否有过错，即对于过错的认定，往往都需要采取客观标准，这是现代民法理论和实务发展的趋势。无论是采主观过错说的学者还是采客观过错说的学者都赞成检验过错标准的客观化。检验过错用客观标准，是指判断过错时，采用客观的标准来衡量，违反客观标准，则应当认定为有过错。特别是，过失的归责基础就在于行为人对于损害的发生原有预见的可能，只是由于自身原因导致违反了该注意义务，而没有预见，所以判断过失的重心在于行为人对于损害的发生是否能够预见，学说上称为"预见可能性说"。判断此种预见可能性是否存在，应当考虑特定行为人的年龄、性别、健康、能力等主观因素以及其当时所处的环境、时间以及行为的类型等因素。③ 但还应注意的是，现代侵权法并非完全以客观标准衡量过错的有无，主观标准仍有适用的必要。在行为人故意侵权时，当其行为完全表现出其故意的心理状态时，则仍用主观标准而非客观标准判断。一般注意义务的违反并不是衡量一切过错的标准，而是衡量行为人主观上是否有过失的标准，因而，过失才是对一般注意义务的违反。如果确定故意能用主观标准判断而偏采用客观的违反注意义务的标准判断之，显然是舍本求末。④ 换言之，用客观标准衡量过错，并不是绝对的标准，用客观标准衡量的只是过失，以及无法用主观标准衡量的某些故意。对于故意的衡量标准，还是要用主观标准来衡量。⑤

---

① 王利明：《侵权责任法研究》（上卷），中国人民大学出版社2010年版，第301页。
② 杨立新：《侵权法论》（第五版），人民法院出版社2013年版，第207页。
③ 最高人民法院侵权责任法研究小组编著：《〈中华人民共和国侵权责任法〉条文理解与适用》，人民法院出版社2010年版，第50页。
④ 杨立新：《侵权法论》（第五版），人民法院出版社2013年版，第207~208页。
⑤ 杨立新：《侵权法论》（第五版），人民法院出版社2013年版，第261页。

按照过错责任构成的四要件论。过错，是指侵权人在实施侵权行为时对于损害后果的主观心理状态，包括故意和过失。

故意，是侵权人预见自己行为的损害结果，仍然希望这一损害后果发生或者放任这一后果发生的主观心理状态。根据侵权人心理状态的不同，故意又可以分为直接故意和间接故意两种形式。

过失，包括疏忽和懈怠。侵权人对自己行为的损害结果，应当预见或者能够预见由于疏忽大意而没有预见，为疏忽；侵权人对自己行为的损害结果虽然预见到但却由于过于自信而认为可以避免，最终没有避免损害后果的发生为懈怠。一般而言，民法上的过失，就是侵权人对被侵权人应负注意义务的疏忽或懈怠。"过失者，行为人对于自己的行为，所生一定之结果，如为相当之注意，即可避免，而欠缺此注意之心理状态也。"[①] 如上所述，关于过失的认定，通常采客观标准，即侵权人的行为违反相关法律规定与其实施该行为时有无过错有密切联系，实务上通常采用违法推定过失或者违法视为过失的做法。

(二) 关于行为违法的认定

行为违法就是指行为人实施的行为在客观上违反法律规定，主要表现为违反法律规定的义务、违反保护他人的法律和故意实施违背善良风俗而造成他人损害的行为。

行为依其方式分为作为和不作为。这两种行为方式均可构成侵权行为的客观表现方式。作为是违反法律规定的不作为法定义务的行为。作为的违法行为是侵权行为的主要方式，即以积极行为侵害他人民事权益的行为。比如伤人身体、毁人财物等行为。不作为是违反法律规定的积极作为的法定义务的行为。行为样态上通常是消极地、未实施相应行为或是实施相应行为达不到积极履行法定义务的后果。确定不作为违法行为的前提是行为人负有法定的作为义务。通常而言，法定作为义务的来源有三种：一是来自法律的直接规定。法律规定的扶养义务、安全保障义务等都属此类。二是来自当事人之间的约定。如当事人通过意思自治的形式约定的各种作为义务。违反这一义务不仅会产生违约责任，也会

[①] 刘清波：《民法概论》，我国台湾地区开明书店1979年版，第267页。

产生侵权责任，属于二者竞合的情形。三是来自行为人的先前行为。行为人先前的行为使他人进入某种危险状态，这时行为人应当承担危险防免的作为义务。审判实践中，对于共同饮酒后其中一人发生人身伤亡的案件根据案件具体情况判决共同饮酒者或者其中的组织者承担相应的赔偿责任，其法理依据基本上都是作为义务的违反。

（三）关于损害的认定

损害作为一种事实状态，是指因一定的行为或事件使某人受侵权法保护的权利和利益遭受某种不利益的影响，[1] 包括人身伤害和财产损害以及精神痛苦。损害通常可分为直接损害和间接损害，"着眼于损害之引发，谓损害事故直接引发之损害为直接损害，非直接引发而系因其他媒介因素之介入所引发之损害则为间接损害"。[2] 而就经济利益的损失而言，大致包括直接损失、间接损失和纯粹经济损失。直接损失是已得利益之丧失，间接损失是虽受害时尚不存在，但受害人在通常情况下如果不受侵害，必然会得到的利益的丧失，[3] 是可得利益的减少，即"该得而未得"。间接损失的是一种未来的可得利益，在侵害行为实施时，它只具有一种财产取得的可能性，还不是一种现实的利益。[4] 纯粹经济损失是指受害人因他人的侵权行为遭受了经济上的损害，但该种损害不是由于受害人所遭受的有形的人身损害或有形的财产损害而产生的经济损失，即受害人直接遭受财产上的不利益，而非因人身或物被侵害而发生，例如餐厅、工厂等由于停电、罢工不能营业而受到的损失等。其与间接损失的根本区别在于，间接损失是对受害人自身的权利造成直接损失的基础上造成的损失，而纯粹经济损失非以造成受害人的权利损害为前提，仅为单纯的经济损失。

（四）关于因果关系的认定

因果关系是侵权责任法乃至整个民法领域最复杂的问题之一。一般而言，作为过错责任的构成要件，因果关系的判定多遵循的规则为直接

---

[1] 王利明、杨立新：《侵权行为法》，法律出版社1996年版，第55页。
[2] 曾世雄：《损害赔偿法原理》，中国政法大学出版社2001年版，第137页。
[3] 张新宝：《中国侵权行为法》，中国社会科学出版社1995年版，第36页。
[4] 杨立新：《侵权法论》（第三版），人民法院出版社2005年版，第764页。

原因的规则和相当因果关系的规则。对于前者，是指违法行为与损害结果之间具有直接因果关系，无须再适用其他因果关系理论判断，即可直接确认其具有因果关系。此多表现为一因一果的因果关系类型。对于后者，也称为适当条件说。这种学说认为，某一事实仅于现实情形发生某种结果，尚不能就认为有因果关系，必须在一般情形，依社会的一般观察，亦认为能发生同一结果的时候，才能认为有因果关系。适用相当因果关系规则，关键在于掌握违法行为是发生损害事实的适当条件。适当条件是发生该种损害结果的不可或缺条件，它不仅是在特定情形下偶然引起的损害，而且是一般发生同种结果的有利条件。确定行为与结果之间有无因果关系，要依行为时的一般社会经验和知识水平作为判断标准，认为该行为有引起该损害结果的可能性，而在实际上该行为又确实引起了该损害结果，则该行为与该损害结果之间有因果关系。① 目前对于侵权责任纠纷，往往需要运用相当因果关系的规则来判断，因为这一规则采取的是较为客观的判断模式，仅要求法官依法查明违法行为与损害事实之间在通常情况下存在因果关系即可。

法律适用指引二

适用无过错责任原则时的侵权责任构成要件

对于适用无过错责任原则的侵权行为类型，其责任构成要件有三：一是违法行为；二是损害事实；三是违法行为与损害事实之间具有因果关系。即适用无过错责任原则时，无须以行为人主观过错为要件，只要具备以上三个要件，就应当承担侵权责任。对于这三个要件的具体内容已在上一条中作了说明，在此不再赘述。下面，就有关具体理解和适用问题作一阐述。

1. 无过错责任原则强调的是不以行为人的过错为构成要件，绝非说行为人实施该行为没有过错，也绝非强调行为人无过错也要承担侵权责

---

① 杨立新：《侵权法论》（第五版），人民法院出版社2013年版，第236页。

任。适用无过错责任原则的目的，从诉讼角度考虑，应当是减轻受害人一方的举证责任，即免除受害人证明行为人过错的举证责任，使受害人更容易获得救济。

2. 无过错责任并不是绝对责任，在适用无过错责任原则的案件中，行为人可以主张法定的不承担责任或者减轻责任的事由。例如，在产品责任案件中，产品制造者可以证明产品投入流通时，引起损害的缺陷尚不存在以免除自己的侵权责任；在高度危险物致损案件中，高度危险作业人可以证明受害人故意造成损害而免除自己的责任；等等。但是，法律根据行为的危险程度，对适用无过错责任原则的不同侵权类型规定了不同的不承担责任或者减轻责任的事由，例如根据《民法典》第一千二百三十七条等规定，民用核设施发生核事故造成他人损害的，民用核设施经营人不承担责任的事由是战争等情形或者受害人故意。占有或者使用易燃、易爆、剧毒、放射性等高度危险物造成他人损害的，免责事由是受害人故意或者不可抗力；被侵权人对损害的发生有重大过失的，可以减轻占有人或者使用人的责任。从事高空、高压、地下挖掘活动，使用高速轨道运输工具造成他人损害的，免责事由是受害人故意或者不可抗力，同时，被侵权人对损害的发生有重大过失的，可以减轻经营者的责任。

3. 关于适用无过错责任原则时的举证责任。依据举证责任分配的一般规则，被侵权人应当举证证明违法行为、损害事实和因果关系三个要件。对此，侵权人不承担举证责任。如果侵权人即被告主张不构成侵权责任，则实行举证责任倒置，其所要证明的不是自己无过错，而是被侵权人的故意或者其他法定免责事由是导致损害的原因，被告能够证明的，即免除赔偿责任；其举证不能的，侵权责任即告成立，被告则应承担侵权责任。

从举证责任的角度看，无过错责任原则对于被侵权人的保护要比过错推定更为有利。实行过错推定，举证责任由侵权人承担，证明的内容是侵权人自己没有过错；实行无过错责任原则，举证责任仍由侵权人承担，但证明的内容是损害系由被侵权人的故意或者重大过失所引起。侵权人证明自己无过错，在实践中尚属可能；侵权人要证明损害是由被侵权人的故意或者其他免责事由所引起，则难度更大。

4. 适用无过错责任原则的，在赔偿数额上可能存在限制，这是法律政策判断和各方利益平衡考量的结果。许多适用无过错责任原则的活动本身为社会所必须，这些活动的存在本身是合法的，而且很大程度上具有公共利益的因素，如果法律对这些领域发生的事故赔偿数额没有限制，导致赔偿数额过高，毫无疑问会过分加重行为人的负担，阻碍相关领域乃至经济社会发展进步。而且，由于无过错责任原则针对的行业领域往往与责任保险相连，若赔偿额度过高，自然会导致保险人的负担过重，则可能会导致其放弃责任保险，也不利于上述行业领域的发展进步。所以，在某些适用无过错责任原则的领域，对赔偿额度予以限制。比如《民法典》第一千二百四十四条规定，承担高度危险责任，法律规定赔偿限额的，依照其规定。我国的航空、海运、铁路等方面的特别法，基于特定行业的风险性和保护该行业发展的需要，往往规定了最高赔偿数额，[①] 对此，要遵循该特别法规定。

[①] 比如《民用航空法》第一百二十八条规定："国内航空运输承运人的赔偿责任限额由国务院民用航空主管部门制定，报国务院批准后公布执行。旅客或者托运人在交运托运行李或者货物时，特别声明在目的地点交付时的利益，并在必要时支付附加费的，除承运人证明旅客或者托运人声明的金额高于托运行李或者货物在目的地点交付时的实际利益外，承运人应当在声明金额范围内承担责任；本法第一百二十九条的其他规定，除赔偿责任限额外，适用于国内航空运输。"第一百二十九条规定："国际航空运输承运人的赔偿责任限额按照下列规定执行：（一）对每名旅客的赔偿责任限额为16600计算单位；但是，旅客可以同承运人书面约定高于本项规定的赔偿责任限额。（二）对托运行李或者货物的赔偿责任限额，每公斤为17计算单位。旅客或者托运人在交运托运行李或者货物时，特别声明在目的地点交付时的利益，并在必要时支付附加费的，除承运人证明旅客或者托运人声明的金额高于托运行李或者货物在目的地点交付时的实际利益外，承运人应当在声明金额范围内承担责任。托运行李或者货物的一部分或者托运行李、货物中的任何物件毁灭、遗失、损坏或者延误的，用以确定承运人赔偿责任限额的重量，仅为该一包件或者数包件的总重量；但是，因托运行李或者货物的一部分或者托运行李、货物中的任何物件的毁灭、遗失、损坏或者延误，影响同一份行李票或者同一份航空货运单所列其他包件的价值，确定承运人赔偿责任限额时，此种包件的总重量也应当考虑在内。（三）对每名旅客随身携带的物品的赔偿责任限额为332计算单位。"

【案例四】

赵某华与沈阳皇朝万鑫酒店管理有限公司、沈阳中一万鑫物业管理有限公司财产损害赔偿纠纷案*

【裁判摘要】

消防安全事关人身、财产安全,属于社会公共利益,确保建筑物消防安全是建设单位的法定义务。商品房买卖合同的购房人一般不具有检测所购房屋是否符合消防安全规定的能力,难以适用一般商品买卖合同在标的物交付后买受人应当及时检验产品质量的规则。

案涉责任人在不同时期的数个行为密切结合致使火灾发生,侵权行为、致害原因前后接继而非叠加,责任人对火灾的发生均有重大过失,但没有共同故意或者共同过失,应各自承担相应的责任。建设单位并非主动积极的行为致受害人权益受损,不承担主要责任。

物业服务企业依法或依约在物业管理区域内负有安全防范义务,应协助做好安全事故、隐患等的防范、制止或救助工作。第三人原因致损,物业服务企业未尽到专业管理人的谨慎注意义务的,应在其能够预见和防范的范围内承担相应的补充责任。

---

* 案例来源:最高人民法院民事审判第一庭编:《民事审判指导与参考》2019年第1辑(总第77辑)。

最高人民法院民事判决书

（2018）最高法民再206号

再审申请人（一审原告、二审上诉人）：赵某华，女，住辽宁省沈阳市。

委托诉讼代理人：姜某光，辽宁光杰律师事务所律师。

被申请人（一审被告、二审被上诉人）：沈阳皇朝万鑫酒店管理有限公司（原沈阳皇朝万鑫房屋开发有限公司）。住所地：辽宁省沈阳市和平区青年大街390号。

法定代表人：朱某莉，该公司总经理。

委托诉讼代理人：张某辉，辽宁同方律师事务所律师。

委托诉讼代理人：王某山，辽宁同方律师事务所律师。

被申请人（一审被告、二审被上诉人）：沈阳中一万鑫物业管理有限公司。住所地：辽宁省沈阳市和平区青年大街390号。

法定代表人：国某海，该公司总经理。

委托诉讼代理人：张某辉，辽宁同方律师事务所律师。

委托诉讼代理人：王某山，辽宁同方律师事务所律师。

再审申请人赵某华因与被申请人沈阳皇朝万鑫酒店管理有限公司（以下简称万鑫公司）、沈阳中一万鑫物业管理有限公司（以下简称中一公司）财产损害赔偿纠纷一案，不服辽宁省高级人民法院（2015）辽民一终字第00300号民事判决，向本院申请再审。本院于2017年12月20日作出（2017）最高法民申4829号民事裁定，提审本案。本院依法组成合议庭审理了本案。再审申请人赵某华及委托诉讼代理人姜某光，被申请人万鑫公司、中一公司的委托诉讼代理人张某辉、王某山到庭参加诉讼。本案现已审理终结。

赵某华申请再审称：请求撤销沈阳市中级人民法院（2013）沈中民

一初字第 39 号民事判决及辽宁省高级人民法院（2015）辽民一终字第 00300 号民事判决，改判万鑫公司、中一公司赔偿赵某华因火灾导致的房屋损失 3186300 元、室内财产损失 2199363 元、租房费用 357000 元、契税 182926.20 元、维修基金 8646.56 元、房屋备案费 5000 元、赵某华对兴业银行股份有限公司沈阳分行（以下简称兴业银行）的按揭贷款逾期利息 100000 元及逾期付款违约金损失 228000 元。万鑫公司、中一公司给付赵某华保险理赔款 2000000 元。事实和理由：（一）万鑫大厦外墙装饰材料违法使用可燃挤塑板是万鑫大厦 A 座着火并引燃 B 座的直接原因。1.《火灾事故认定书》已认定案涉大厦形成立体燃烧的原因是可燃挤塑板引燃。2. 2009 年 9 月 25 日发布实施的《民用建筑外保温系统及外墙装饰防火暂行规定》（以下简称《暂行规定》）规定，高度大于 100 米的建筑物保温材料燃烧性能应为 A 级。万鑫大厦于 2009 年 12 月 31 日竣工验收，于 2010 年 2 月 9 日通过消防验收。《暂行规定》生效在先，万鑫大厦验收在后，万鑫公司在万鑫大厦外墙装饰中使用可燃挤塑板，具有违法性。（二）万鑫公司在大火后获得的保险理赔金与赵某华的财产损失存在直接关联。1.《公估报告书》中 2009 年 10 月 28 日的批单将案涉大厦 B 座 226 间房产列入投保范围，赵某华于 2009 年 12 月 29 日购买的案涉房屋已由万鑫公司列入被保险房产之列。2. 根据《保险理赔协议》有关"根据中国人民财产保险股份有限公司财产一切险条款（2009 版）第五条保险责任在保险期间内由于自然灾害或意外事故造成保险标的直接物质损坏或灭失，保险人按照本保险合同的约定负责赔偿"之约定，本次火灾属于上述保险合同约定的保险事故。（三）中一公司应承担相应责任。住店客人李某燃放烟花的位置属中一公司物业管理范围，也属大厦保安巡查范围。中一公司作为物业管理公司，除夕夜任由民众在任何区域随意燃放烟花导致火灾发生。根据《中华人民共和国物业管理条例》的相关规定，中一公司应承担管理责任。

万鑫公司、中一公司辩称：1. 火灾事故发生时，案涉房屋已交付赵某华，房屋损毁的风险亦转移至赵某华，相应的财产损失应由赵某华自行承担。2. 关于本案是否适用《暂行规定》的问题。《关于进一步明确民用建筑外保温材料消防监督管理有关要求的通知》第二条规定，2011年3月15日起，各地受理的"建设工程消防设计审核"和"消防验收申报项目"应严格执行本通知要求。万鑫大厦于2008年4月3日通过消防设计审核，当时《暂行规定》未出台。万鑫大厦A座、C座验收时间为2009年12月24日，万鑫大厦B座验收时间为2010年2月9日，均在《暂行规定》实施之前。3.万鑫公司没有任何过错，不应承担赔偿责任。案涉火灾事故认定书认定，火灾事故的起火原因系李某燃放烟花所致，李某是直接侵权人。万鑫公司采用的挤塑板经检验为合格产品而其他外保温材料在案涉大楼建设期间并无强制性或限制性规定。同时，2009年10月，万鑫大厦工程通过竣工验收。因此，不能认定万鑫公司存在过错。根据侵权责任法的基本法理，无过错即无责任，万鑫公司不应承担赔偿责任。4.赵某华主张万鑫公司获得的保险赔偿金中包括了赵某华的财产损失，缺少事实依据。建筑物是指尚未销售的房屋，案涉房屋已先于保险期间向赵某华出售，不属于该保单保险范围。保险标的不包括B座的任何房产。此外，赵某华在上诉状中所提到的保单是作废保单，不是事故发生后用以理赔的保单。5.赵某华超出原审诉讼请求增加的部分，再审不应审查。6.赵某华主张万鑫大厦A座着火引燃B座与事实不符。综上，请求维持原审判决。

赵某华向一审法院起诉请求：万鑫公司、中一公司赔偿：房屋损失4573155元、室内财产损失2199363元、租房费用187400元，购买房屋花费的契税182926.20元、维修基金8646.56元、房屋备案费5000元，房产的增值损失2500625元，万鑫公司、中一公司承担本案诉讼费用。后赵某华增加要求万鑫公司、中一公司赔偿其购房时银行贷款逾期利息10万元及违约金22.8万元的诉请。在审理中，赵某华又提出火灾发生后，保险公司对万鑫公司的理赔款中包括对业主的赔偿。

一审法院认定事实：2009年12月29日，赵某华与万鑫公司签订《商品房买卖合同》，约定购买该公司开发建设的万鑫大厦B座3407、3507，建筑面积200.05平方米的跃层公寓，购房款4573155元。合同签订后，赵某华向万鑫公司交付购房款2293155元，余款228万元以在兴业银行按揭贷款方式支付。2011年2月3日0时15分许，万鑫大厦发生火灾，将赵某华屋内物品烧毁。经沈阳市消防局作出沈公消火认字〔2011〕第0001号火灾事故认定书，认定起火原因为：李某（A座的住店客人）燃放的组合烟花落至B座11层1109房间南侧室外平台上，引燃铺设在平台上的塑料草坪，造成墙体外表面装饰保温材料燃烧。灾害成因为：由于万鑫大厦外墙保温采用了挤塑板等可燃材料，起火后火势迅速蔓延，形成立体燃烧。

经赵某华申请，一审法院到沈阳市消防局调取了消防档案。档案记载，火灾发生后，辽宁省建筑材料监督检验院对万鑫大厦绝热用模塑聚苯乙烯泡沫塑料、铝塑复合板、塑料草坪、硅酮密封胶、绝热用挤塑聚苯乙烯泡沫塑料五组样品进行了检验，结论为：绝热用模塑聚苯乙烯泡沫塑料按GB-2006标准（E）级检验，该样品不符合标准要求；按GB/T2406.2-2009（顶面点燃法）检验，检验结果不符合20s内Fs≤150的标准；对塑料草坪按GB-2006标准检验，该组样品燃烧性能不符合Df1级要求，检验结论不合格。其他三组样品均为合格。

事故发生后，沈阳市和平区人民法院作出（2011）和刑初字第1160号刑事判决，认定被告人李某在燃烧烟花爆竹的过程中，因疏忽大意引发火灾，致使公私财产遭受重大损失，其行为构成失火罪。判处被告人李某犯失火罪，判处有期徒刑三年。该刑事判决已经发生法律效力。

2008年7月10日，沈阳市消防局向万鑫公司出具建筑工程消防设计审核意见书，对万鑫大厦内部装修工程提出审核意见。2010年2月9日，沈阳市公安消防局出具建设工程消防验收意见书，载明：万鑫大厦B座第11层至37层经综合评定，消防验收合格。具体情况如下：一、建筑总平面布置、安全疏散、防火分隔基本符合我局原审核要求；二、测试室内外消火栓系统，自动喷水灭火系统，供水正常；三、安全疏散指示标志的设置基本符合规范的要求。

2009年9月25日，公安部、原住房和城乡建设部联合制定了《暂行规定》，其中第二条规定民用建筑外保温材料的燃烧性能宜为A级，且不低于B2级。第四条规定，高度大于等于100m的住宅建筑，其保温材料的燃烧性能应为 A 级。

2009年10月，万鑫公司组织相关单位对万鑫大厦进行竣工验收。2010年11月10日，沈阳市城乡建设委员会出具辽宁省房屋建筑工程竣工验收备案书，载明：经审查，该工程符合竣工验收备案规定，予以备案。

火灾发生后，万鑫公司经与中国人民财产保险股份有限公司沈阳市分公司协商，该保险公司就本次事故损失向万鑫公司支付全部保险赔偿金额为4.76亿。万鑫公司已将万鑫大厦重新装修。

一审法院判决：驳回赵某华的诉讼请求。一审案件受理费79400元，由赵某华负担。

赵某华不服一审判决，上诉请求：撤销原判，依法改判或发回重审，判令万鑫公司、中一公司承担本案一、二审诉讼费用。

二审法院认定事实：二审对一审查明的基本事实予以确认。还查明，一审法院调取的辽宁正大保险公估有限公司《公估报告书》第22页至第26页"四、保单承保情况"记载，保险单PQYC2009210103000000004附有三张批单，内容分别为修改特别约定、修改保险地址和修改保险标的，其中批单EQYC201121010300000001内容明确保险标的自2011年1月24日零时起地址批改为和平区青年大街390甲号、392号。保险单PQYC201121010800000003承保项目明细记载，保险标的394（B）面积8692平方米，备注B座为公共区域面积。赵某华与万鑫公司签订的商品房买卖合同中约定有"皇朝万鑫酒店式服务公寓交房标准"，其中室内基础和装修部分包括：入户门：实木钢板门；天花：石膏板封棚，刮白刷乳胶漆……地面：进口天然石材/实木复合地板；内墙：布基壁纸/成品木饰面/成品软包；厨房系统：电陶炉、抽拉式吸油烟机、嵌入式微波炉、嵌入式冰箱；橱柜品牌：西班牙品牌法格；卫生间面盆、坐厕：德国杜拉维特；水龙头：德国高仪；鱼缸：金凯登；电动窗帘轨道品牌：广东乐屋。

二审法院认为，本案系万鑫大厦火灾造成赵某华所有的两处房屋及室内财产发生损害，赵某华作为上述财产的权利人要求万鑫公司与中一公司共同承担财产损害赔偿责任的纠纷。故，本案的争议焦点为万鑫公司和中一公司应否就万鑫大厦火灾给赵某华造成的财产损失承担赔偿责任。

首先，万鑫大厦火灾给赵某华造成的财产损失应当是指因火灾而导致的赵某华财产价值上的减少，包括直接损失和间接损失。赵某华在本案中主张的财产损失主要包括：1. 房屋损失以及购房契税、房屋维修基金以及房屋备案费用；2. 室内财产损失；3. 赵某华火灾后租赁房屋用于居住的费用；4. 案涉房屋增值的损失；5. 赵某华逾期偿还银行贷款所产生的利息及违约金；6. 万鑫公司获得的保险理赔款中涉及案涉房屋部分。二审认为，第一，关于房屋损失及相关费用问题，房屋价款以及买受人缴纳的契税、房屋维修基金、房屋备案费用系购买房屋的必要支出，能够在一定时间范围内体现房屋的实际价值。现案涉房屋虽因火灾受到损害，但房屋本身并未发生灭失，赵某华以其为购买案涉房屋而支出的款项数额作为实际损失，缺乏事实依据。但鉴于赵某华所购买案涉房屋交付时含有室内基础和装饰部分，故其所主张的房屋损失及相关费用中应当以室内基础和装饰部分的价值作为损失依据。第二，关于赵某华逾期偿还银行贷款所产生的利息及违约金。赵某华因购买案涉房屋而向银行贷款，其是否能够完整地履行债务人的还款义务与案涉房屋是否发生火灾并无必然联系，且赵某华单方提供的财产清单大部分为室内家具、电器、服装、古玩字画、首饰、日用品，亦不足以说明火灾所导致的财产损害影响其偿还能力，故赵某华的该项主张与万鑫大厦火灾之间缺乏关联性，不应作为其财产损失予以审查。第三，关于赵某华主张的万鑫公司获得的保险理赔款中涉及案涉房屋部分。赵某华主张保险单PQYC2009210103000000004制作时间在其与万鑫公司签订商品房买卖合同之前，故案涉房屋已被列入万鑫公司投保范围。但根据《公估报告书》记载，该保险单及所附三张批单最终明确保险标的为和平区青年大街392号（A座）和390甲号（裙房）的建筑物及建筑物的附属设备，并不包括案涉房屋所在的B座。万鑫公司投保的三张保单中涉及万鑫大厦B座的保单PQYC201121010800000003保险期限开始于赵某华购买案涉房屋之后，且该保单承保项目明细记载保险标的"B座为公共区域面积"。赵某华主张万鑫公司因案涉房屋而获取保险赔偿金缺乏事实依据，亦不应作为赵某华的财产损失。如上所述，火灾给赵某华造成的财产损失应当包括室内财产损失、室内基础和装修部分价值、赵某华火灾后租赁房屋居住的必要费用以及火灾所导致的案涉房屋增值的损失，对于赵某华所主张的其他损失，因与万鑫大厦火灾之间缺乏关联性，且无事实及法律依据，二审法院对于赵某华的上述主张，不予支持。

其次，万鑫公司及中一公司就万鑫大厦发生火灾是否存在过错。第一，根据沈阳市消防局火灾事故认定书以及沈阳市和平区人民法院（2011）和刑初字第1160号刑事判决记载，万鑫大厦火灾是由于案外人李某燃放烟花爆竹所致，且（2011）和刑初字第1160号刑事判决已经认定李某的行为构成失火罪，说明万鑫公司及中一公司并未直接实施导致万鑫大厦失火的侵权行为。第二，根据一审法院调取的沈阳市消防局消防档案记载，万鑫大厦所使用的绝热用模塑聚苯乙烯泡沫塑料和塑料草坪分别不符合E级和Df1级要求，应当认定万鑫大厦在本案火灾前所使用的建筑材料存在不符合《暂行规定》相关条款规定的情形。但《暂行规定》系2009年9月25日颁布实施，此前我国并未就建筑外保温及装饰材料的防火性能作出规定，该《暂行规定》作为部门规范性文件也没有就溯及力作出特殊规定。依据《中华人民共和国立法法》第九十三条规定："法律、行政法规、地方性法规、自治条例和单行条例、规章不溯及既往，但为了更好地保护公民、法人和其他组织的权利和利益而作的特别规定除外。"前述暂行规定不具有溯及力。在《暂行规定》颁布实施前，万鑫大厦已经基本完成工程施工，万鑫大厦的设计、施工均发生于《暂行规定》颁布实施之前，且最终经沈阳市公安消防局消防验收合格，并办理了竣工验收备案手续，故一审法院认为"不能认定该大厦外墙使用了挤塑板等材料存在过错"，并无不当，二审法院予以确认。第三，关于中一公司就万鑫大厦火灾是否存在过错。《中华人民共和国侵权责任法》（以下简称《侵权责任法》）第三十七条规定："宾馆、商场、银行、车站、娱乐场所等公共场所的管理人或者群众性活动的组织者，未尽到安全保障义务，造成他人损害的，应当承担侵权责任。因第三人的行为造成他人损害的，由第三人承担侵权责任；管理人或者组织者未尽到安全保障义务的，承担相应的补充责任。"万鑫大厦火灾系案外人李某疏忽大意失火所导致，李某作为万鑫大厦A座住店客人，与万鑫公司及中一公司不存在内部牵连关系，赵某华主张火灾来源是万鑫大厦内部而非外部侵权，缺乏事实依据，不予支持。现有证据亦无法证明中一公司未尽安全保障义务，故一审法院对赵某华要求中一公司承担连带责任的请求未予支持，并无不当。最后，关于万鑫公司主动修复案涉房屋一节，万鑫大厦火灾后，万鑫公司对于包括案涉房屋在内的万鑫大厦B座进行了修复。万鑫公司承担相应修复费用的行为系万鑫公司自行处分其财产，并不能因此而推断万鑫公司就万鑫大厦火灾应当承担财产损害赔偿责任，赵某华在上诉状中主张万鑫公司的修复行为实际是在履行赔付义务，缺乏事实及法律依据。

综上所述，万鑫公司及中一公司并未直接实施导致万鑫大厦火灾的侵权行为，现有证据亦无法证明万鑫公司及中一公司对于万鑫大厦火灾存在过错，故赵某华请求判令万鑫公司及中一公司就其财产损失承担相应赔偿责任，缺乏事实及法律依据，一审法院未予支持，并无不当。赵某华的上诉请求不能成立，应予驳回；一审判决认定事实清楚，适用法律正确，应予维持。

二审法院判决：驳回上诉，维持原判。二审案件受理费81696元，由赵某华负担。

再审期间，赵某华向本院提交如下证据：证据一、《租房协议书》及租金收据，拟证明万鑫大厦发生火灾后，赵某华另行租房居住，累计发生房屋租金费用357000元。证据二、沈阳市和平区人民法院（2012）沈和民三初字第1025号民事判决书，拟证明赵某华房产室内财产和现金被烧毁，导致无力偿还购房贷款。兴业银行起诉赵某华，为此，赵某华多支付逾期还款利息10万元和违约金228000元。证据三、沈阳市和平区人民法院（2014）沈和执字第00493号执行裁定书，拟证明案涉房屋被沈阳市和平区法院执行拍卖数次流拍后，以3186300元低价抵偿给发放按揭贷款的兴业银行，火灾导致赵某华购房款损失。证据四、公估报告书第 73 页的定损理算书、万鑫保险单、项目资产核定表等，拟证明案涉保险范围包括 B 座房屋。

万鑫公司、中一公司质证认为，证据一的真实性无法确定，且与本案无关联性。证据二、证据三的真实性无异议，但与本案不具备关联性。证据四不能证明案涉房屋在保险范围之内。

本院认证认为，证据一系赵某华与案外人签订，案涉房屋因过火受损而不能居住，赵某华另行租房居住具有合理性。万鑫公司、中一公司对该系列房屋租赁协议真实性虽不认可，但未能举示相反证据否定赵某华租房的合理性。赵某华主张的房屋租金损失，应综合案涉系列《租房协议书》及本案其他证据认定租期、租金等的合理区间。证据二、证据三真实性无异议，结合案件其他基本事实认定证明内容。证据四系一审法院调取的证据，并非再审阶段新证据。

万鑫公司向本院提交如下证据：证据一、沈阳市消防局建筑工程消防设计审核意见书（沈公消审字〔2008〕第 31055 号），拟证明万鑫大厦建设工程设计图纸通过法定审核，且审核通过时间为 2008 年 4 月 3 日，在《暂行规定》颁布实施之前。证据二、沈阳市消防局建筑工程消防设计审核意见书（沈公消审字〔2008〕第 33141 号），拟证明万鑫大厦内部装修工程消防设计图纸通过审核，且审核通过时间为 2008 年 7 月 10 日，在《暂行规定》颁布实施之前。证据三、沈阳市公安消防局建设工程消防验收意见书（沈公消验〔2009〕第 11141 号），拟证明 2009 年 12 月 24 日万鑫大厦 C 座及 A 座通过消防验收，此时，尚未施行《暂行规定》。证据四、沈阳市公安消防局建设工程消防验收意见书（沈公消验〔2010〕第 076327 号），拟证明 2010 年 2 月 9 日万鑫大厦 B 座通过消防验收，此时，尚未施行《暂行规定》。证据五、万鑫大厦主楼外装工程设计计算书，拟证明万鑫大厦主楼外装工程的设计依据包括《建筑设计防火规范》GB50016-2006、《高层民用建筑设计防火规范》GB50015-95（2005 年版），符合当时的设计规范要求。《暂行规定》不适用于万鑫大厦主楼外装饰工程。证据六、万鑫大厦 B 座主楼幕墙工程竣工图，拟证明 B 座主楼幕墙的设计依据包括《建筑设计防火规范》GB50016-2006、《高层民用建筑设计防火规范》GB50015-95（2005年版），符合当时的设计规范要求。《暂行规定》不适用于万鑫大厦B座主楼幕墙。证据七、证据八、检验报告，拟证明经检测万鑫大厦幕墙使用的建筑材料是合格的。证据九、产品合格证，拟证明万鑫大厦幕墙使用的保温干粉胶是合格的。证据十、隐蔽工程验收记录表；证据十一、建筑装饰装修工程竣工验收记录表，拟证明经施工单位、监理单位、设计单位等确认，万鑫大厦A、B座幕墙等施工符合设计及约定标准要求。证据十二、财产一切险保险单、批单，拟证明自2011年1月24日零时起，被保险的财产范围中不包括万鑫大厦B座房屋。证据十三、《F火线》2011年第3期封面及文章，拟证明万鑫大厦发生火灾时，万鑫大厦的消防系统运行良好。

赵某华发表质证意见称，证据一至证据六的真实性无异议，关联性有异议。万鑫大厦竣工验收时，《暂行规定》已经开始实施，万鑫公司没有执行该规章。证据七至证据十一的真实性无异议，关联性有异议。竣工验收没有按照《暂行规定》进行检验。证据十二的真实性、合法性、关联性均有异议。公估报告书、保险赔偿协议均载明万鑫大厦的保险范围包括万鑫大厦B座房屋。证据十三的真实性无异议，关联性有异议，本案火灾成灾原因是万鑫公司使用可燃挤塑板，导致赵某华的财产损失。

中一公司认可万鑫公司提出的证据观点，对其提交的上述证据的真实性、合法性、关联性均无异议。

本院认证认为，《暂行规定》于2009年9月25日发布实施，万鑫大厦B座于2010年2月9日通过消防验收，已为原审查明的事实。证据一至证据六不能证明万鑫大厦B座等办理消防验收时未实施《暂行规定》。证据七、证据八、证据九为厂家生产的建筑材料的检测结果、产品合格证明等。证据十至证据十一为万鑫大厦隐蔽工程和装修装饰工程验收表。上述证据与本案争议焦点不具有关联性。证据十二为万鑫大厦保单及批单，保险期间内保单、批单记载的投保范围，本院结合案件其他基本事实认定其证明力。关于证据十三《F火线》2011年第3期文章《奇迹背后："万鑫内功"的N种武器》。上述文章中载有关于对喷淋系统在火灾发生时"喷淋头下，书本也无恙"运行状况的描述，并未涉及案涉3407、3507房间。赵某华在一审提交的火灾发生后案涉受灾房屋现场照片显示，屋内家具、家电、物品等几乎全部燃烧至碳化，显然，《奇迹背后："万鑫内功"的N种武器》一文描述的喷淋系统正常运转、家具完好无损并有水浸痕迹等与实际情况不符，不予采信。

中一公司向本院提交如下证据：证据一、《物业服务企业资质证书》《国务院关于第三批取消中央制定地方实施行政许可事项的决定》，拟证明中一公司具有物业服务资质并依规年检。2017年以后，物业资质不需要年检。证据二、业主入住文件一份，拟证明根据该入住文件第二章第四条之规定，物业服务区域为建筑面积3.6万平方米的大楼内部空间，并不包含大楼外部。证据三、《装饰装修工程质量竣工验收检查意见通知单》（装字〔2012〕第130号）、《装饰装修工程质量竣工验收检查意见通知单》（装字〔2013〕第015号）、沈阳市公安消防局《建设工程消防验收意见书》（沈公消验〔2011〕第1423号、沈公消验〔2012〕第0127号、沈公消验〔2013〕第0050号），拟证明万鑫大厦B座公寓最晚于2013年3月4日全部装修完毕并通过验收。证据四、工程规划附图一份、沈阳市勘察测绘研究院建筑放线回执一份，拟证明在万鑫大厦周围发现的3处烟花残骸不属于中一公司物业管理范围。

赵某华质证认为，对证据一无异议。证据二赵某华本人签字无异议，但不能证明物业服务范围仅在3.6万平方米范围内。证据三真实性无异议、关联性有异议。证据四不能证明案外人燃放烟花的地点不属于物业管理范围。

万鑫公司针对中一公司举示的证据并未提出异议。

本院认证认为，本案当事人对证据一、证据二、证据三、证据四的真实性均无异议。证据二、证据四不能直接证明物业服务范围不包括万鑫大厦外部。

经中一公司申请，本院依职权调取了沈阳市和平区（2011）和刑初字第1160号（即李某失火罪刑事案件，下称李某失火案）刑事判决书、沈阳市消防局对刘某的询问笔录、沈阳市和平区公安消防大队对马某春的询问笔录。卷宗记载，火灾发生后，公安消防机关分别对万鑫公司及中一公司相关工作人员进行了询问。万鑫公司采购部副经理马某春在2011年2月6日接受询问时陈述："万鑫大厦B座11层平台原先是用水彩绘画装饰，后来绘画起皮，业主反映不美观。为了装饰美化平台，万鑫公司于2010年5月铺设了一层宽1米，长度约40米的塑料草坪，草坪是其本人采购，供货商是案外个人经营的小公司。"2011年2月8日，中一公司工作人员刘某在接受询问时陈述，"万鑫大厦B座11层平台原先绘画开裂，建设单位换成铺设塑料草坪。该南侧平台平时有玻璃封闭，物业公司和业主都不能进入，只有建设单位能进入。"

赵某华质证认为，真实性、合法性、关联性均无异议。

万鑫公司、中一公司质证认为，对李某失火案刑事判决书真实性无异议；对铺设草坪的问题，刘某与马某春存在误解，草坪实际是中一公司铺设。

本院认证认为，（2011）和刑初字第1160号刑事判决已经生效，可以作为认定本案相关事实的依据。案涉询问笔录系本案诉讼发生前，即李某失火案中由公安消防机关在火灾发生不久调查取证形成，马某春对购买和铺设塑料草坪的细节进行了详细陈述，刘某的证言亦能够补充印证，可信度高。万鑫公司、中一公司在本案再审阶段提交的刘某、马某春等人的情况说明等书证，不足以推翻其二人在先的陈述。本院对万鑫公司、中一公司有关易燃塑料草坪系中一公司铺设的主张，不予采信。

再审查明，万鑫公司向本院提交的工商变更登记通知书证明，沈阳皇朝万鑫房屋开发有限公司于2017年5月19日更名为沈阳皇朝万鑫酒店管理有限公司。

根据公安消防机关调查询问情况，案涉塑料草坪为万鑫公司铺设。

赵某华与万鑫公司签订的编号为GF-2000-0171《商品房买卖合同》第十七条第二款约定，该商品房所在楼宇的外墙面使用权由出卖人所有。

中一公司在本案中举示了《皇朝万鑫国际大厦（公寓）业主临时公约》，内容涉及业主、物业公司权利义务关系。

本院再审认为，本案争议的焦点问题为：一、万鑫公司、中一公司应否对火灾造成赵某华的财产损失承担侵权赔偿责任；二、如承担责任，万鑫公司、中一公司承担的侵权责任范围应如何认定；三、赵某华的财产损失范围应如何确定。

一、万鑫公司、中一公司应否对火灾造成赵某华的财产损失承担侵权赔偿责任

原审查明，2011年2月3日，万鑫大厦发生火灾，将赵某华所购房产屋内物品烧毁。赵某华就此遭受的财产损失请求万鑫公司、中一公司赔偿。本案各方当事人对万鑫大厦火灾造成赵某华财产损失这一事实并无争议。根据赵某华的诉讼请求和理由，本案纠纷性质为侵权责任纠纷。

（一）万鑫公司应承担侵权责任

原审查明，沈阳市消防局针对万鑫大厦火灾作出沈公消火认字〔2011〕第0001号火灾事故认定书，对万鑫大厦火灾事故原因认定为："万鑫大厦起火原因为李某（A座的住店客人）燃放的组合烟花落至B座11层1109房间南侧室外平台上，引燃铺设在平台上的塑料草坪，造成墙体外表面装饰保温材料燃烧。火灾成因为：由于万鑫大厦外墙保温采用了挤塑板等可燃材料，起火后火势迅速蔓延，形成立体燃烧。"火灾发生后，沈阳市消防局委托辽宁省建筑材料监督检验院对案外人李某燃放烟花爆竹引燃的塑料草坪、万鑫大厦B座外墙保温材料样本的燃烧性能进行检测，结论为："按照GB8624-2006标准检验，塑料草坪样品燃烧性能不符合DF1级要求，检验结论不合格；绝热用挤塑聚苯乙烯泡沫塑料按GB8624-2006标准（E级），该样品符合标准要求。"上述证据可以作为认定本案事实的依据。万鑫公司为塑料草坪的铺设者和外墙保温材料的建造安装者，上述两种非阻燃材料的使用系起火点在万鑫大厦引燃、蔓延并最终酿成重大火灾事故的主要原因，万鑫公司存在过错，应认定为火灾事故的相关责任人。

1. 万鑫公司对导致火灾发生具有过错。根据案涉火灾事故认定书及辽宁省建筑材料监督检验院检测报告结论，足以认定万鑫大厦B座11层南侧平台上铺设的燃烧性能不合格的塑料草坪因李某燃放的组合烟花溅落后点燃，此为万鑫大厦火灾事故起火原因之一。对此，塑料草坪铺设

者万鑫公司存在过错，负有相应的管理责任。万鑫公司在接受本院询问时陈述，案涉火灾发生时正值除夕夜，万鑫大厦周边还有其他居民燃放烟花爆竹。故，万鑫公司铺设的易燃塑料草坪明显存在消防安全隐患，按一般人认知的生活常识，应当预见遵从民俗的居民在除夕夜集中燃放烟花爆竹可能会引燃易燃塑料草坪，但万鑫公司未对上述易燃物采取相应的消除隐患措施，直接导致火灾发生，显然主观上具有过错。

2. 万鑫公司对火势蔓延扩大最终酿成重大火灾事故具有过错。《中华人民共和国消防法》第九条规定："建设工程的消防设计、施工必须符合国家工程建设消防技术标准。建设、设计、施工、工程监理等单位依法对建设工程的消防设计、施工质量负责。"消防安全事关公民人身、财产安全，属于社会公共利益。确保建筑物消防安全是建设单位的法定义务，建设单位依法申报消防分包工程审批，并不意味着当然免除因消防安全事故致损所产生的民事侵权责任。

本案中，根据原审查明的事实，案涉房屋所在的万鑫大厦B座使用的外墙保温材料燃烧性能为E级，不符合《暂行规定》关于此类高层建筑外墙保温材料的燃烧性能应为A级的强制性标准。万鑫公司对此辩称，万鑫大厦设计和施工时，《暂行规定》尚未出台，且万鑫大厦已通过消防设计审核、竣工验收和消防验收，其不具有过错。上述抗辩理由不能成立。第一，从《关于沈阳皇朝万鑫大厦建筑工程消防设计的审核意见》以及《建设工程消防验收意见书》载明的内容来看，沈阳市消防局对万鑫大厦设计审核和消防验收并未涉及外墙保温建筑材料的防火性能问题，故万鑫大厦通过消防设计审核和消防验收，不能证明万鑫大厦使用的外墙保温材料符合消防安全要求。万鑫大厦设计建造时，《暂行规定》尚未出台，虽然国家对建筑物外墙保温建筑材料并无强制性标准，但万鑫公司作为专门从事房地产开发的企业，应当掌握建筑材料的基本防火性能。万鑫大厦竣工验收前，《暂行规定》出台，国家对民用建筑外保温建筑材料的强制性标准作出规定。此时，万鑫公司对案涉建筑材料不符合国家强制性标准，与国家标准比对而言，万鑫大厦外保温层存在安全隐患的情况，应属明知，但万鑫公司未采取合理、适当的补救措施消减火灾隐患，如在烟花可能波及的平台或者低层进行局部更换阻燃材料，或者在中高层做防火隔离带处理等。总之，万鑫公司采用不具备防火性能的建筑材料，客观上增加了建筑物消防安全隐患，直接危及建筑物及附近地区的局部区域的公共安全，万鑫公司作为建设单位，未尽到应有的注意义务，明显具有过错。原审有关万鑫公司就火灾事故发生不存在过错的认定有误，应予纠正。第二，万鑫公司与赵某华就购买案涉房屋成立商品房买卖合同关系，万鑫公司作为案涉房屋开发商、销售方，有义务交付质量合格的商品房。考虑到商品房买卖合同的标的物即房屋的特殊性，买房人一般不具有检测所购房屋是否符合消防安全规定，建造房屋所使用的建材哪些是易燃的、哪些是阻燃的，是否存在消防安全隐患等，难以适用一般商品买卖合同在标的物交付后买受人应当及时检验产品质量的规则。赵某华与万鑫公司签订的《商品房买卖合同》第十七条约定案涉商品房所在楼宇的外墙使用权为万鑫公司所有。万鑫公司作为万鑫大厦外墙使用者，对万鑫大厦外墙负有管理、维护义务。赵某华作为购房人正常使用所购房产，并无过错。卖房人万鑫公司因万鑫大厦建筑材料防火缺陷和不当铺设引燃物等过错，直接导致火势蔓延成灾，造成赵某华财产损失。万鑫公司过错与赵某华损失间存在因果关系，理应按过错承担赔偿责任，并不以万鑫大厦经工程竣工验收合格、消防分包工程已经审批、外保温层国家标准出台在后等原因而免责。

综上，万鑫公司作为万鑫大厦建设方、开发商、外墙使用者，是万鑫大厦消防安全责任主体。万鑫公司未尽到消防安全注意义务，未采取补救措施消减消防隐患，即向购房人赵某华交付房屋，过错明显，一、二审认定万鑫公司不存在过错，事实及法律依据不足。万鑫公司因过错侵害赵某华的民事权益，依法应承担侵权责任。

（二）中一公司应承担侵权责任

2007年8月26日，国务院修订的《物业管理条例》第四十六条第一款规定："对物业管理区域内违反有关治安、环保、物业装饰装修和使用等方面法律、法规规定的行为,物业服务企业应当制止,并及时向有关行政管理部门报告。"第四十七条第一款规定:"物业服务企业应当协助做好物业管理区域内的安全防范工作。发生安全事故时,物业服务企业在采取应急措施的同时,应当及时向有关行政管理部门报告,协助做好救助工作。"具有物业服务合同性质的《皇朝万鑫国际大厦(公寓)业主临时公约》第二十一条约定:当万鑫大厦物业存在安全隐患,危及公共利益或其他业主合法权益时,中一公司应当及时采取措施消除隐患。可见,业主人身、财产安全得到基本保障应为业主签订物业服务合同的合同目的之一。据此,物业服务企业依照上述法规规定和物业服务合同在物业管理区域内负有做好相应的安全防范工作的义务,对可能危及业主、住店房客等相关特定或者不特定人员的人身、财产安全的事故或隐患应协助做好防范、制止或救助工作。本案中,中一公司未履行法定或约定的安全防范义务。第一,中一公司未尽到谨慎注意义务。在接受本院询问时,中一公司认可其作为万鑫大厦前期物业服务企业,万鑫公司将万鑫大厦竣工验收手续移交至中一公司时开始履行物业服务职责,中一公司对万鑫大厦外墙保温建筑材料为可燃物、不具备防火性能的情况是明知的。中一公司明知万鑫大厦存在消防安全隐患,其在履行物业安全防范职责时应当更加细致、认真,但其在主观上未尽到专业管理人的谨慎注意义务。第二,中一公司对案外人燃放烟花的危险行为具有防控能力。李某失火案刑事判决依据《火灾现场勘验笔录》记载内容认定,案外人燃放组合烟花的位置为万鑫大厦B座室外南侧停车场西南角处(与B座南墙距离10.8米,与西南墙角距离16米有一处烟花残骸,该处残骸东侧2.2米处还有另一处残骸)。可以认定,案涉烟花燃放处位于万鑫大厦南侧的停车场内,紧邻万鑫大厦南侧LED大屏幕及高层平台,上述燃放烟花及火灾地点属于中一公司监控或巡逻可视范围,但中一公司未采取适当措施发现火情、防范灾害。中一公司辩称,上述地点不属于物业管理范围,其提交的业主入住文件对物业管理范围约定不明,中一公司接受本院询问时认可案涉室外停车场中有部分区域由其管理。本院认为,在物业服务合同对物业服务区域约定不明、万鑫大厦未封闭使用的情形下，依照《中华人民共和国合同法》第六十一条、第六十二条规定，物业服务区域范围以能够实现订立物业服务合同目的即以保障业主人身、财产安全的合理区域范围为准。据此，现有证据不能排除案涉烟花燃放地不属于中一公司物业管理范围。第三，中一公司怠于履行春节期间物业安保的特别注意职责。除夕夜燃放烟花爆竹是我国传统民俗，中一公司未提供证据证明其在此火灾高发时点采取了能够有效预防火灾发生、排除事故隐患的消防措施，如加强巡逻、适时监控、备足灭火器材等，对万鑫大厦住店客人在万鑫大厦周边近距离燃放烟花的情况未予发现。此外，依据现有证据不能认定案涉房屋内的喷淋系统在火灾发生时正常运行，万鑫公司与中一公司关于消防设施设备的管理与维护职责分工界限不明，亦应推定中一公司对消防设施维护负有管理职责。综上，考虑到中一公司火灾发生在万鑫大厦室外停车场、万鑫大厦周边属于开放式街区，物业自有区域与市政公共区域并未明显界分，且中一公司未能适当履行物业安全防范职责与火灾发生间存在关联关系。据此，中一公司应承担相应的侵权赔偿民事责任。中一公司辩称案外人燃放烟花的地点不属于中一公司物业管理范围，故不应承担责任的抗辩理由，不能成立。

本案中，较万鑫公司及中一公司而言，赵某华对火灾的发生并无过错。一、二审判决认定万鑫公司、中一公司不承担侵权赔偿责任，意味着由无过错的受害人自行承担因他人过失引发火灾造成的财产损失，有违侵权过错原则，原判决实体处理失衡，本院予以纠正。

二、中一公司、万鑫公司的责任应如何认定

生效刑事判决和案涉火灾事故认定书认定，案外人燃放烟花构成失火罪，系造成万鑫大厦火灾的主要原因。万鑫公司铺设易燃物品引燃外墙建筑材料，进而形成立体燃烧，导致火势扩大、蔓延是损失发生的过程。即，本案的火灾是多因一果的结果，侵权行为、致害原因前后接继而非叠加。案涉各方对火灾的发生均有重大过失，但均非故意追求损害后果，万鑫公司过错亦不足以造成全部损失，不应对受害人全部损失承担赔偿责任，万鑫公司毕竟并非主动积极地行为致赵某华权益受损,亦不应承担主要责任。中一公司在物业安全防范方面没有尽责,存在管理疏漏,具有过错,但其行为并未直接导致火灾发生。因万鑫公司等侵权导致赵某华的民事权益受损,由万鑫公司等首先承担赔偿责任,中一公司应当在其预见和能够防范的范围内承担相应的补充责任。

综上,案涉侵权各方没有共同故意或者共同过失,而是各方在不同时期的数个行为密切结合致使火灾发生,进而造成赵某华的损失。《侵权责任法》第十二条规定,二人以上分别实施侵权行为造成同一损害,能够确定责任大小的,各自承担相应的责任,故本院酌定万鑫公司对赵某华的损失承担40%的赔偿责任,中一公司在赵某华全部损失不超过30%的范围内承担补充责任。

三、赵某华的财产损失范围应如何确定

根据赵某华一审起诉请求,其主张财产损失范围包括:1.房屋损失4573155元;2.室内财产损失2199363元;3.租房费用187400元;4.购买房屋花费的契税182926.20元、维修基金8646.56元、房产备案费5000元;5.房产的增值损失2500625元;6.案涉房产银行贷款逾期利息10万元及违约金22.8万元;7.保险公司对万鑫公司的保险理赔款。本案再审时,赵某华对损失赔偿金额调整为:不再主张房屋增值损失、房屋损失数额减少为3186300元、房屋租金损失增加为357000元。本院围绕其变更后不超出一审诉讼请求的范围进行审理。

1.关于房屋损失、利息、违约金及相关税费损失部分。因赵某华拖欠案涉房屋银行贷款,兴业银行另案提起诉讼主张债权。案涉房屋经执行拍卖,赵某华已丧失所有权。案涉房屋房款、贷款利息、违约金及相关税费损失的产生系赵某华在借贷法律关系中不履行还款义务,属于清偿能力的问题,与火灾不具有直接的因果关系,赵某华主张该部分损失事实及法律依据不足,不予支持。

2.关于万鑫公司获得的保险理赔款部分。根据案涉《公估报告书》载明的内容,案涉保单涉及的被保险人均为万鑫公司,相关保单保险标的为和平区青年大街392号和390甲号的建筑物及建筑物的附属设备。赵某华主张保险理赔款损失的理据不足，不予支持。

3. 关于租金损失部分。本案各方当事人对案涉房屋被烧毁后已无法居住，且万鑫公司事后对烧毁后的房屋进行了整体修复这一事实并无争议。故赵某华在火灾之后至万鑫公司对案涉房屋修复完成期间另行租房居住产生的租金，系因火灾导致案涉房屋不能使用损失，应予支持。沈阳市消防局作出的沈公消验〔2013〕第0050号《关于沈阳皇朝万鑫大厦B座局部装修建设工程消防验收合格的意见》载明，万鑫大厦B座于2013年2月25日重新装修完毕且通过了消防验收，本院再审时，万鑫公司主张，万鑫大厦B座公寓最晚于2013年3月4日重新装修完毕。此外，结合赵某华与案外人签订《租房协议书》（2011年2月13日至2012年2月12日租金36000元、2012年2月13日至2013年2月12日租金64800元、2013年2月13日至2013年4月12日租金10800元），依据上述证据可以认定，本案火灾发生后至万鑫大厦B座重新装修完毕达到入住标准的合理期间租金总计111600元，应计入赵某华的财产损失。

4. 关于室内财产损失部分。原审中，赵某华提交了案涉房屋烧毁前后的比对照片，以及某房屋中介机构及其员工的情况说明等书证，可以证明火灾发生前案涉房屋内存放有较为齐全的家具、家电、衣物、首饰等居家财物，民宅中存放上述居家财产，符合常理。万鑫公司、中一公司虽然对上述财产不予认可，但未能作出合理说明。根据赵某华提供的屋内财产明细，结合当地生活习惯、物品购入时间、物品使用折旧情况、受害人生活水平等因素，本院酌定赵某华室内财产损失数额以其主张金额的80%，即1759490.4元（2199363元×80%）为宜。

赵某华的财产损失应认定为1871090.4元（租金损失111600元+室内财产损失1759490.4元）。万鑫公司向赵某华赔偿损失748436.16元（1871090.4元×40%），中一公司在561327.12元（1871090.4元×30%）损失的范围内承担补充赔偿责任。

综上，赵某华的再审理由部分成立，本院予以支持。依照《中华人民共和国侵权责任法》第二条、第六条、第十二条，《中华人民共和国民事诉讼法》第二百零七条第一款、第一百七十条第一款第二项，《最高人民法院关于适用〈中华人民共和国民事诉讼法〉的解释》第四百零七条的规定，判决如下：

一、撤销辽宁省沈阳市中级人民法院（2013）沈中民一初字第39号民事判决及辽宁省高级人民法院（2015）辽民一终字第00300号民事判决；

二、沈阳皇朝万鑫酒店管理有限公司于本判决生效之日起十日内向赵某华赔偿损失748436.16元；

三、沈阳中一万鑫物业管理有限公司在561327.12元损失额范围内承担补充赔偿责任；

四、驳回赵某华的其他诉讼请求。

如果未按本判决指定的期间履行金钱给付义务，应当依照《中华人民共和国民事诉讼法》第二百五十三条之规定，加倍支付迟延履行期间的债务利息。

一审案件受理费79400元，由沈阳皇朝万鑫酒店管理有限公司负担45000元、沈阳中一万鑫物业管理有限公司负担29000元、赵某华负担5400元；二审案件受理费81696元，由沈阳皇朝万鑫酒店管理有限公司负担45000元、沈阳中一万鑫物业管理有限公司负担31000元、赵某华负担5696元。

【新旧法律依据对照】

旧法	新法	旧司法解释	新司法解释
《侵权责任法》第二条 　　侵害民事权益，应当依照本法承担侵权责任。 　　本法所称民事权益，包括生命权、健康权、姓名权、名誉权、荣誉权、肖像权、隐私权、婚姻自主权、监护权、所有权、用益物权、担保物权、著作权、专利权、商标专用权、发现权、股权、继承权等人身、财产权益。	《民法典》第一千一百六十四条 　　本编调整因侵害民事权益产生的民事关系。	《时间效力规定》第二十四条 　　侵权行为发生在民法典施行前，但是损害后果出现在民法典施行后的民事纠纷案件，适用民法典的规定。	
《侵权责任法》第六条 　　行为人因过错侵害他人民事权益，应当承担侵权责任。 　　根据法律规定推定行为人有过错，行为人不能证明自己没有过错的，应当承担侵权责任。	《民法典》第一千一百六十五条 　　行为人因过错侵害他人民事权益造成损害的，应当承担侵权责任。 　　依照法律规定推定行为人有过错，其不能证明自己没有过错的，应当承担侵权责任。		

续表

旧法	新法	旧司法解释	新司法解释
《侵权责任法》第十二条 　　二人以上分别实施侵权行为造成同一损害，能够确定责任大小的，各自承担相应的责任；难以确定责任大小的，平均承担赔偿责任。	《民法典》第一千一百七十二条 　　二人以上分别实施侵权行为造成同一损害，能够确定责任大小的，各自承担相应的责任；难以确定责任大小的，平均承担责任。		
《侵权责任法》第三十七条 　　宾馆、商场、银行、车站、娱乐场所等公共场所的管理人或者群众性活动的组织者，未尽到安全保障义务，造成他人损害的，应当承担侵权责任。 　　因第三人的行为造成他人损害的，由第三人承担侵权责任；管理人或者组织者未尽到安全保障义务的，承担相应的补充责任。	《民法典》第一千一百九十八条 　　宾馆、商场、银行、车站、机场、体育场馆、娱乐场所等经营场所、公共场所的经营者、管理者或者群众性活动的组织者，未尽到安全保障义务，造成他人损害的，应当承担侵权责任。 　　因第三人的行为造成他人损害的，由第三人承担侵权责任；经营者、管理者或者组织者未尽到安全保障义务的，承担相应的补充责任。经营者、管理者或者组织者承担补充责任后，可以向第三人追偿。	《人身损害赔偿司法解释》第六条 　　从事住宿、餐饮、娱乐等经营活动或者其他社会活动的自然人、法人、其他组织，未尽合理限度范围内的安全保障义务致使他人遭受人身损害，赔偿权利人请求其承担相应赔偿责任的，人民法院应予支持。 　　因第三人侵权导致损害结果发生的，由实施侵权行为的第三人承担赔偿责任。安全保障义务人有过错的，应当在其能够防止或者制止损害的范围内承担相应的补充赔偿责任。安全保障义务人承担责	

69

续表

旧法	新法	旧司法解释	新司法解释
		任后,可以向第三人追偿。赔偿权利人起诉安全保障义务人的,应当将第三人作为共同被告,但第三人不能确定的除外。	
《合同法》 第六十一条 　　合同生效后,当事人就质量、价款或者报酬、履行地点等内容没有约定或者约定不明确的,可以协议补充;不能达成补充协议的,按照合同有关条款或者交易习惯确定。	《民法典》 第五百一十条 　　合同生效后,当事人就质量、价款或者报酬、履行地点等内容没有约定或者约定不明确的,可以协议补充;不能达成补充协议的,按照合同相关条款或者交易习惯确定。	《合同法解释（二）》 第一条 　　当事人对合同是否成立存在争议,人民法院能够确定当事人名称或者姓名、标的和数量的,一般应当认定合同成立。但法律另有规定或者当事人另有约定的除外。 　　对合同欠缺的前款规定以外的其他内容,当事人达不成协议的,人民法院依照合同法第六十一条、第六十二条、第一百二十五条等有关规定予以确定。	

续表

旧法	新法	旧司法解释	新司法解释
《合同法》 第六十二条 　　当事人就有关合同内容约定不明确，依照本法第六十一条的规定仍不能确定的，适用下列规定： 　　（一）质量要求不明确的，按照国家标准、行业标准履行；没有国家标准、行业标准的，按照通常标准或者符合合同目的的特定标准履行。 　　（二）价款或者报酬不明确的，按照订立合同时履行地的市场价格履行；依法应当执行政府定价或者政府指导价的，按照规定履行。 　　（三）履行地点不明确，给付货币的，在接受货币一方所在地履行；交付不动产的，在不动产所在地履行；其他标的，在履行义务一方所在地履行。	《民法典》 第五百一十一条 　　当事人就有关合同内容约定不明确，依据前条规定仍不能确定的，适用下列规定： 　　（一）质量要求不明确的，按照强制性国家标准履行；没有强制性国家标准的，按照推荐性国家标准履行；没有推荐性国家标准的，按照行业标准履行；没有国家标准、行业标准的，按照通常标准或者符合合同目的的特定标准履行。 　　（二）价款或者报酬不明确的，按照订立合同时履行地的市场价格履行；依法应当执行政府定价或者政府指导价的，依照规定履行。 　　（三）履行地点不明确，给付货币的，在接受货币一方所在地履行；交付不动产的，在不动产所在地履行；其他标的，在履行义务一方所在地履行。	《合同法解释（二）》 第一条 　　当事人对合同是否成立存在争议，人民法院能够确定当事人名称或者姓名、标的和数量的，一般应当认定合同成立。但法律另有规定或者当事人另有约定的除外。 　　对合同欠缺的前款规定以外的其他内容，当事人达不成协议的，人民法院依照合同法第六十一条、第六十二条、第一百二十五条等有关规定予以确定。	《民事诉讼法司法解释》 第十八条 　　合同约定履行地点的，以约定的履行地点为合同履行地。 　　合同对履行地点没有约定或者约定不明确，争议标的为给付货币的，接收货币一方所在地为合同履行地；交付不动产的，不动产所在地为合同履行地；其他标的，履行义务一方所在地为合同履行地。即时结清的合同，交易行为地为合同履行地。 　　合同没有实际履行，当事人双方住所地都不在合同约定的履行地的，由被告住所地人民法院管辖。 第十九条 　　财产租赁合同、融资租赁合同以租赁物使用地为合同履行地。合同对履行地有约定的，从其约定。

续表

旧法	新法	旧司法解释	新司法解释
（四）履行期限不明确的，债务人可以随时履行，债权人也可以随时要求履行，但应当给对方必要的准备时间。 （五）履行方式不明确的，按照有利于实现合同目的的方式履行。 （六）履行费用的负担不明确的，由履行义务一方负担。	（四）履行期限不明确的，债务人可以随时履行，债权人也可以随时请求履行，但是应当给对方必要的准备时间。 （五）履行方式不明确的，按照有利于实现合同目的的方式履行。 （六）履行费用的负担不明确的，由履行义务一方负担；因债权人原因增加的履行费用，由债权人负担。		

【法律适用指引】

法律适用指引一

过错责任原则和过错推定原则的举证证明责任分配规则

证据制度是现代民事诉讼制度的基石，举证证明责任是证据制度的脊梁。《民事诉讼法》第六十七条第一款规定："当事人对自己提出的主张，有责任提供证据。"当事人对有利于自己的主张，都应当提出证据，加以证明。当事人对自己提出的诉讼请求所依据的事实或者反驳对方诉讼请求所依据的事实有责任提供证据加以证明。没有证据或者证据不足以证明当事人的事实主张的，由负有举证责任的当事人承担不利后果。[①]《民事诉讼法司法解释》对举证证明责任问题作出了规定。其第九十条第一款规定："当事人对自己提出的诉讼请求所依据的事实或者反驳对方诉讼请求所依据的事实，应当提供证据加以证明，但法律另有规定的除外。"第二款规定："在作出判决前，当事人未能提供证据或者证据不足以证明其事实主张的，由负有举证证明责任的当事人承担不利的后果。"这一规定是建立在法律要件分类说的基础上的。民事案件举证责任的分配，原则上应当以当事人主张的权利构成要件为标准，将权利构成要件事实的举证责任分配给权利主张方，对于妨碍权利成立或者消灭权利要件事实的举证责任分配给对方当事人。无论是物权纠纷、合同纠纷还是侵权纠纷案件，在举证责任分配上，除非法律另有规定，都应当遵循举证责任分配的一般规则。具体分配上，应当首先确定案件中当事人主张的法律关系之要件事实，按照该条规定区分权利成立要件和权利消灭或者妨碍要件，在当事人之间进行分配。确定系争法律关系的要件事实，应当依据民事实体法关于民事法律关系构成的要件予以判断。在侵权责任案件中，就是要确定特定侵权责任的具体构成要件和抗辩事由。在过错侵权责任情形中，责任构成要件有四个：一是侵权人实施了侵权行为，二是侵权人实施侵权行为有过错，三是受害人受有损害，四是侵权行为与损害之间有因果关系。这四个方面的构成要件事实均须原告方承担举证责任，在过错推定侵权责任下，责任构成要件与过错侵权责任相同，但侵权行为人无过错是责任抗辩事由，如其不能证明自己没有过错，则直接认定过错存在，责任可以成立。在此应当注意的是，过错推定责任仅是对过错的推定，并不包括对因果关系的推定。也就是说，有关因果关系的举证责任实际上并未转移。但基于此类案件原、被告双方举证能力的差异，基于分担风险以及维护公平正义促进经济社会发展进步的考虑，在因果关系认定上采用事实自证法则或者举证责任缓和的规则，适当降低对因果关系认定的标准。

[①] 王胜明主编：《中华人民共和国民事诉讼法释义》，法律出版社2012年版，第149页。

法律适用指引二
　　承担按份责任的责任人的诉讼主体资格

　　我们认为,在按份责任的案件中,原告方可以单独起诉其中的某一责任主体,也可以将他们作为共同被告起诉。依据《民事诉讼法司法解释》第七十三条的规定,必须共同进行诉讼的当事人没有参加诉讼的,人民法院应当依照《民事诉讼法》第一百三十五条的规定,通知其参加;当事人也可以向人民法院申请追加。人民法院对当事人提出的申请,应当进行审查,申请理由不成立的,裁定驳回;申请理由成立的,书面通知被追加的当事人参加诉讼。对于承担按份责任的数个责任人之间是否属于必要共同诉讼的问题,理论和实务中存有很大争议。我们认为,对于按份责任是否构成必要共同诉讼,不能仅从数个责任人在实体上承担的责任具有相对独立性来判断,而仍应回归程序法上关于必要共同诉讼的要求来认定,如果属于诉讼标的同一,当事人具有共同权利义务的情形,则应属于必要共同诉讼。退而言之,即使不属于必要共同诉讼情形的,原告方主张将未被诉的按份责任人追加为共同被告来承担责任的,也未尝不可。此外,如果原告方的诉讼请求并未针对未被诉的按份责任人,基于查明案件事实需要,比如在法定按份责任情形下,为查明各自责任份额的大小,这时可以追加该未被诉的按份责任人为第三人参加诉讼。

法律适用指引三
　　第三人直接实施侵权行为

　　在第三人直接实施了侵权行为的场合,如赔偿权利人仅起诉安全保障义务主体,人民法院应当将实施侵权行为的第三人追加为共同被告,但第三人不能确定的除外。如赔偿权利人仅起诉直接侵权人的,人民法院可以根据案件具体情况决定是否追加安全保障义务主体作为第三人参加诉讼。

【类案裁判观点】

类案裁判观点
　　物业公司违反安全保障义务责任的认定

　　物业公司违反安全保障义务责任的认定是审判实践中的热点问题。具体来说，涉及两个问题：一是物业管理范围的认定。物业服务合同对物业管理范围有明确的约定则从约定，当物业服务合同对物业管理范围没有约定或者约定不明，而物业管理区域与市政公共区域又无明显物理区分时，应综合物业性质、建筑特点、建设规划，以能够实现订立物业服务合同目的即以保障业主人身、财产安全的合理区域范围为准。二是安全保障义务的范围。物业公司毕竟为民事主体，不具强制执行的权力，对治安、消防等安全事故的控制能力有限，并非只要出现安全事故物业公司就应当然地承担侵权责任。考虑到权责匹配的问题，物业公司的安全保障义务应主要体现为协助性和防范性特征。即，对消防、治安等安全事故，物业公司并非首要和第一责任人，物业公司有义务协助有关单位进行安全隐患排查、采取应急措施、配合损失救助等，以防范安全事故的发生或损失的扩大。对物业公司是否尽到安全保障义务的认定，应结合合同约定的物业服务标准、事故的急难险重程度、与物业公司资质相匹配的专业管理能力等因素综合考量。

二、责任主体的特殊规定

【案例五】

张某生等诉上海康仁乐购超市贸易
有限公司生命权纠纷案[*]

【裁判摘要】

　　公共场所管理人的安全保障义务应界定在合理范围内，应当保证场所及相关配套设施符合安全标准，排除安全隐患，同时应当及时对已发生的危险和损害采取积极的应对和救助措施。管理人是否尽到必要的救助义务，应参照社会普遍认同的衡量标准加以判断。

　　原告：张某生，住上海市杨浦区。
　　原告：张甲，住上海市杨浦区。
　　原告：张乙，住上海市宝山区。
　　原告：张某琴，住上海市杨浦区。
　　被告：上海康仁乐购超市贸易有限公司，住所地：上海市普陀区真南路。
　　法定代表人：陈某，该公司总经理。
　　原告张某生、张甲、张乙、张某琴因与被告上海康仁乐购超市贸易有限公司（以下简称康仁公司）发生生命权纠纷，向上海市宝山区人民法院提起诉讼。
　　原告张某生、张甲、张乙、张某琴共同诉称：2019 年 10 月 12 日，

---

[*] 案例来源：《最高人民法院公报案例》2021 年第 10 期（总第 302 期）。

死者曾某某（张某生之妻）至被告康仁公司经营的超市购物，在蔬果区域发生摔倒并造成脑外伤，后经被告员工报警，并送至医院抢救，次日因抢救无效死亡。事发后，死者家属曾至被告处要求查看事发时事发地点的监控录像，但被告称事发地点属于监控盲区，只能根据超市门口的监控录像确定曾某某进出超市的时间，以此来推断事发时间。原告认为，第一，被告未及时将曾某某送医治疗，延误了救治时间。第二，被告作为超市经营者，对人流量较大的蔬果区域未设置监控，说明被告的监控范围严重不足。第三，被告未提供事发当日曾某某在超市内的全过程监控视频，属于应提供证据而拒不提供，故依法应当推定原告主张曾某某系因地面湿滑导致其摔伤的主张成立，被告应当承担赔偿责任。现诉至法院，请求判令被告康仁公司赔偿原告医疗费、误工费、死亡赔偿金、精神损害抚慰金、丧葬费、交通费、律师费等损失合计人民币508366.98元。

被告康仁公司辩称：事发当日，曾某某确至被告经营的超市购物。在蔬果区域，曾某某突然晕倒，被告的工作人员见其倒地，立即通知蔬果区的负责人以及超市客服人员，当时事发地面上并无水渍等，故曾某某并非因地面有水等原因摔倒。事发后，曾某某意识清楚，被告工作人员将其扶至他处休息并询问是否需要送去就医，曾某某表示不需要，但被告工作人员觉得对方年纪较大，还是慎重处理较好，便报了警，后又拨打了120，由被告的工作人员陪同将曾某某就医。派出所民警查询并联系到了曾某某的家人，后自称是曾某某的儿媳到医院，表示曾某某平时在家也经常晕倒，让她不要出门。随后被告的工作人员离开医院。事发地点并未覆盖监控探头。被告认为曾某某摔倒系其自身疾病所致，事发后，被告也及时报警并将曾某某送医，被告已经尽到安全保障义务，故不同意承担赔偿责任。

上海市宝山区人民法院一审查明：

2019年10月12日10时许，死者曾某某至被告康仁公司经营的超市购物时在蔬果区摔倒；10时35分，被告工作人员报警，民警到达现场了解情况后报120并联系到曾某某家属，后由被告工作人员陪同将曾某某送至上海市江湾医院急救；13时24分，曾某某被转至上海市长海医院，经诊断为脑挫裂伤,告病危;次日13时30分,曾某某被转至上海市新华医院治疗,后又被送至上海市市东医院,经抢救无效死亡。

审理中,就曾某某摔倒原因,被告康仁公司称根据曾某某在长海医院的就诊记录,曾某某系突发晕倒致头部外伤三小时,且曾某某有高血压疾病,结合被告拍摄的事发现场照片,曾某某摔倒的地方地面上并无水渍等,故可推断曾某某摔倒原因系其自身疾病所致。对此,原告认可在长海医院就诊时,系由曾某某家属陪同曾某某就医,就诊病历上记录的"突发晕倒致头部外伤三小时"系曾某某家属表述给医生,但认为表述较为口语化,且会受被告工作人员的影响,在急于救人、不清楚事发原因的前提下,不能据此认定曾某某摔倒是自身疾病所致;对于曾某某生前是否患有高血压疾病,原告予以肯定,但称平时都在正常服药,此前也从未发生过晕厥的情况。

另查明,死者曾某某,女,死亡时80岁,生前系原告张某生之妻,与原告张甲、张乙系母子关系,与原告张某琴系母女关系。

上海市宝山区人民法院一审认为:

本案的争议焦点系被告康仁公司是否违反了安全保障义务。被告作为超市经营者,依法负有符合社会一般价值判断所认同的安全保障义务,未尽义务造成他人损害的,应承担侵权赔偿责任。本案中,曾某某摔倒后并未发生昏迷等明显症状,被告并非专业医疗救治机构,其在事发后及时将老人扶送他处休息并报警,并不存在放任不管的情形,此后被告也派人陪同救护人员将老人送往医院就诊,已尽到救治义务。

对于原告张某生、张甲、张乙、张某琴提出被告康仁公司未在事发地点设置监控设备的行为属于未尽到安全保障义务,一审法院认为,是否设置监控录像与曾某某摔倒之间并无因果关系,且根据现有证据事发地点照片和曾某某就诊记录等,均未反映出曾某某系因地面湿滑等原因而摔倒。事发区域未被监控覆盖,被告客观上无法提供事发区域的监控录像,不属于持有不利证据拒不提供的情形,故不能据此推断出因地面湿滑致老人摔倒的结论成立。当事人对自己提出的诉讼请求或者反驳对方诉讼请求所依据的事实有责任提供证据加以证明,没有证据或者证据不足以证明当事人的事实主张的，由负有举证责任的当事人承担不利后果。故原告以被告未尽到安全保障义务为由要求被告承担赔偿责任的诉讼请求证据不足，不予支持。

据此，上海市宝山区人民法院依照《最高人民法院关于民事诉讼证据的若干规定》第二条之规定，于2020年4月2日作出判决：

对原告张某生、张甲、张乙、张某琴的诉讼请求不予支持。

张某生、张甲、张乙、张某琴不服一审判决，向上海市第二中级人民法院提起上诉，请求撤销原判，发回重审或依法改判支持张某生等四人一审的全部诉讼请求。其上诉理由为：一是被上诉人康仁公司经营的超市收银柜台顶部有一排监控摄像头，可以覆盖本案事发的蔬果区域，故康仁公司系持有事发时监控录像，却拒不提供。二是康仁公司在一审中称，事发后其工作人员将曾某某搀扶至门口，当时已经听不懂曾某某言语，可见曾某某已经严重受伤。曾某某摔倒后被搀扶至门口时间是10点08分42秒，报警时间是10点35分，120电话系民警到场后拨打，康仁公司没有及时报警，也没有及时送医，属于未尽到救治义务。

被上诉人康仁公司辩称：第一，事发的蔬果区没有监控摄像头，收银柜台的监控摄像头不能覆盖到蔬果区，康仁公司并不持有事发时的监控录像，且是否安装监控摄像头与死者摔倒之间没有因果关系。第二，曾某某摔倒后没有昏迷，因其年纪较大，带有口音，故工作人员听不懂老人的话。事发后，康仁公司及时报警，并派员陪同曾某某就医，已经尽到救治义务。故一审判决认定事实清楚，适用法律正确，请求驳回上诉人张某生等四人的上诉请求，维持原判。

上海市第二中级人民法院经二审，确认了一审查明的事实。

上海市第二中级人民法院二审认为：

根据《中华人民共和国侵权责任法》第三十七条的规定，宾馆、商场、银行、车站、娱乐场所等公共场所的管理人或者群众性活动的组织者，未尽到安全保障义务，造成他人损害的，应当承担侵权责任。本案中，上诉人张某生等四人主张曾某某系在被上诉人康仁公司经营的超市摔倒后经抢救无效死亡，要求康仁公司承担赔偿责任，张某生等四人应当就康仁公司未尽到安全保障义务提供有效的证据加以证明。现张某生等四人主张康仁公司未在事发区域设置监控摄像头，属于未尽到安全保障义务，对此，二审认为，康仁公司在本案中的安全保障义务，主要体现在对其经营管理场所及相关配套设施的安全性负有保障义务，即，康仁公司的经营管理场所及相关配套设施不应具有危险性、不应威胁人身安全，至于事发区域是否安装监控摄像头，与曾某某摔倒之间并不具有因果关系，因此，对张某生等四人的该项上诉主张，法院不予支持。至于张某生等四人主张康仁公司在曾某某摔倒后未及时报警、送医，法院认为，经营者的安全保障义务应界定在合理范围内，康仁公司在曾某某摔倒后，并未放任不管，而是将老人送至他处休息并报警，此后也陪同救护人员将老人送往医院就诊，故不能就此认定其未尽到救治义务。张某生等四人主张康仁公司持有事发时监控录像但拒不提供，缺乏事实依据，二审不予采纳。

综上所述，上诉人张某生等四人的上诉请求缺乏事实和法律依据，应予驳回。一审判决认定事实清楚，适用法律正确，应予维持。上海市第二中级人民法院依照《中华人民共和国民事诉讼法》第一百七十条第一款第一项之规定，于2020年7月21日判决如下：

驳回上诉，维持原判。

本判决为终审判决。

【新旧法律依据对照】

旧法	新法
《侵权责任法》 第三十七条 　　宾馆、商场、银行、车站、娱乐场所等公共场所的管理人或者群众性活动的组织者，未尽到安全保障义务，造成他人损害的，应当承担侵权责任。 　　因第三人的行为造成他人损害的，由第三人承担侵权责任；管理人或者组织者未尽到安全保障义务的，承担相应的补充责任。	《民法典》 第一千一百九十八条 　　宾馆、商场、银行、车站、机场、体育场馆、娱乐场所等经营场所、公共场所的经营者、管理者或者群众性活动的组织者，未尽到安全保障义务，造成他人损害的，应当承担侵权责任。 　　因第三人的行为造成他人损害的，由第三人承担侵权责任；经营者、管理者或者组织者未尽到安全保障义务的，承担相应的补充责任。经营者、管理者或者组织者承担补充责任后，可以向第三人追偿。
《民事诉讼法》（2017年6月27日第三次修正） 第一百七十条 　　第二审人民法院对上诉案件，经过审理，按照下列情形，分别处理： 　　（一）原判决、裁定认定事实清楚，适用法律正确的，以判决、裁定方式驳回上诉，维持原判决、裁定； 　　（二）原判决、裁定认定事实错误或者适用法律错误的，以判决、裁定方式依法改判、撤销或者变更； 　　（三）原判决认定基本事实不清的，裁定撤销原判决，发回原审人民法院重审，或者查清事实后改判；	《民事诉讼法》（2021年12月24日第四次修正） 第一百七十七条 　　第二审人民法院对上诉案件，经过审理，按照下列情形，分别处理： 　　（一）原判决、裁定认定事实清楚，适用法律正确的，以判决、裁定方式驳回上诉，维持原判决、裁定； 　　（二）原判决、裁定认定事实错误或者适用法律错误的，以判决、裁定方式依法改判、撤销或者变更； 　　（三）原判决认定基本事实不清的，裁定撤销原判决，发回原审人民法院重审，或者查清事实后改判；

续表

旧法	新法
（四）原判决遗漏当事人或者违法缺席判决等严重违反法定程序的，裁定撤销原判决，发回原审人民法院重审。 原审人民法院对发回重审的案件作出判决后，当事人提起上诉的，第二审人民法院不得再次发回重审。	（四）原判决遗漏当事人或者违法缺席判决等严重违反法定程序的，裁定撤销原判决，发回原审人民法院重审。 原审人民法院对发回重审的案件作出判决后，当事人提起上诉的，第二审人民法院不得再次发回重审。

【法律适用指引】

法律适用指引一

安全保障义务的概念和性质

安全保障义务来源于德国法上的一般社会安全注意义务理论，一般社会安全注意义务理论并非德国成文法的规定，而是基于诚信原则从判例中发展出来的一般规则。德国一般社会安全注意义务要求创设或者持续特定危险源者，为保护他人免受损害，应当采取必要的安全措施。① 通常认为，只有在法律明确规定、合同约定或者存在先前行为的情况下，安全保障义务才得以启动。这是因为，认定责任人是否应当履行安全保障义务，必须严格把握条件，否则将使人动辄得咎，社会将陷入不安定状态。

依据《民法典》第一千一百九十八条规定，安全保障义务主要是指宾馆、商场、银行、车站、机场、体育场馆、娱乐场所等经营场所、公共场所的经营者、管理者或者群众性活动的组织者等安全保障义务主体，

---

① 参见最高人民法院民事审判第一庭编著：《最高人民法院人身损害赔偿司法解释的理解与适用》，人民法院出版社2015年版，第93页。

应尽的合理限度范围内的使他人免受人身及财产损害的义务。在我国，尽管目前还没有关于安全保障义务的一般性规定，但在一些法律、行政法规以及行政规章中早已存在一些相关规定，比如，《物业管理条例》第四十六条第一款规定："物业服务企业应当协助做好物业管理区域内的安全防范工作。发生安全事故时，物业服务企业在采取应急措施的同时，应当及时向有关行政管理部门报告，协助做好救助工作。"《互联网上网服务营业场所管理条例》第二十四条规定："互联网上网服务营业场所经营单位应当依法履行信息网络安全、治安和消防安全职责，并遵守下列规定：（一）禁止明火照明和吸烟并悬挂禁止吸烟标志；（二）禁止带入和存放易燃、易爆物品；（三）不得安装固定的封闭门窗栅栏；（四）营业期间禁止封堵或者锁闭门窗、安全疏散通道和安全出口；（五）不得擅自停止实施安全技术措施。"这些规范性文件中的相关规定可以视为安全保障义务的具体化。[①] 需要注意的是，关于安全保障义务主体的范围，我国立法、司法解释制定过程中经历了一个变化的过程。在2003年《人身损害赔偿司法解释》中，安全保障义务主体范围的表述是"从事住宿、餐饮、娱乐等经营活动或者其他社会活动的自然人、法人、其他组织"，其主体范围主要是经营者和从事其他社会活动的自然人、法人和其他组织。《侵权责任法》规定的安全保障义务主体的范围是"宾馆、商场、银行、车站、娱乐场所等公共场所的管理人或者群众性活动的组织者"。从字面来看，《侵权责任法》与《人身损害赔偿司法解释》相比，一是将"从事住宿、餐饮、娱乐等经营活动的自然人、法人、其他组织"改为"宾馆、商场、银行、车站、娱乐场所等公共场所的管理人"，二是将"其他社会活动的自然人、法人、其他组织"改为"群众性活动的组织者"。对此，立法者认为，合理确定安全保障义务主体的范围，既要以人为本，对社会生活中可能发生危险的场所或者活动，要求行为人履行必要的防范损害发生的义务，充分保护广大人民群众的人身和财产安全；又要考虑我国国情，从促进社会和谐稳定的目的出发，不能盲目地扩大

[①] 参见最高人民法院民事审判第一庭编著：《最高人民法院人身损害赔偿司法解释的理解与适用》，人民法院出版社2015年版，第93页。

安全保障义务主体的范围。因此,《侵权责任法》第三十七条第一款规定的公共场所包括以公众为对象进行商业性经营的场所,也包括对公众提供服务的场所。除了已经列举的宾馆、商场、银行、车站、娱乐场所等,还包括机场、码头、公园、餐厅等。此外,"其他社会活动"表述过于模糊,在司法实践中容易引起歧义和争议,因此规定为"群众性活动的组织者",即面向社会公众举办的参加人数较多的活动的法人或者其他组织。① 由此可见,《侵权责任法》第三十七条关于安全保障义务中的公共场所,包括营利公共场所,也包括了非营利的为公众提供服务的公共场所。但是,《侵权责任法》出台后,围绕着"公共场所"的争论并未停息,对于公共服务性场所是否属于"公共场所"范畴,即公共场所管理人这种称谓,是否等同于"经营者",抑或限定于"管理者",仍然存在争议。② 有的学者对此表示担忧,认为这种表述,可能使得部分经营人逃脱对他人进入自己经营场所的安全保障义务的约束。③ 可见,《侵权责任法》第三十七条第一款关于"公共场所的管理人"这一表述,在实践中确实造成了一定困惑。为此,《民法典》进行了进一步的修改明确,将安全保障义务主体的范围规定为"宾馆、商场、银行、车站、机场、体育场馆、娱乐场所等经营场所、公共场所的经营者、管理者或者群众性活动的组织者"。在列举式中规定的"机场、体育场馆"显然属于公共服务性场所,而对于"经营场所、公共场所的经营者"这一表述,也明确表明相关场所的经营者是安全保障义务主体。应当说,《民法典》第一千一百九十八条对于《侵权责任法》第三十七条关于安全保障义务主体范围的规定并未进行实质性修改,《民法典》第一千一百九十八条修改后与《侵权责任法》第三十七条的立法精神并不相悖,只是此种调整相较于原规定的表述更加科学、准确。

关于安全保障义务的性质,民法学界存在不同的认识。一是附随义

---

① 参见王胜明主编:《〈中华人民共和国侵权责任法〉条文解释与立法背景》,人民法院出版社2010年版,第158页。
② 参见刘小璇:《论公共场所管理人的安全保障义务》,载《法学杂志》2019年第8期。
③ 参见杨立新:《民法分则侵权责任编修订的主要问题及对策》,载《现代法学》2017年第1期。

务说。此种观点认为，安全保障义务属于附随义务，安全保障义务主体因与受害人订有契约，其所负有的安全保障义务依契约产生。二是法定义务说。此种观点认为，从我国立法实践来看，法律、行政法规大量地规定了各种情况下应承担安全保障义务的具体情形，而《合同法》却没有对此作出明确的列举性规定。此种义务应当被视为一种法定的义务。三是竞合说。此种观点认为安全保障义务的基本性质有两种，一为法定义务，二为合同义务。事实上，这两种义务是竞合的。

尽管在实践中，大量的安全保障义务既存在于侵权责任中，也存在于合同责任中，但《人身损害赔偿司法解释》以来的立法和司法解释已经将违反安全保障义务的责任明确纳入侵权责任救济的范围。据此，我们认为，将安全保障义务认为是一种侵权责任法层面的法定义务，较为妥当。

法律适用指引二

违反安全保障义务责任的特点

安全保障义务主体违反安全保障义务造成损害，即应承担相应侵权责任。根据致损行为来源不同，安全保障义务主体承担的责任可能不同。具体来说，如果因安全保障义务主体未尽安全保障义务，直接导致损害的发生，安全保障义务主体是直接侵权人，承担直接责任；如果损害系因第三人行为导致，而安全保障义务主体疏于履行安全保障义务也是损害发生的原因，安全保障义务主体是间接侵权人，其承担的责任是补充责任。安全保障义务责任具有如下特点：

（一）关于责任主体

一般的侵权责任中，责任人与行为人相一致，责任人就是直接侵权人。违反安全保障义务责任中，直接责任人有可能是安全保障义务主体本人，也有可能是第三人。也就是说，安全保障义务主体在未履行安全保障义务造成损害的情况下，既有可能承担直接侵权责任，也有可能承担间接侵权责任，因此产生不同的侵权责任形态。这与典型侵权责任相比，具有复杂性和特殊性。

（二）关于责任性质

根据《民法典》第一千一百九十八条的规定，无论是安全保障义务主体的直接责任还是补充责任，都以其未尽到安全保障义务为前提条件。这就意味着，如果安全保障义务主体尽到了安全保障义务，就可以免除责任。因此，《民法典》第一千一百九十八条规定的违反安全保障义务的侵权责任是一种过错责任。有观点认为，安全保障义务主体的责任是一种过错推定责任，安全保障义务主体应当对自己尽到了相应的安全保障义务承担证明责任。但从《民法典》第一千一百九十八条文义来看，立法并未将未尽到安全保障义务的证明责任明确确定由安全保障义务主体承担，因此，认为《民法典》第一千一百九十八条规定确定的责任性质为过错推定责任的观点理由似并不充分，被侵权人对安全保障义务主体未尽安全保障义务仍然承担相应举证证明责任。

判断安全保障义务主体是否履行了安全保障义务，可以从以下四个方面加以把握：第一，法定标准。如果法律、法规对于安全保障的内容有直接规定的，应当以法律、法规的规定内容作为判断的标准和依据。第二，行业标准。在法律、法规没有明确规定的情况下，安全保障义务应当达到同行业所应当达到的通常注意义务。由于安全保障义务主体一般是某一行业的经营者、管理者，其往往具备行业要求的相关专业资质、管理能力，其对安全保障注意义务的履行应当高于对普通人的标准，即要达到与其专业管理能力相匹配的程度。比如物业管理公司对于物业周边消防安全隐患的清除，游乐场经营者对于游乐设施、特殊器材的专业维护等。第三，合同标准。尽管安全保障义务是侵权责任法层面的法定义务，但不能否认的是，如果合同约定一方负有对另一方的安全保障的义务，则安全保障义务也来源于合同的约定。因此，合同约定的标准也是判断安全保障义务人是否尽到相应义务的一种依据。如果合同仅对安全保障义务作出泛泛的约定，此时，应当以能够实现订立合同目的即以保障当事人人身、财产安全的合理标准进行解释。第四，善良管理人的标准。如果法律没有规定确定的标准，是否履行了安全保障义务，可以按照善良管理人的标准确定。在比较法上，美国侵权行为法中，对于受邀请而进入土地利益范围的人，土地所有人或者占有人应当承担的安全保障义务是要保证受邀请人的合理性安全。在法国，有判例认为，在欠缺法定的作为义务的情况下，行为人是否对他人负有积极作为的义务，应根据善良家长的判断标准加以确定。这种标准与德国法上的"交易上必要之注意"相当，都是要以交易上的一般观念，认为具有相当知识经验的人，对于一定事件的所用注意作为标准，客观地加以认定。行为人有无尽此注意义务的知识和经验，以及其向来对于事务所用的注意程度，均不过问。第五，特别标准。根据保障权利的特点和目的，在一些场合，对安全保障义务的要求应采取特殊标准。比如对于未成年人的安全保障义务，因未成年人心智发育不健全，认知和自我保护能力较弱，因此应当采用较成年人权益保护更高的标准。

（三）关于责任类型

以过错责任为归责原则的侵权责任中，具体又分为作为侵权责任和不作为侵权责任，尽管对于作为和不作为的界限不那么明确，但学界已经作出多种分类标准，比如：从违法的含义角度来区分，作为违反了法律的禁令，不作为则违反了法律的命令；从因果链的角度来区分，作为是指侵权人在受害人的法益上制造了危险，不作为则是指未排除威胁到受害人的危险；从行为的外部表现来区分，作为是指不应有所为而为，不作为是应有所为而不为；从加害人的行为是否已经对受害人的利益发生不利影响来区分作为与不作为等。[①] 尽管存在多种划分标准，但作为与不作为的区别是显而易见的。《民法典》第一千一百九十八条规定的违反安全保障义务责任是不作为责任。具体来说，在场所责任中，特定场所处于经营者、管理人控制之下，经营者、管理人对该场所内的不特定的人因此负有安全保障义务，这是场所责任的义务来源。对于组织者责任而言，一是组织者组织了群众性活动，并开启了危险源；二是组织者对于组织的活动具有一定的控制力，即组织者应当在活动中负监督、管理等义务。因此，这是一种因先前行为而引发的责任。由此可见，在上述

---

① 参见周友军：《侵权法学》，中国人民大学出版社2011年版，第107页。

两种情况下,安全保障义务主体即负有相应的安全保障义务,如其怠于履行安全保障义务造成损害,其承担的责任属于典型的不作为责任。

法律适用指引三
违反安全保障义务责任的构成要件

《民法典》第一千一百九十八条规定了安全保障义务主体的两种责任类型:义务人因违反安全保障义务而直接致使他人遭受损害应承担的直接责任;义务人未尽安全保障义务而使被保护人遭受第三人的侵害时应承担相应的补充责任。

（一）直接责任

《民法典》第一千一百九十八条第一款规定了安全保障义务主体的直接责任。在没有第三人行为介入的情况下,义务人因违反安全保障义务导致被保护人遭受侵害,义务人承担的是直接责任。这种责任的构成要件是:安全保障义务主体未采取能够预防或消除危险的必要措施,因而违反了安全保障义务;被侵权人因为安全保障义务主体未履行义务而受到了损害;不存在第三人行为的介入,即义务人违反安全保障义务是造成损害的直接原因。安全保障义务主体就其未尽安全保障义务造成的损失承担赔偿责任。

（二）补充责任

《民法典》第一千一百九十八条第二款规定了安全保障义务主体的补充责任。因第三人的加害行为而产生损害,安全保障义务主体未尽安全保障义务所应承担的责任即为补充责任。之所以在这里规定补充责任而不是连带责任,主要考虑是在第三人介入实施加害行为的情形下,安全保障义务主体虽有过错但其与该第三人没有任何形式的共同意思联络,即不具有共同的主观过错,且一种积极的加害行为与一种消极的不作为行为并非直接结合对受害人产生损害,故两者不能承担共同侵权的连带责任。

补充责任的构成要件是:第一,第三人的加害行为是损害结果发生的直接原因；第二，安全保障义务主体未采取防范或者制止第三人的加害行为或者防止损害后果进一步扩大的必要措施，因而未尽到安全保障义务；第三，安全保障义务主体未尽安全保障义务，客观上为损害的发生或扩大提供了便利和条件，因而在未尽安全保障义务与损害结果的发生之间建立起了间接的因果关系。

《民法典》第一千一百九十八条第二款规定的补充责任应作如下理解：第一，它是对直接责任人的补充。在安全保障义务主体的补充责任中，直接实施加害行为的第三人才是受害人所受损害的直接原因和终极原因，因此第三人应当对其行为所造成的损害承担全部责任。安全保障义务主体未尽安全保障义务的行为只是损害发生的间接原因。法律规定由安全保障义务主体承担责任，为受害人获得充分赔偿提供了另一种途径和保障，因而是一种对直接责任人的补充。第二，第三人的直接侵权责任和安全保障义务主体的补充责任有先后顺序。先由第三人承担侵权责任，在无法找到第三人或者第三人没有能力全部承担赔偿责任时，才由安全保障义务主体承担侵权责任。如果第三人已经全部承担侵权责任，则安全保障义务主体不再承担侵权责任。第三，《民法典》第一千一百九十八条第二款规定的补充责任有"相应的"这一限定词。相应的补充责任是指对于第三人没有承担的侵权责任，安全保障义务主体并非完全承担，而是在与其安全保障能力和过错程度范围内承担相匹配的补充赔偿责任。

需要注意的是，关于安全保障义务主体承担补充赔偿责任后能否向第三人追偿的问题，《民法典》对《侵权责任法》第三十七条第二款作出修改。关于这一问题，立法及司法解释先后经历了几次变化。根据2003年《人身损害赔偿司法解释》第六条第二款规定，安全保障义务主体因第三人致害而承担补充赔偿责任后，可以向第三人追偿。该司法解释赋予安全保障义务违反人在承担了补充赔偿责任后对第三人享有追偿权的理由在于，实施积极加害行为的第三人理应对受害人的损害结果承担赔偿责任，这种责任不应因安全保障义务违反人承担补充责任而全部或者部分免除。比较两者的过错程度，第三人的过错明显重于安全保障义务违反人。不赋予安全保障义务违反人追偿权不符合过错责任原则尤其是比较过错责任原则的要求。对安全保障义务违反人疏于安全保障义务的过错以及不作为行为与损害结果的相当因果关系的归责性体现在其补充责任承担本身。① 《侵权责任法》起草的过程中，有关单位曾提出采纳 2003 年《人身损害赔偿司法解释》的规定，在安全保障义务主体承担责任后，赋予其向第三人追偿的权利，但该意见未被采纳。有观点认为，这体现了立法的进步，要求安全保障义务主体在有过错的情况下承担相应的补充责任，能激发管理人或组织者积极关注注意义务。② 也有观点认为，《侵权责任法》否认安全保障义务主体对第三人或者直接侵害人的追偿权，预示了直接侵权人对其侵权行为在实际上不需要承担责任，违反了法律应有的指引、评价、教育功能。③ 关于安全保障义务主体有无追偿权的问题，一直存在着支持论与反对论两种观点。支持论从最佳预防效果、利益平衡原则、补充责任制度设计目的等角度证成其观点。反对论则认为，违反安全保障义务与损害后果之间存在因果关系，安全保障义务主体因自己过错承担责任理所应当，况且立法对补充责任的责任承担范围和比例进行了限定，已经考虑了与安全保障义务主体过错程度保持平衡，符合比例原则，故无必要再赋予其追偿权。《民法典》侵权责任编采纳支持论的立场，明确规定了安全保障义务主体承担相应的补充责任后，可以向第三人追偿。

在第三人直接实施了侵权行为的场合，如赔偿权利人仅起诉安全保障义务主体，人民法院应当将实施侵权行为的第三人追加为共同被告，但第三人不能确定的除外。如赔偿权利人仅起诉直接侵权人的，人民法院可以根据案件具体情况决定是否追加安全保障义务主体作为第三人参加诉讼。

物业公司违反安全保障义务责任的认定是审判实践中的热点问题。

---

① 参见最高人民法院民事审判第一庭编著：《最高人民法院人身损害赔偿司法解释的理解与适用》，人民法院出版社 2015 年版，第 102 页。
② 参见刘智慧主编：《中国侵权责任法释解与应用》，人民法院出版社 2010 年版，第 102 页。
③ 参见童彬：《第三人介入侵权责任的理论反思与重构》，载《中国社会科学院研究生学报》2015 年第 5 期。

具体来说,涉及两个问题:一是物业管理范围的认定。物业服务合同对物业管理范围有明确的约定则从约定,当物业服务合同对物业管理范围没有约定或者约定不明,而物业管理区域与市政公共区域又无明显物理区分时,应综合物业性质、建筑特点、建设规划,以能够实现订立物业服务合同目的即以保障业主人身、财产安全的合理区域范围为准。二是安全保障义务的范围。物业公司毕竟为民事主体,不具强制执行的权力,对治安、消防等安全事故的控制能力有限,并非只要出现安全事故物业公司就应当然地承担侵权责任。考虑到权责匹配的问题,物业公司的安全保障义务应主要体现为协助性和防范性特征。即,对消防、治安等安全事故,物业公司并非首要和第一责任人,物业公司有义务协助有关单位进行安全隐患排查、采取应急措施、配合损失救助等,以防范安全事故的发生或损失的扩大。对物业公司是否尽到安全保障义务的认定,应结合合同约定的物业服务标准、事故的急难险重程度、与物业公司资质相匹配的专业管理能力等因素综合考量。

【案例六】

被诱使脱离监护的限制民事行为
能力人侵权,如何确定民事责任[*]

一、案情简介

2009年3月4日,刘某以其同居女友白某某之父母白某和廖某为被告起诉,请求白某和廖某承担被监护人白某某因伤害刘某之女致死给刘某造成的一切经济损失并赔偿其精神损害共计50万元。

白某某,女,34岁,自2004年与刘某同居。2007年1月,刘某与其前妻所生之女刘某某(17岁)从寄宿学校放寒假回家,因琐事与白某某发生冲突。在双方扭打中白某某用水果刀将刘某某颈部刺伤,经医院抢救无效,刘某某死亡。后经司法精神病学鉴定,白某某为间歇性精神病人,作案时为发病期,无刑事责任能力,现仍住精神病院治疗。

二、法院裁判情况

某基层人民法院受理此案后,白某和廖某提出,白某某于2006年春节前与刘某登记结婚。刘某是白某某的丈夫,是其第一顺序法定监护人。刘某于婚前即得知白某某有间歇性精神病的情况,且白某某出事时正值其与刘某共同生活期间,故不应由其父母承担监护责任。

---

[*] 案例来源:最高人民法院民事审判第一庭编:《民事审判指导与参考》2011年第1辑(总第45辑)。

该院经审理查明：白某某家母系一方有精神病家族遗传病史。其女子容貌秀美，青春期始间歇性发病，表现为花痴类，但结婚后如婚姻美满，亦有可能不再发病。白某某的母系亲属中多有此种情况。白某某曾因婚姻问题致使精神病发作，几次住院治疗，在离婚诉讼中经司法精神病鉴定，被宣告为限制民事行为能力人，离婚后随其父母生活。2005年，刘某认识白某某后，要求与之同居，白某某之父母亦认为再婚对治疗女儿的精神疾患会有帮助，因此，在将白某某的情况告知刘某后，见到刘某仍能善待白某某，遂默许两人同居生活，但要求刘某与白某某正式结婚。2007年春节前，在白某某父母的一再催促下，刘某与白某某带着结婚证回家，告知白某夫妇两人已经登记结婚并宴请亲友。但实际上，结婚证是刘某花钱找人伪造的。2006年，白某某发病在大街上追逐其他异性。刘某某得知后深感羞愤，经常于回家休假时辱骂白某某为花痴，致双方关系紧张。但因刘某某平时上寄宿学校，在家时间不多，故刘某对此未予重视。

该院经审理认为，白某某为限制行为能力人，在其与刘某不存在婚姻关系的情况下，白某某的父母为其法定监护人。但刘某以伪造结婚证的办法欺骗白某某之父母，使其误以为白某某已经与刘某结婚，其监护责任随之转移给刘某。且白某某刺伤刘某某时，其与刘某共同生活，已经实际脱离了父母白某与廖某的监护，因此，不能要求白某与廖某承担民事责任。刘某某遇害时不满18岁，为未成年人，刘某作为父亲对其负有监护责任。刘某明知女儿与白某某之间存在矛盾，白某某又有精神疾患，却放任女儿与白某某单独相处，对刘某某致死亦应承担相应责任。故判决驳回了刘某的诉讼请求。

刘某不服一审判决，遂提起上诉。

二审法院审理后，最终判决支持了刘某的部分诉讼请求。

三、主要观点及理由

二审法院在审理中，对于白某与廖某是否应当就白某某伤害刘某某致死承担民事责任存在三种不同的观点。

第一种意见认为，根据《民法通则》第十七条之规定，无民事行为能力或者限制民事行为能力的精神病人，由下列人员担任监护人：（一）配偶；（二）父母；（三）成年子女……由于目前《婚姻法》并不承认事实婚姻，既然已经查明刘某与白某某并未登记结婚，刘某就不是白某某的法定监护人。白某和廖某作为白某某的法定监护人，没有尽到监护责任。根据《民法通则意见》第二十二条之规定，"监护人可以将监护职责部分或者全部委托给他人。因被监护人的侵权行为需要承担民事责任的，应当由监护人承担，但另有约定的除外；被委托人另有过错的，负连带责任。"故二人应对白某某的侵权行为承担责任。

第二种观点则认为，虽然刘某未与白某某登记结婚，二人属于同居关系。但刘某以欺骗的手段使廖某和白某误以为其已经与白某某登记结婚，白某某家亲友甚至邻居均知道白某某已经再婚。刘某的欺诈行为是廖某和白某放弃对白某某进行监护的原因，故廖某和白某不应当承担赔偿责任。

第三种观点则认为，既然我国法律不承认事实婚姻，廖某和白某作为白某某的父母就仍然是其监护人，应当承担监护责任。廖某和白某在明知女儿白某某属限制民事行为能力人的情况下，放任其与他人同居生活，且对其进行结婚（进行婚姻登记）这样明显与其行为能力不符的行为不加以干预，属于未尽到监护责任。但刘某诱使白某某脱离其法定监护人的监护，并用欺诈的手段，误导白某某的父母，使其误以为女儿已经结婚，刘某作为白某某之配偶，是其第一顺序监护人。故对限制民事行为能力人白某某侵权给他人造成的损失，应承担相应的民事责任。考虑到受害人刘某某未成年，刘某作为监护人放任其与白某某共同生活，没有尽到对刘某某的监护责任，因此，应减轻白某某法定监护人廖某和白某的责任。

我们认为，二审法院的第三种意见是正确的。《民法通则》第十三条第二款规定："不能完全辨认自己行为的精神病人是限制民事行为能力人，可以进行与他的精神健康状况相适应的民事活动；其他民事活动由他的法定代理人代理，或者征得他的法定代理人的同意。"白某某为限制民事行为能力人，其父母白某和廖某为其法定监护人。我国法律设立监护制度的目的，主要是为了保护被监护人的人身、财产和其他合法权益不受侵害，同时，监护人也要承担管教被监护人的责任。《民法通则》第十条规定："监护人的职责包括：保护被监护人的身体健康，照顾被监护人的生活，管理和保护被监护人的财产，代理被监护人进行民事活动，对被监护人进行管理和教育，在被监护人合法权益受到侵害或者与人发生争议时，代理其进行诉讼。"在被监护人因侵权行为给他人造成损失的情况下，关于监护人的责任，我国法律也有明确的规定。由于本案发生在《侵权行为法》实施之前，限制民事行为能力人造成他人损害，责任依据应当是《民法通则》第一百三十三条之规定："无民事行为能力人、限制民事行为能力人造成他人损害的，由监护人承担民事责任。监护人尽了监护责任的，可以适当减轻他的民事责任。"在法律规定明确的情况下，正确处理本案的关键在于如何分析认定白某某的父母作为其法定监护人是否尽到了监护责任。

白某某是限制民事行为能力人，其监护人是其父母白某和廖某，因此，白某和廖某应当承担对白某某的监护责任。即使在得知白某某并未与刘某结婚的情况下，白某和廖某主张其因受欺诈误以为刘某与白某某结婚，监护权已经转移给刘某，故不应承担监护责任的主张也是不能成立的。

首先，白某某是限制民事行为能力人，依照法律规定，只能进行与其精神健康状态相适应的民事活动。而白某某的精神疾病，恰恰与其婚姻失败和与异性交往的病态需求有密切关系，且明显影响其对与之交往的异性的人品、性格、经济状况、是否适合与之缔结婚姻等问题作出正确的判断。白某和廖某明知白某某存在上述问题，却错误地以为只要女儿再结婚，病情就会好转。因此，见刘某喜欢白某某，就放任其与白某某同居，实际上使得白某某脱离了法定监护人的监护。虽然白某和廖某要求刘某与女儿白某某正式办理结婚登记手续，但没有对白某某进行结婚登记这样与其精神健康状态不符的重大民事行为进行代理，而是轻信了刘某的谎言和其伪造的结婚证，使限制行为能力人白某某彻底脱离了法定监护人的监护。白某和廖某对女儿白某某显然没有尽到监护责任，因此，在白某某侵害他人民事权益时，不能免责。

其次，造成白某和廖某对女儿白某某未尽到监护责任的重要原因之一，是刘某以欺诈手段诱使限制民事行为能力人白某某脱离法定监护人之监护，因此，刘某应对白某某侵害他人民事权益的行为承担民事责任。刘某明知白某某是限制民事行为能力的精神病人而与之同居，在白某某的父母一再要求二人结婚的情况下，伪造结婚证欺骗白某和廖某，使之误以为白某某已经与刘某结婚，刘某作为白某某的配偶是其第一顺序的监护人，从而放弃了对白某某的监护。刘某的行为实际上侵害了白某和廖某对女儿白某某的监护权。作为监护权的侵权人，反过来要求监护人承担监护责任，是不能得到支持的。用侵权损害赔偿的构成要件分析，刘某作为完全行为能力人，自其诱使限制民事行为能力人白某某脱离法定监护人的监护时起，就应当负起保护白某某不受来自他人的不法侵害和不为侵害他人合法权益的行为之责任。刘某自称其因与白某某并非夫妻，故没有监护白某某的法定义务的主张是不能成立的。根据侵权行为法理论，行为人的法定义务来源有几种：一是法律、行政法规的直接规定；二是来源于职务或职责的要求；三是因先前的民事行为导致其负有特定的注意义务。例如，带邻家未成年的孩子去游泳，则因此负有在游泳期间保护其安全的注意义务。刊载了因失实而侵害他人名誉的文章，在文章失实被证实后，就有义务应受害者的要求刊载更正声明。正是由于诱使无民事行为能力人或者限制民事行为能力人脱离法定监护人的监护与之共同生活，刘某就因此有义务保护白某某不受来自他人的不法侵害和不为侵害他人合法权益的行为。

第三，受害人刘某某为刘某之女，尚未成年。刘某作为其法定监护人，对刘某某有教育保护的责任。刘某明知刘某某与白某某关系紧张，且白某某为限制民事行为能力的精神病人，却放任刘某某单独与白某某相处，因此，刘某某被白某某伤害致死一事，与刘某未尽到对刘某某的监护责任是有直接关系的。刘某主张白某某的法定监护人承担全部责任是不能得到支持的。二审法院正是综合考虑到白某某之父母白某和廖某放任白某某与刘某同居生活，轻信刘某的谎言，放任白某某自己进行结婚登记这种与其精神健康状况不相符的民事行为，没有尽到法定监护人的监护责任和刘某使用欺诈的手段，诱使限制民事行为能力人白某某脱离法定监护人的监护，又没有负起保护监管白某某的责任以及对刘某某未尽到监护责任的过错两个方面的因素，对刘某提出要求白某和廖某赔偿物质损失的诉讼请求，判决部分支持。对于其请求精神损害赔偿，则未予以支持。

四、最高人民法院民一庭裁判观点

虽然，目前我国法律对于1994年2月1日以后未办理结婚登记即以夫妻名义同居生活的，不再视为事实婚姻。同居者之间不具有夫妻间的权利义务关系。但一方在明知对方为限制民事行为能力人的情况下，诱使其脱离法定监护人的监护而与之同居，进而伪造结婚证，使用欺诈手段使监护人误以为被监护人已经结婚，监护权应由其配偶行使的情况下，对于被监护人出现的侵害他人民事权益的后果，应当承担主要责任。其法定监护人在行使监护权过程中有过错的，亦应承担部分民事责任。受害的未成年人的监护人未尽到监护责任的，亦应作为减轻加害人的法定监护人之责任的因素予以考虑。

二、责任主体的特殊规定

【新旧法律依据对照】

旧法	新法
《民法通则》（2009年修正） 第十七条 　　无民事行为能力或者限制民事行为能力的精神病人，由下列人员担任监护人： 　　（一）配偶； 　　（二）父母； 　　（三）成年子女； 　　（四）其他近亲属； 　　（五）关系密切的其他亲属、朋友愿意承担监护责任，经精神病人的所在单位或者住所地的居民委员会、村民委员会同意的。 　　对担任监护人有争议的，由精神病人的所在单位或者住所地的居民委员会、村民委员会在近亲属中指定。对指定不服提起诉讼的，由人民法院裁决。 　　没有第一款规定的监护人的，由精神病人的所在单位或者住所地的居民委员会、村民委员会或者民政部门担任监护人。	《民法典》 第二十八条 　　无民事行为能力或者限制民事行为能力的成年人，由下列有监护能力的人按顺序担任监护人： 　　（一）配偶； 　　（二）父母、子女； 　　（三）其他近亲属； 　　（四）其他愿意担任监护人的个人或者组织，但是须经被监护人住所地的居民委员会、村民委员会或者民政部门同意。
《民法通则》（2009年修正） 第十三条 　　不能辨认自己行为的精神病人是无民事行为能力人，由他的法定代理人代理民事活动。 　　不能完全辨认自己行为的精神病人是限制民事行为能力人，可以进行与他的精神健康状况相适应的民事活动；其他民事活动由他的法定代理人代理，或者征得他的法定代理人的同意。	《民法典》 第二十一条 　　不能辨认自己行为的成年人为无民事行为能力人，由其法定代理人代理实施民事法律行为。 　　八周岁以上的未成年人不能辨认自己行为的，适用前款规定。
《民法通则》（2009年修正） 第十条 　　公民的民事权利能力一律平等。	《民法典》 第十四条 　　自然人的民事权利能力一律平等。

续表

旧法	新法
《民法通则》（2009年修正） 第一百三十三条 　　无民事行为能力人、限制民事行为能力人造成他人损害的，由监护人承担民事责任。监护人尽了监护责任的，可以适当减轻他的民事责任。 　　有财产的无民事行为能力人、限制民事行为能力人造成他人损害的，从本人财产中支付赔偿费用。不足部分，由监护人适当赔偿，但单位担任监护人的除外。	《民法典》 第一千一百八十八条 　　无民事行为能力人、限制民事行为能力人造成他人损害的，由监护人承担侵权责任。监护人尽到监护职责的，可以减轻其侵权责任。 　　有财产的无民事行为能力人、限制民事行为能力人造成他人损害的，从本人财产中支付赔偿费用；不足部分，由监护人赔偿。

【法律适用指引】

法律适用指引一

对法定监护顺位的适用

《民法典》第二十八条关于成年人法定监护人顺序的规定具有强制性，一般情况下，在不存在前一顺序监护人或者前一顺序监护人没有监护能力时，后一顺序监护人才有资格成为法定监护人。需要注意的是，成年监护是作为自然人行为能力补足制度出现的，其与产生于父母亲权基础上的未成年监护有很大不同。有身心障碍的成年人很可能已经形成了固定的自主意愿和偏好，尽管对法定监护顺序的安排已体现了"被监护人最大利益"原则，但基于上述考虑，对于成年人法定监护顺位的确定，应当在身心障碍者为无民事行为能力人的情况下才予适用。如果身心障碍者具有一定行为能力，可独立实施与其智力、精神状况相适应的民事行为，则应首先尊重其选择和意愿，除非其能力确有不及。

法律适用指引二
对成年人行为能力的判断

根据《民法典》第二十一条和第二十二条相关规定,不能辨认自己行为的成年人为无民事行为能力人;不能完全辨认自己行为的成年人为限制民事行为能力人。司法实践中,认定不能辨认自己行为的成年人为无民事行为能力人以及认定不能完全辨认自己行为的成年人为限制民事行为能力人,均须依《民事诉讼法》所规定的特别程序进行宣告。基于精神障碍或其他原因,成年人如果没有判断能力和自我保护能力,不知其行为后果的,可以认定为不能辨认自己行为的人。对于比较复杂的事物或者比较重大的行为缺乏判断能力和自我保护能力,并且不能预见其行为后果的,可以认定为不能完全辨认自己行为的人。根据《民法通则意见》的规定,对于当事人是否患有精神病,人民法院应当根据司法精神病学鉴定或者参照医院的诊断、鉴定确认。在不具备诊断、鉴定条件的情况下,也可以参照群众公认的当事人的精神状态认定,但应以利害关系人没有异议为限。其中关于群众公认的事实,一般为该自然人住所地的村民委员会、居民委员会出具的证明材料所认定的事实,同时也包括与该自然人日常工作和生活密切接触的周围群众对该自然人基本情况的感知和认识。在被监护成年人范围扩大的情况下,对于成年人是否为无民事行为能力或者限制民事行为能力,可结合上述规定综合判断。

法律适用指引三
无民事行为能力的认定标准

关于无民事行为能力的认定,《民法典》有两类标准:一是根据自然人年龄进行概括认定,二是基于意思能力进行个案审查。《民法典》第二十四条规定了"不能辨认自己行为"的成年人可以被法院认定为无民事行为能力人,《民法典》第二十四条第二款中的未成年人也可以依据第二十四条进行认定。"不能辨认自己行为"描述的是当事人的一种客观状态，这种状态独立于法院对自然人行为能力的认定而存在，实践中可能存在多种情形：（1）已经通过特别程序由法院认定为无民事行为能力人；（2）在普通程序个案中，要求法院认定无民事行为能力；（3）已被法院认定为无民事行为能力人，但"不能辨认自己行为"的状况已经消失，尚未被重新认定为限制民事行为能力或完全民事行为能力，但在个案中请求法院认定在实施具体法律行为时有民事行为能力。对于未经法院认定为无民事行为能力人的成年人，如何判断其某个具体时间点实施的法律行为的效力，在实践中并未完全统一。一种观点持形式审查标准，认为民事行为能力状态没有经过法院的司法裁判确认，则不能认定自然人在实施签订合同等行为时欠缺行为能力，且行为能力的认定不具有溯及力；[1] 另一种观点支持进行个案审查，认为可以在未经过司法认定的情况下对当事人缔结合同时的行为能力进行个案判断，主张行为人无民事行为能力的当事人应当负担证明责任。[2]

法律适用指引四

无民事行为能力人进行的婚姻登记行为是否有效[3]

未成年人未达到法定婚龄，不符合《民法典》规定的结婚条件；无民事行为能力的成年人，因为无法作出有效的意思表示，不能满足《民法典》第一千零四十六、一千零四十九条关于结婚自愿、亲自申请婚姻登记的规定，因此无法缔结有效的婚姻法律关系。对于一方当事人于结婚登记时为无民事行为能力人，但并无《民法典》第一千零五十一至一千零五十三条规定的无效、可撤销情形时，其作出的婚姻登记是何种效

---

[1] 山西省长治市中级人民法院（2017）晋04民申20号民事裁定书。
[2] 吉林省吉林市中级人民法院（2017）吉02民终2674号民事判决书；上海市宝山区人民法院（2017）沪0113民初2184号民事判决书；广东省佛山市顺德区人民法院（2017）粤0606民初5203号民事判决书；广东省惠州市中级人民法院（2017）粤13民终1404号民事判决书；北京市朝阳区人民法院（2017）京0105民初5785号民事判决书。
[3] 《德国民法典》第1304条有此规定。

力，应使用《民法典》第二十一条进行判断。《德国民法典》第1314条规定了婚姻可撤销的事由，其中包括"一方配偶于结婚时，处于无意识或暂时性之精神障碍者"，"一方配偶于结婚时，不知其再结婚者"；《民法典》可撤销婚姻的规定未列举上述情形。如果一方当事人在结婚登记时，因精神疾病等原因属于不能辨认自己行为的成年人，即使另一方已得知其患有精神疾病的状态仍与其进行婚姻登记，为保护无民事行为能力人的利益，也应运用体系解释，认定无民事行为能力人进行的婚姻登记行为无效。

法律适用指引五
行为能力个案审查的考量因素

法院在事后对当事人作出行为时的意思能力状况作出判断需要考量多重因素。即使对于已被认定为无民事行为能力的成年人，在个案中采用形式审查方式认定其作出的法律行为无效，也属于法律推定，应允许当事人通过相反证据进行推翻。《民法典》第二十一条对成年人无民事行为能力的情形进行了较大扩张，为规范法院在个案中的自由裁量权，应当在教义学上形成关于判断自然人能否"辨认自己行为"应当考察的因素。这些考量因素可以包括：（1）法律行为与当事人的生活联系；（2）当事人的精神健康状况；（3）合同内容本身的公平性。[①] 这三类考量因素，既包括基于行为能力规范体系对当事人意思能力的判断，也包括从利益权衡的角度进行的后果导向的考量，从而综合地得到具有较好社会效果的个案裁判结果。

[①] 彭诚信、李贝：《民法典编纂中自然人行为能力认定模式的立法选择——基于个案审查与形式审查的比较分析》，载《法学》2019年第2期。

法律适用指引六
  域外自然人、非无国籍人的民事权利能力认定

在国际私法上,对于自然人的民事权利能力的适用,基本上都以"属人法"来确定,"属人法"相关的地域因素主要有籍贯、住所、国籍、居所等,这些都是"属人法"的连接点。我国《涉外民事关系法律适用法》第十二条第一款规定,自然人的民事权利能力,适用经常居住地法律。可见,我国立法是采取以"属人法"中的"住所地法主义"的方式来规定的。这对于我国而言,是解决区际私法冲突最具可操作性的做法。

法律适用指引七
  监护人责任的特点

(一)监护人责任是对人的替代责任
  无民事行为能力人或者限制民事行为能力人实施具体的侵权行为,造成了被侵权人的人身、财产损害,但承担侵权责任的不是造成损害的行为人,而是行为人的监护人,即由监护人替代行为人承担侵权责任,故我国规定的监护人责任是典型的替代责任,即为他人的侵权行为负责的责任。

(二)监护责任是无过错责任,但以公平原则作为补充
  无民事行为能力人或者限制民事行为能力人实施侵权行为,造成了他人的人身、财产损害,无论监护人是否尽到监护责任,监护人都应承担侵权责任。但是,对于实施加害行为的无民事行为能力人或者限制民事行为能力人,可以减轻他的民事责任,这是公平原则的适用,是考虑平衡双方当事人的经济利益而采取的措施。德国的冯巴尔教授指出:(1)儿童不同于动物,不是可有可无的,而是人类生存和发展所必须的。监护人对孩子造成的损害之责任不应等同于饲养动物的占有人对该动物致

人损害所应承担的责任。(2) 儿童不是"危险物品",他不能被放在高度安全的仓库里。他需要参加不同层次和形式的社会活动,经风雨、见世面才能成长。作为监护人的父母亲抚养孩子,诚然能够从中享受一些人伦亲情的天伦之乐,但更多的是需要付出时间、精力和金钱,这种"人的再生产"过程,既是家庭的也是社会的。家庭对未成年人致人损害的后果需要承担一定的责任,社会对此也应作出相应的分担,这才是正确的思路。如果过分强调监护关系的绝对性,强调监护人在监护关系中的精神利益以及对被监护人的控制能力,就会趋向于对监护人科以较为严格的责任;相反,注重未成年人成长构成的社会性,理解父母在抚养孩子的过程中所付出的劳动、艰辛的社会价值,就会倾向于适当减轻监护人的责任,更多考虑过错要素对责任构成和责任承担的作用。因此,在规定监护人应当对无民事行为能力人和限制民事行为能力人致人损害的行为承担侵权责任的同时,都规定监护人尽到监护责任的可以减轻其侵权责任。

(三) 监护人责任范围的确定

监护人责任不以行为人的年龄、认知能力和责任能力加以区分,但责任范围的确定受行为人财产状况的制约。在各国侵权法中,对于监护人的责任都是依据行为人的责任能力而确定,即没有民事责任能力的未成年人或者心智丧失之人,不承担侵权责任,而由他们的监护人承担责任。我国立法没有采纳责任能力的概念,而是以民事行为能力代替责任能力,无论致人损害的行为人有无民事行为能力,均不影响受害人的赔偿请求权的成立。但是,监护人责任的承担,受无民事行为能力或者限制民事行为能力的行为人有无财产的制约。行为人自己有财产的,应当先从他自己的财产中支付赔偿金,监护人仅对不足的部分承担责任,该责任为补充责任。至于行为人的财产,可以是受赠的财产、继承的财产,以及其他合法所得财产。需要指出的是,《民法典》第一千一百八十八条的"有财产",并非指被监护人有少量的零用钱或价值不大的日常生活用品,而是指被监护人拥有价值较大的动产(如存款、贵重物品)和不动产(如房产)。从被监护人的财产中支付赔偿费用,必须保证被监护人正常生活和接受教育的开支,不得超过这一限度支付赔偿费用。如《普鲁士民法典》就规定,在监护人或者其父母没有能力或者不能赔偿损害的情形,儿童的财产可以用于赔偿直接损失,并且该赔偿不以剥夺其日常生活或有益于其社会地位的教育为限。《德国民法典》对其进行了一定的修正,若受害人不能从监护人处得到赔偿,应当根据当事人的状况,在不剥夺未成年人维持适当的生计以及履行法定扶养义务所需金钱的限度内,仍必须赔偿损害,该赔偿范围不限于直接损害。

法律适用指引八

审判实务中对被告的处理

在审判实践中,如果受害人仅起诉致人损害的被监护人或者仅起诉监护人,人民法院应当依照《民事诉讼法》有关规定,依职权追加监护人或者致人损害的被监护人为共同被告,以便查明侵权行为是否成立以及如何承担侵权责任的问题。

法律适用指引九

被监护人的范围

《民法典》第一千一百八十八条规定的实施加害行为的被监护人,不再限于未成年人和精神病人。因《民法总则》增加了成年人监护制度,故非精神病的成年人,如果其实施加害行为时属于无民事行为能力人或者限制民事行为能力人,其监护人都应承担民事责任。监护人在这种情况下的民事责任,是由法律直接规定的,而不考虑监护人对被监护人平时教育、管教是否尽责,也不考虑无民事行为能力人、限制民事行为能力人本人的年龄、智力及其判断能力。

法律适用指引十

　　监护人不明确的情况处理

　　在无民事行为能力人、限制民事行为能力人的监护人不明确的情况下,应由顺序在前的有监护能力的人承担民事责任。这里监护人不明确是指有监护资格的人对监护人的确定有争议,无法达成协议而又尚未经有关机关指定监护人的情形。

法律适用指引十一

　　不满18周岁的行为人承担侵权责任

　　侵权行为发生时行为人不满18周岁,在诉讼时已满18周岁并有经济能力的,应当承担侵权责任;行为人没有经济能力的,应当由原监护人承担侵权责任。

法律适用指引十二

　　夫妻离婚后的监护

　　在夫妻离婚后,双方仍然都是未成年人的法定监护人,只是抚养子女的方式发生了变化,一方直接抚养、照顾子女,另一方承担抚养费并享有探望子女的权利。当未成年子女侵害他人权益时,同该子女共同生活的一方首先应当承担民事责任,因为未与子女共同生活的一方客观上很难履行监护职责,等于把监护职责委托给直接抚养子女的一方行使。与子女共同生活一方的监护职责与另一方相比,更为直接和具体,其管教和保护未成年子女的义务也更重。如果直接抚养子女的一方独立承担民事责任确有困难的,未与子女共同生活的一方(毕竟还是法定的监护人)应共同承担民事责任。

【类案裁判观点】

类案裁判观点
单位担任监护人是否承担监护责任

《民法通则》第一百三十三条第二款规定:"有财产的无民事行为能力人、限制民事行为能力人造成他人损害的,从本人财产中支付赔偿费用。不足部分,由监护人适当赔偿,但单位担任监护人的除外。"如何理解《民法通则》规定的"单位担任监护人的除外"的含义,在司法实践中有两种截然不同的观点:一种观点认为,单位应当承担全部赔偿责任;另一种观点认为,单位不承担赔偿责任。《侵权责任法》第三十二条和《民法典》第一千一百八十八条规定均删除了《民法通则》第一百三十三条第二款中"但单位担任监护人的除外"的规定。根据全国人大法工委民法室所作的条文释义,之所以这样修改,是为了促使单位监护人尽职履行监护职责,防止其怠于行使监护职责,放任被监护人侵权行为的产生,保证被侵权人受到的损害得到赔偿,明确单位监护人应当承担与非单位监护人同样的责任。①

---

① 参见王胜明主编:《〈中华人民共和国侵权责任法〉条文解释与立法背景》,人民法院出版社2010年版,第131页。

三、产品责任

三、产品责任

【案例七】

刁某奎诉云南中发石化有限公司产品销售者责任纠纷案[*]

【裁判摘要】

消费者主张因购买缺陷产品而导致财产损害,但未保留消费凭证的,人民法院应结合交易产品及金额、交易习惯、当事人的陈述、相关的物证、书证等证据,综合认定消费者与销售者之间是否存在买卖合同关系。在此基础上,依据民事诉讼证明标准和民事诉讼证据规则,合理划分消费者和销售者的举证责任。如果产品缺陷与损害结果之间在通常情形下存在关联性,可认定二者之间具有因果关系。

原告:刁某奎,男,住云南省昆明市五华区。
被告:云南中发石化有限公司,住所地:云南省昆明市五华区。
法定代表人:潘某发,该公司执行董事。
原告刁某奎因与被告云南中发石化有限公司发生产品销售者责任纠纷,向云南省昆明市五华区人民法院提起诉讼。
原告刁某奎诉称:2017年11月3日,原告驾驶其所有的云×奥迪轿车至被告云南中发石化有限公司位于昆明市五华区×收费站旁的加油站加油,被告工作人员加了430元的95号汽油。该车在加油使用几天后,车辆仪表上废气监控灯报警。同月22日原告将该车送至云南联迪汽车服务有限公司检测。经检测,发现该车发动机电子设备中有P042000:尾气

[*] 案例来源:《最高人民法院公报案例》2020年第12期(总第292期)。

催化净化器系统、汽缸列1作用过低的故障存储；三元催化器、氧传感器、火花塞表面有不明白色物质。经分析判断，上述故障因白色物质与发动机工作时的燃烧有关。维修人员口头告知上述故障可能系加了不合格汽油造成，建议原告更换三元催化器、火花塞、氧传感器、喷油嘴并清洗油箱。后云南联迪汽车服务有限公司对该车进行维修，共计17天，原告支出维修费28743元。在该车维修期间，原告向云南路易商贸有限公司租赁奔驰小汽车替代使用，支付租金13600元。后原告向五华区消费者协会和×街道市场监督管理所投诉。经工作人员协调，原告与被告同意对所加汽油进行送检，待检验结果出来后再处理。×街道市场监督管理所将被告销售的汽油先后送至昆明市产品质量监督检验研究院、云南省产品质量监督检验研究院检验，检验结果均为不合格。在消协组织下，被告承诺待其加油站正常运营后对车辆维修等费用进行赔偿。后原告多次找被告协商赔偿事宜无果，故提起诉讼，请求判令被告赔偿原告损失42773元（汽油费430元+车辆维修费28743元+车辆维修期间承租替代车辆支出的租金13600元）。

被告云南中发石化有限公司辩称：原告刁某奎未提交证据证明其到被告公司加油站加油的事实。2017年12月4日，被告接到消协通知后，于同月8日委托云南省产品质量监督检验研究院对95号汽油检验，检验结论为合格。原告车辆损害是否因油品质量问题所致，应由相关权威部门依法作出检测鉴定结论。原告未举证证明因果关系，应承担举证不能的后果。且原告陈述2017年11月3日其到加油站加油，同月22日才发现车辆仪表上废气监控灯报警，之后送到维修公司检测，在此长达20天的期间内，不排除原告车辆加过其他汽油或发生其他事故的可能。因此，原告车辆损害与被告没有因果关系。财产损失应按照实际发生的直接损失计算，原告主张的租赁费不应作为财产损失计算。且原告租赁的是高档车，非通常替代性交通工具，该费用明显不合理。综上所述，原告的诉讼请求没有事实和法律依据，请求驳回原告的诉讼请求。

昆明市五华区人民法院一审查明：原告刁某奎、被告云南中发石化有限公司的法定代表人潘某发签名的消费者协会受理投诉登记表载明

2017年11月23日原告向消费者协会投诉被告,原告投诉2017年11月3日其在被告加油站加95号汽油,致其云×奥迪轿车整个油路系统维修、更换、清洗;处理结果为被告同意待加油站正常营业后,由原告带齐相关加油单据(小票)、修理油路系统的维修单据到加油站处理赔偿问题。

昆明市五华区人民法院一审认为:本案系买卖合同引起的诉讼纠纷。原告刁某奎主张其与被告云南中发石化有限公司存在95号汽油的买卖合同关系,其应对产生该法律关系的基本事实承担举证证明责任。原告未举证证明该基本事实,其应承担举证不能的不利后果,故对原告的诉讼请求不予支持。

综上,昆明市五华区人民法院依照《中华人民共和国合同法》第一百三十条及《中华人民共和国民事诉讼法》第六十四条、第一百一十八条规定,于2018年4月25日作出判决:

驳回原告刁某奎的诉讼请求。案件受理费869元,减半收取计434.50元,由原告负担。

刁某奎不服一审判决,向云南省昆明市中级人民法院提起上诉称:一审法院未认定上诉人于2017年11月3日驾驶云×奥迪轿车至被上诉人云南中发石化有限公司经营的昆明市五华区×收费站旁的加油站加油,因油品不合格,导致上诉人的车辆受损由此产生车辆维修费以及租车损失费的事实。上诉人作为普通消费者举证能力有限,被上诉人持有上诉人加油当天的监控录像却拒不提供,应推定上诉人所主张的事实成立。在消协组织下,被上诉人曾承诺待其加油站正常运营后对车辆维修等费用进行赔偿,但此后上诉人多次找被上诉人协商赔偿事宜无果。一审法院认定事实不清,适用法律错误,请求撤销一审判决,依法改判支持上诉人一审全部诉讼请求。

云南中发石化有限公司辩称:(1)上诉人刁某奎未能举证证实其于2017年11月3日到被上诉人云南中发石化有限公司经营的昆明市五华区×收费站旁的加油站加油的事实。(2)被上诉人并未拒绝提供监控录像,而是因为监控录像保存时间有限,超过一定时间系统会自动覆盖此前的监控录像。(3)被上诉人并未承诺待其加油站正常运营后对上诉人的车辆维修等费用进行赔偿，赔偿的前提必须是上诉人确实到被上诉人经营的加油站加了不合格汽油导致上诉人车辆受损。实际上，被上诉人的油品合格，上诉人的车辆受损与被上诉人的油品没有直接因果关系。一审法院认定事实清楚，适用法律正确，请求驳回上诉，维持原判。

昆明市中级人民法院经二审，确认了一审查明的事实。

另查明，2017年11月3日，上诉人刁某奎驾驶车牌照为云×奥迪轿车至被上诉人云南中发石化有限公司经营的云南中发石化加油站加了95号汽油。后上诉人于2017年11月22日将该车辆送至云南联迪汽车服务有限公司检测，该公司出具《诊断分析》，载明："根据电脑检测结果，查看三元催化器、氧传感器、火花塞表面有不明白色物质。据此判断白色物质与发动机工作时的燃烧相关，建议用户更换三元催化器、火花塞、氧传感器、喷油嘴和清洗油箱后试车正常。"上诉人因此支付车辆维修费28743元。后上诉人向消费者协会投诉被上诉人。昆明市五华区市场监督管理局于2017年11月1日到被上诉人处提取2桶（2L/桶）95号车用汽油样品送至云南省产品质量监督检验研究院进行检验。2017年11月7日，云南省产品质量监督检验研究院出具检验报告，认定所检样品不合格。2017年11月27日，被上诉人的法定代表人潘某发在《消费者协会受理投诉登记表》签署意见称："待检验结果出来后，会给几位客户满意答复。"昆明市五华区市场监督管理局在该表的处理结果一栏写明："经现场调解，双方同意协商解决。"2017年12月4日，被上诉人的法定代表人潘某发在《消费者协会受理投诉登记表》上签字确认"待加油站正常经营后，属我站油质问题，我站负责油路修理赔偿"。2017年12月7日，上诉人为调取其于2017年11月3日到被上诉人经营的加油站加油的监控录像与被上诉人发生争议而报警。在《接处警登记表》中，处警情况一栏载明："民警告知报警人，调看录像一事到质监局反映。报警人表示同意。"

昆明市中级人民法院二审认为：本案二审争议焦点为，上诉人刁某奎主张其于2017年11月3日驾驶云×奥迪轿车至被上诉人经营的云南中发石化加油站加油的事实是否成立；上诉人的车辆受损与被上诉人向其出售的汽油油品之间是否有因果关系;被上诉人应否返还上诉人加油费430元,并赔偿车辆维修费28743元;被上诉人应否向上诉人赔偿租车费13600元。

(一)关于上诉人刁某奎主张其于2017年11月3日驾驶云×奥迪轿车至被上诉人经营的云南中发石化加油站加油的事实是否成立。

上诉人刁某奎虽未能提供加油凭证,但根据其提交的《消费者协会受理投诉登记表》2份,可以证实在同一时段有多名消费者(含上诉人)针对油品问题投诉被上诉人云南中发石化有限公司,被上诉人在消费者协会与上诉人协商处理时亦未对上诉人的消费者身份提出异议。另根据《最高人民法院关于民事诉讼证据的若干规定》第七十五条规定:"有证据证明一方当事人持有证据无正当理由拒不提供,如果对方当事人主张该证据的内容不利于证据持有人,可以推定该主张成立。"上诉人一审提交的《接处警登记表》可以证实2017年12月7日,上诉人为调取其于2017年11月3日到被上诉人经营的加油站加油的监控录像与被上诉人发生争议而报警的事实,且被上诉人在一审中提交的《情况说明》明确其经营的加油站监控设备正常情况下监控录像的有效保存期限是90天。由此,被上诉人在上诉人于2017年12月7日主张调取监控录像后仍未及时保存并提供相关的监控录像,视为被上诉人持有该证据无正当理由拒不提供,故推定上诉人主张的其于2017年11月3日到被上诉人经营的云南中发石化加油站加油的事实成立。

(二)关于上诉人刁某奎的车辆受损与被上诉人云南中发石化有限公司向其出售的汽油油品之间是否有因果关系。

上诉人刁某奎提交的车辆维修《诊断证明》载明:"三元催化器、氧传感器、火花塞表面有不明白色物质。据此判断白色物质与发动机工作时的燃烧相关。"由此,可确认上诉人车辆受损部位与汽油的质量高度关联。另云南省产品质量监督检验研究院出具的《检验报告》证实:昆明市五华区市场监督管理局从被上诉人处提取并送检的95号汽油样品经检验不合格,结合同一时段有多名消费者(含上诉人)针对油品问题投诉被上诉人云南中发石化有限公司,依据民事诉讼高度盖然性的证明标准,认定上诉人车辆受损与被上诉人向其出售的油品不合格之间存在因果关系。被上诉人虽对此不予认可，但未提交充足的证据予以反驳。其一审提交的《检验报告》，虽与上诉人提交的《检验报告》均为云南省产品质量监督检验研究院出具，但被上诉人提交的检验报告中送检的样品是其单方取样送检的，而上诉人提交的检验报告中送检的样品系昆明市五华区市场监督管理局取样送检的，被上诉人提交的《检验报告》的证明力显然低于上诉人提交的《检验报告》，故采信上诉人提交的《检验报告》，认定被上诉人向上诉人出售的 95 号汽油的油品不合格。

（三）关于被上诉人云南中发石化有限公司应否返还上诉人刁某奎加油费 430 元，并赔偿车辆维修费 28743 元。

被上诉人云南中发石化有限公司作为油品的销售者，向上诉人刁某奎出售了油品不合格的汽油导致上诉人车辆受损，上诉人可选择向销售者即被上诉人主张返还加油费并赔偿车辆维修费损失。根据庭审查明的事实，上诉人因车辆受损支出维修费 28743 元，关于加油费，虽然上诉人未能提供加油凭证，但结合上诉人的车辆型号，认定被上诉人应向上诉人返还加油费 430 元，并赔偿车辆维修费 28743 元。

四、关于被上诉人云南中发石化有限公司应否向上诉人刁某奎赔偿租车费 13600 元。

法院认为，上诉人刁某奎主张的租车费 13600 元，并非上诉人因车辆受损必然造成的损失，故对其主张的该笔费用不予支持。

综上，云南省昆明市中级人民法院依照《中华人民共和国侵权责任法》第四十三条，《中华人民共和国产品质量法》第四十三条、第四十四条，《中华人民共和国民事诉讼法》第一百七十条第一款第二项，《最高人民法院关于民事诉讼证据的若干规定》第七十五条之规定，于 2018 年 8 月 20 日作出判决：

一、撤销昆明市五华区人民法院（2018）云 0102 民初 1777 号民事判决；

二、由云南中发石化有限公司自本判决生效之日起五日内返还刁某奎加油费 430 元，并赔偿刁某奎车辆修理费 28743 元；

三、驳回刁某奎的其他诉讼请求。

本判决为终审判决。

【新旧法律依据对照】

旧法	新法
《合同法》 第一百三十条 　　买卖合同是出卖人转移标的物的所有权于买受人，买受人支付价款的合同。	《民法典》 第五百九十五条 　　买卖合同是出卖人转移标的物的所有权于买受人，买受人支付价款的合同。
《侵权责任法》 第四十三条 　　因产品存在缺陷造成损害的，被侵权人可以向产品的生产者请求赔偿，也可以向产品的销售者请求赔偿。 　　产品缺陷由生产者造成的，销售者赔偿后，有权向生产者追偿。 　　因销售者的过错使产品存在缺陷的，生产者赔偿后，有权向销售者追偿。	《民法典》 第一千二百零三条 　　因产品存在缺陷造成他人损害的，被侵权人可以向产品的生产者请求赔偿，也可以向产品的销售者请求赔偿。 　　产品缺陷由生产者造成的，销售者赔偿后，有权向生产者追偿。因销售者的过错使产品存在缺陷的，生产者赔偿后，有权向销售者追偿。
《民事诉讼法》（2017年6月27日第三次修正） 第六十四条 　　当事人对自己提出的主张，有责任提供证据。 　　当事人及其诉讼代理人因客观原因不能自行收集的证据，或者人民法院认为审理案件需要的证据，人民法院应当调查收集。 　　人民法院应当按照法定程序，全面地、客观地审查核实证据。	《民事诉讼法》（2021年12月24日第四次修正） 第六十七条 　　当事人对自己提出的主张，有责任提供证据。 　　当事人及其诉讼代理人因客观原因不能自行收集的证据，或者人民法院认为审理案件需要的证据，人民法院应当调查收集。 　　人民法院应当按照法定程序，全面地、客观地审查核实证据。

续表

旧法	新法
《民事诉讼法》（2017年6月27日第三次修正） 第一百一十八条 　　当事人进行民事诉讼，应当按照规定交纳案件受理费。财产案件除交纳案件受理费外，并按照规定交纳其他诉讼费用。 　　当事人交纳诉讼费用确有困难的，可以按照规定向人民法院申请缓交、减交或者免交。 　　收取诉讼费用的办法另行制定。	《民事诉讼法》（2021年12月24日第四次修正） 第一百二十一条 　　当事人进行民事诉讼，应当按照规定交纳案件受理费。财产案件除交纳案件受理费外，并按照规定交纳其他诉讼费用。 　　当事人交纳诉讼费用确有困难的，可以按照规定向人民法院申请缓交、减交或者免交。 　　收取诉讼费用的办法另行制定。
《民事诉讼法》（2017年6月27日第三次修正） 第一百七十条 　　第二审人民法院对上诉案件，经过审理，按照下列情形，分别处理： 　　（一）原判决、裁定认定事实清楚，适用法律正确的，以判决、裁定方式驳回上诉，维持原判决、裁定； 　　（二）原判决、裁定认定事实错误或者适用法律错误的，以判决、裁定方式依法改判、撤销或者变更； 　　（三）原判决认定基本事实不清的，裁定撤销原判决，发回原审人民法院重审，或者查清事实后改判； 　　（四）原判决遗漏当事人或者违法缺席判决等严重违反法定程序的，裁定撤销原判决，发回原审人民法院重审。 　　原审人民法院对发回重审的案件作出判决后，当事人提起上诉的，第二审人民法院不得再次发回重审。	《民事诉讼法》（2021年12月24日第四次修正） 第一百七十七条 　　第二审人民法院对上诉案件，经过审理，按照下列情形，分别处理： 　　（一）原判决、裁定认定事实清楚，适用法律正确的，以判决、裁定方式驳回上诉，维持原判决、裁定； 　　（二）原判决、裁定认定事实错误或者适用法律错误的，以判决、裁定方式依法改判、撤销或者变更； 　　（三）原判决认定基本事实不清的，裁定撤销原判决，发回原审人民法院重审，或者查清事实后改判； 　　（四）原判决遗漏当事人或者违法缺席判决等严重违反法定程序的，裁定撤销原判决，发回原审人民法院重审。 　　原审人民法院对发回重审的案件作出判决后，当事人提起上诉的，第二审人民法院不得再次发回重审。

【法律适用指引】

法律适用指引一
销售者责任的构成要件

产品进入经销环节后,也可能因为某种原因导致产品缺陷的发生。在经销环节中,销售者可以通过实施某种行为对产品质量实施实际影响或控制,销售者的行为可能会增加产品的附加值,但同时也有可能会因行为不当,而导致产品缺陷的出现。通常而言,因为产品经销过程中的某种原因导致的产品缺陷往往是个别性的存在于某产品之上的。但在某些情况下,也会存在导致大批量的缺陷产品出现的情形。例如,在对产品进行市场营销之前,如果需要销售者对产品承担合理检测的责任,销售商若没有进行这样的检测,或者在检测方式上存在不足,因而造成了产品的缺陷,那么销售者就应对该缺陷所造成的损害承担责任。

依据《产品质量法》第四十二条第二款的规定,销售者不能指明缺陷产品的生产者也不能指明缺陷产品的供货者的,应对缺陷产品导致的损害承担全部责任。这也是从现代民法实质正义的理念出发,基于对产品使用人(通常是消费者)利益进行充分保护的需要所进行的制度设计。在这种情况下,销售者有无过错在所不问,其承担的责任已经属于严格责任的范畴。具体而言,只要产品存在缺陷,该缺陷产品导致他人损害,销售者不能指明缺陷产品的生产者也不能指明供货者,则销售者就要承担相应的侵权责任。在此应当注意,《产品质量法》第四十二条规定仅是确定了销售者对产品使用人在其不能指明缺陷产品的生产者也不能指明供货者时的责任承担,即仅是针对销售者与产品使用人之间的法律关系,并不涉及销售者与其他销售者,尤其是生产者之间的法律关系,这并不影响其在以后能够确定产品生产者或供货者的前提下,若该产品缺陷非因其过错行为导致,向生产者或其他有过错的销售者追偿的权利。

当然,《产品质量法》第四十二条也可以作为确定销售者最终责任承担的依据。确定销售者的过错可以作为解决销售者与生产者之间有关责任范围划分问题的有效工具。在发生产品缺陷致损案件时,受害人可以要求销售者或生产者承担全部责任。确定销售者与生产者之间责任大小,或生产者能否向销售者行使追偿权,要看销售者对产品缺陷的造成是否有过错和销售者的过错行为与产品缺陷有无因果关系及原因力的大小。在这种情况下,基于销售者与生产者之间的经济实力并不会存在过大差距,而且往往生产者更会处于优势地位。因此,这时销售者的责任应该是过错责任,即由生产者对销售者的过错以及因果关系的成立承担举证责任。对于销售者之间,比如批发商与零售商之间的追偿关系,也要依上述规则确定。

法律适用指引二
举证责任及其分配

举证责任又称证明责任,是指当事人对自己提出的主张有提供证据进行证明的责任。具体包含行为意义上的举证责任和结果意义上的举证责任两层含义:其一,行为意义上的举证责任是指当事人对自己提出的主张有提供证据的责任;其二,结果意义上的举证责任是指当待证事实真伪不明时由依法负有证明责任的人承担不利后果的责任。从行为和结果双重含义上来界定举证责任的内涵,对于提高民事审判效率、推进民事审判方式改革具有十分重要的意义。《民事诉讼法》第六十七条第一款规定了"谁主张,谁举证"原则,侧重于举证的行为意义。《民事诉讼法司法解释》第九十条规定:"当事人对自己提出的诉讼请求所依据的事实或者反驳对方诉讼请求所依据的事实,应当提供证据加以证明,但法律另有规定的除外。在作出判决前,当事人未能提供证据或者证据不足以证明其事实主张的,由负有举证证明责任的当事人承担不利的后果。"司法解释的这一规定从结果意义上完善了举证责任制度。据此,双方当事人对于自己提出的主张各自负有举证责任。原告对自己的诉讼请求所依据的事实,被告对自己答辩或者反诉所依据的事实,第三人对自己提出的请求所依据的事实等,都应当提出证据。没有证据或者证据不足以证明其提出的事实主张的,该方当事人将承担对自己不利的后果,承担败诉的风险。

我国民事诉讼举证责任分配采用法律要件分类说,其为德国法学家罗森贝克所倡导,通行于大陆法系。罗森贝克将所有的实体规范首先分为彼此对立的两大类:一类是能够产生某种权利的规范。这些规范被叫作"基本规范""请求权规范"或"主要规范"。另一类是与产生权利规范相对应的、妨碍权利产生或使已经产生的权利归于消灭的规范。这类规范又可以分为三类,即权利妨碍规范、权利消灭规范和权利受制规范。主张权利存在的人,因为要求适用关于权利产生的规范,故应就权利产生的法律要件事实举证;否定权利存在的人,应对妨碍该权利的法律要件事实举证;主张权利消灭的人,应对权利已经消灭的法律要件事实举证;主张权利受制的人,应对权利受制的法律要件事实举证。《民事诉讼法司法解释》第九十一条规定:"人民法院应当依照下列原则确定举证证明责任的承担,但法律另有规定的除外:(一)主张法律关系存在的当事人,应当对产生该法律关系的基本事实承担举证证明责任;(二)主张法律关系变更、消灭或者权利受到妨害的当事人,应当对该法律关系变更、消灭或者权利受到妨害的基本事实承担举证证明责任。"这一规定就是采用了法律要件分类说。具体而言:

1. 在合同纠纷案件中,主张合同关系成立并生效的一方当事人对合同订立和生效的事实承担举证责任;主张合同关系变更、解除、终止、撤销的一方当事人对引起合同关系变动的事实承担举证责任。对合同是否履行发生争议的,由负有履行义务的当事人承担举证责任。对代理权发生争议的,由主张有代理权的一方当事人承担举证责任。《最高人民法院关于审理民间借贷案件适用法律若干问题的规定》第十五条第一款规定:"原告仅依据借据、收据、欠条等债权凭证提起民间借贷诉讼,被告抗辩已经偿还借款的,被告应当对其主张提供证据证明。被告提供相应证据证明其主张后,原告仍应就借贷关系的存续承担举证责任。"这一规定体现了举证责任分配理论在司法解释层面的应用。

2. 在一般侵权纠纷案件中，主张损害赔偿的权利人应当对损害赔偿请求权产生的要件事实加以证明，即侵害事实、侵害行为与侵害事实之间存在因果关系、行为具有违法性及行为人存在过错。免责事由属于妨碍权利产生的事实，如受害人故意造成损害事实，应当由行为人加以证明。

3. 在劳动争议纠纷案件中，因用人单位作出开除、除名、辞退、解除劳动合同、减少劳动报酬、计算劳动者工作年限等决定而发生劳动争议的，由用人单位负举证责任。

4. 一些特殊案件中适用举证责任倒置。举证责任倒置并未脱离法律要件说的范畴，只是法律将某些特殊案件的部分要件事实的举证责任分配给了另外一方。例如，生态环境损害赔偿、医疗责任损害赔偿、缺陷产品致人损害赔偿等特殊类型的侵权案件，根据《民法典》规定，可以适用举证责任倒置。

5. 在法律没有明确规定时，人民法院可以通过公平原则和诚信原则，综合当事人的举证能力等因素，对待证事实进行考量，从而将其纳入法律、司法解释规定的某一规范所对应的事实，再决定举证责任的承担。

法律适用指引三
关于诉讼费用的规定

诉讼费用，是指当事人进行民事诉讼依法应当向人民法院交纳和支出的费用。诉讼费用制度是民事诉讼法的一项重要制度。在民事诉讼中交纳诉讼费用，是世界各国和地区普遍采用的一项民事诉讼制度。民事诉讼中交纳诉讼费用具有以下重要意义：

第一，制裁民事违法行为。诉讼费用一般由败诉方负担，对民事违法行为具有制裁的功能。由于这种制裁功能的存在，民事主体可能会积极履行其所应承担的民事义务。

第二，减少当事人滥用诉权。诉讼费用原则上由败诉的当事人和不当进行诉讼行为的当事人负担。当事人在提起诉讼时必然要考虑诉讼成本，在一定程度上可以遏制当事人滥用诉权的行为。

第三，减少纳税人的负担和国家的财政开支。民事诉讼发生在特定的当事人之间，与社会其他成员并不存在直接的利害关系。如果不对民事诉讼征收诉讼费用，将由整个社会为少数人的需要负担不合理的开支。民事案件是由于特定当事人之间的民事权利义务关系发生的争议，诉讼费用理应由该特定的当事人负担。

第四，有利于维护国家的主权和经济利益，贯彻国际交往中的平等互利原则。世界各国和地区普遍实行民事诉讼收费制度，我国只有和世界各国和地区的做法保持一致，才能体现平等互利原则，维护我国的主权和经济利益。①

理解《民事诉讼法》第一百二十二条内容时应重点把握以下几点。

一、诉讼费用的种类

根据《民事诉讼法》第一百二十二条和《诉讼费用交纳办法》的规定，诉讼费用包括案件受理费、申请费和其他诉讼费用三种。

（一）案件受理费

案件受理费，是指当事人启动民事诉讼程序，向人民法院依法交纳的费用。案件受理费是在人民法院审理案件时交纳的，具有国家规费的性质。除《诉讼费用交纳办法》规定可以不交纳受理费的案件以外，其他案件原则上均应交纳案件受理费。根据《诉讼费用交纳办法》第七条的规定，案件受理费包括：第一审案件受理费；第二审案件受理费；再审案件中，依照该办法规定需要交纳的案件受理费。根据该办法第九条的规定，再审案件当事人不交纳案件受理费，但下列情形除外：（1）当事人有新的证据，足以推翻原判决、裁定，向人民法院申请再审，人民法院经审查决定再审的案件；（2）当事人对人民法院第一审判决或者裁定未提出上诉，第一审判决、裁定或者调解书发生法律效力后又申请再审，人民法院经审查决定再审的案件。

根据《诉讼费用交纳办法》第八条的规定，下列案件不交纳案件受

---

① 江伟主编：《中国民事诉讼法教程》，中国政法大学出版社2008年版，第188页。

理费：（1）依照《民事诉讼法》规定的特别程序审理的案件，如选民资格案件、宣告公民失踪案件、宣告公民死亡案件、认定公民无行为能力或者限制行为能力的案件、认定财产无主案件；（2）裁定不予受理、驳回起诉、驳回上诉的案件；（3）对不予受理、驳回起诉和管辖权异议裁定不服，提起上诉的案件；（4）行政赔偿案件。

案件受理费因案件性质不同执行不同的交纳标准。《诉讼费用交纳办法》第十三条对财产案件、非财产案件、知识产权案件、劳动争议案件、管辖权异议等案件的受理费规定了不同的收费标准。由于我国各地经济发展水平差异较大，该条规定省、自治区、直辖市人民政府可以结合本地实际情况，对部分案件受理费交纳标准制定具体的规定。

需要说明的是，《诉讼费用交纳办法》根据案件程序的繁简、结案的方式、案件的审级、当事人参与诉讼的情况、诉讼程序的性质等因素，对案件受理费的收取作了一些特殊规定。根据第十五条到第十九条的规定：以调解方式结案或者当事人申请撤诉的，减半交纳案件受理费；适用简易程序审理的案件减半交纳案件受理费；对财产案件提起上诉的，按照不服一审判决部分的上诉请求数额交纳案件受理费；被告提起反诉、有独立请求权的第三人提出与本案有关的诉讼请求，人民法院决定合并审理的，分别减半交纳案件受理费；需要交纳案件受理费的再审案件，按照不服原判决部分的再审请求数额交纳案件受理费。

根据《民事诉讼法司法解释》第一百九十四条、第一百九十五条、第一百九十九条、第二百零二条等规定，依照《民事诉讼法》第五十七条审理的案件不预交案件受理费，结案后按照诉讼标的额由败诉方交纳。支付令失效后转入诉讼程序的，债权人应当按照《诉讼费用交纳办法》补交案件受理费；支付令被撤销后，债权人另行起诉的，按照《诉讼费用交纳办法》交纳诉讼费用。适用简易程序审理的案件转为普通程序的，原告自接到人民法院交纳诉讼费用通知之日起7日内补交案件受理费；原告无正当理由未按期足额补交的，按撤诉处理，已经收取的诉讼费用退还一半。原告、被告、第三人分别上诉的，按照上诉请求分别预交二审案件受理费；同一方多人共同上诉的，只预交一份二审案件受理费；

分别上诉的，按照上诉请求分别预交二审案件受理费。

（二）申请费

申请费，是指当事人申请人民法院执行法律规定由人民法院执行的法律文书、申请人民法院采取财产保全措施等事项时，应向人民法院交纳的费用。

根据《诉讼费用交纳办法》第十条的规定，当事人依法向人民法院申请下列事项，应当交纳申请费：（1）申请执行人民法院发生法律效力的判决、裁定、调解书，仲裁机构依法作出的裁决和调解书，公证机构依法赋予强制执行效力的债权文书；（2）申请保全措施；（3）申请支付令；（4）申请公示催告；（5）申请撤销仲裁裁决或者认定仲裁协议效力；（6）申请破产；（7）申请海事强制令、共同海损理算、设立海事赔偿责任限制基金、海事债权登记、船舶优先权催告；（8）申请承认和执行外国法院判决、裁定和国外仲裁机构裁决。《诉讼费用交纳办法》第十四条对上述案件申请费的标准作了详细规定。

（三）其他诉讼费用

其他诉讼费用，是指在诉讼过程中实际支出的应由当事人负担的各种费用。根据《诉讼费用交纳办法》第十一条、第十二条的规定，证人、鉴定人、翻译人员、理算人员在人民法院指定日期出庭发生的交通费、住宿费、生活费和误工补贴，由人民法院按照国家规定标准代为收取。当事人复制案件卷宗材料和法律文书应当按实际成本向人民法院交纳工本费。诉讼过程中因鉴定、公告、勘验、翻译、评估、拍卖、变卖、仓储、保管、运输、船舶监管等发生的依法应当由当事人负担的费用，人民法院根据谁主张、谁负担的原则，决定由当事人直接支付给有关机构或者单位，人民法院不得代收代付。人民法院依照《民事诉讼法》的规定提供当地民族通用语言、文字翻译的，不收取费用。

二、诉讼费用的缓、减、免

诉讼费用制度具有减少当事人滥用诉权的作用，但对于经济确有困难又需要寻求法院司法保护的当事人，诉讼费用制度也有必要设立相应的救助手段，对处于弱势地位的部分当事人给予救济和帮助。《民事诉讼法》第一百二十二条第二款规定：当事人交纳诉讼费用确有困难的，可以向人民法院申请缓交、减交或者免交。《诉讼费用交纳办法》第六章"司法救助"进一步明确了诉讼费用缓交、减交和免交的适用条件及相关问题。诉讼费用制度中的司法救助，也称诉讼救助，是指人民法院对于民事案件中经济确有困难的当事人，实行诉讼费用缓交、减交或者免交的制度。

（一）缓交诉讼费用

缓交，是指当事人经济上确有困难，暂时无力交纳诉讼费用，向人民法院申请延缓交纳，待有能力时再行交纳的制度。《诉讼费用交纳办法》第四十七条规定：当事人申请司法救助，符合下列情形之一的，人民法院应当准予缓交诉讼费用：（1）追索社会保险金、经济补偿金的；（2）海上事故、交通事故、医疗事故、工伤事故、产品质量事故或者其他人身伤害事故的受害人请求赔偿的；（3）正在接受有关部门法律援助的；（4）确实需要缓交的其他情形。根据该办法第四十九条的规定，当事人申请缓交诉讼费用经审查符合规定的，人民法院应当在决定立案之前作出准予缓交的决定。

（二）减交诉讼费用

减交，是指当事人经济上确有困难，无力交纳全部诉讼费用，人民法院准予减少交纳诉讼费用的制度。《诉讼费用交纳办法》第四十六条规定：当事人申请司法救助，符合下列情形之一的，人民法院应当准予减交诉讼费用：（1）因自然灾害等不可抗力造成生活困难，正在接受社会救济，或者家庭生产经营难以为继的；（2）属于国家规定的优抚、安置对象的；（3）社会福利机构和救助管理站；（4）确实需要减交的其他情形。人民法院准予减交诉讼费用的，减交比例不得低于30%。该办法第五十一条规定：人民法院准予当事人减交诉讼费用的，应当在法律文书中载明。

（三）免交诉讼费用

免交，是指当事人经济确有困难，无力交纳诉讼费用，人民法院准许其不交纳诉讼费用的制度。《诉讼费用交纳办法》第四十四条第二款规定：诉讼费用的免交只适用于自然人。免交不同于不交，不交诉讼费用是指依法不应当交纳的情形，免交是指依法应当交纳但由于当事人经济困难，人民法院予以免除的情形。《诉讼费用交纳办法》第四十五条规定：当事人申请司法救助，符合下列情形之一的，人民法院应当准予免交诉讼费用：（1）残疾人无固定生活来源的；（2）追索赡养费、扶养费、抚育费、抚恤金的；（3）最低生活保障对象、农村特困定期救济对象、农村五保供养对象或者领取失业保险金人员，无其他收入的；（4）因见义勇为或者为保护社会公共利益致使自身合法权益受到损害，本人或者其近亲属请求赔偿或者补偿的；（5）确实需要免交的其他情形。该办法第五十一条规定：人民法院准予当事人免交诉讼费用的，应当在法律文书中载明。

（四）司法救助的申请程序

《诉讼费用交纳办法》第四十八条规定：当事人申请司法救助，应当在起诉或者上诉时提交书面申请、足以证明其确有经济困难的证明材料以及其他相关证明材料。因生活困难或者追索基本生活费用申请免交、减交诉讼费用的，还应当提供本人及其家庭经济状况符合当地民政、劳动保障等部门规定的公民经济困难标准的证明。人民法院对当事人的司法救助申请不予批准的，应当向当事人书面说明理由。

三、关于诉讼标的金额的确定

《民事诉讼法司法解释》第一百九十七条、第一百九十八条规定，诉讼标的物是证券的，按照证券交易规则并根据当事人起诉之日前最后一个交易日的收盘价、当日的市场价或者其载明的金额计算诉讼标的金额；诉讼标的物是房屋、土地、林木、车辆、船舶、文物等特定物或者知识产权，起诉时价值难以确定的，人民法院应当向原告释明主张过高或者过低的诉讼风险，以原告主张的价值确定诉讼标的金额。

四、关于诉讼请求与诉讼费的交纳标准

《民事诉讼法司法解释》第二百零一条规定：既有财产性诉讼请求，又有非财产性诉讼请求的，按照财产性诉讼请求的标准交纳诉讼费；有多个财产性诉讼请求的，合并计算交纳诉讼费；诉讼请求中有多个非财产性诉讼请求的，按一件交纳诉讼费。

五、关于诉讼费用的负担

《民事诉讼法司法解释》第二百零三条规定：承担连带责任的当事人败诉的，应当共同负担诉讼费用。该解释第二百零四条规定：实现担保物权案件，人民法院裁定拍卖、变卖担保财产的，申请费由债务人、担保人负担；人民法院裁定驳回申请的，申请费由申请人负担；申请人另行起诉的，其已经交纳的申请费可以从案件受理费中扣除。该解释第二百零七条规定：判决生效后，胜诉方预交但不应负担的诉讼费用，人民法院应当退还，由败诉方向人民法院交纳，但胜诉方自愿承担或者同意败诉方直接向其支付的除外；当事人拒不交纳诉讼费用的，人民法院可以强制执行。

法律适用指引四

以判决、裁定方式依法改判、撤销或者变更

改判、撤销或者变更出现在几种情况下，认定事实错误、适用法律错误、认定事实和适用法律都存在错误的。原审判决、裁定认定事实错误（或者认定事实不清）或者适用法律错误的，二审法院可以依法改变原审判决。认定事实错误主要是指以虚假的事实或者伪造的事实作为定案依据的；而认定事实不清，主要是指对事实的认定不真实、不够准确或者是没有将案件事实调查清楚的。此种情形下，二审法院应该在查清事实的基础上，依法进行改判。

原审判决、裁定适用法律错误的，主要是指原审判决、裁定在认定事实正确，仅是适用法律存在错误，此时二审人民法院可以直接以一审法院认定的事实为根据，重新适用法律作出改变原审判决、裁定的处理方式。2007年《民事诉讼法》第一百五十三条第一款第二项主要规定了"原判决适用法律错误的，依法改判"，2012年修改时将原判决适用法律错误规定为可以"改判"外，还增加了"认定事实错误的"情形，也可以改判。修改时该项也同样增加了"裁定"方面的内容，即对提起上诉的裁定，只要是"认定事实及适用法律错误的"，二审法院同样可以以"裁定"的方式进行改判。与 2007 年《民事诉讼法》的内容相比，对于"事实认定错误和适用法律错误的"，二审法院除了依法进行改判外，还可以以裁定的方式对原审裁定进行撤销或者变更。对判决的上诉，认定事实或者适用法律错误的，第二审人民法院以判决方式直接改判。对裁定的上诉，认定事实或者适用法律错误的，第二审人民法院以裁定方式撤销或者变更。

【案例八】

国家标准、行业标准不统一
如何判定产品是否合格*

一、案情简介

原告：刘某。

被告：某服装公司。

2009年6月20日，刘某在被告处购买了"花花公子"西装5套，每套价格1150元，总价款5750元，所购西装的标签注明面料为纯羊毛。2009年7月，刘某委托北京市某纺织产品质检站（以下简称质检站）对所购西装面料进行纤维鉴别，质检站当月出具1577号《检验报告》，检验结论为西装面料：羊毛、涤纶（里料、辅料除外）。刘某认为被告所销售的西装纤维成分标识不符合GB5296.4—1998《消费品使用说明纺织品和服装使用说明》（以下简称1998《使用说明》）和FZ/T01053—2007《纺织行业标准》（以下简称2007《行业标准》）纺织品纤维含量的标识的规定，属于销售掺杂使假、以假充真、以次充好的商品。据此，刘某提起诉讼，请求法院根据《消费者权益保护法》第三十五条的规定，判令被告双倍赔偿购衣款11500元以及交通费100元。

诉讼过程中，被告向法院提供了上海市纤维检验所出具的09—039472号《检验报告》，证明刘某所购西装同类产品的羊毛含量为

---

* 案例来源：最高人民法院民事审判第一庭编：《民事审判指导与参考》（总第43集）。

96.1%，涤纶含量为3.9%，按照1998《使用说明》的规定，在有一种或一种以上纤维的含量不足5%时，对产品成分的标注中可不提及。刘某对于上海纤维检验所出具的09-039472号《检验报告》无异议，但认为被告所售西装的纤维含量标识应符合2007《行业标准》第7.2条的规定，即产品或产品的某一部分中含有能够判断为装饰纤维或特性纤维，且这些纤维的总含量小于或等于5%时，可以使用"100%""纯"或"全"表示纤维含量，并说明"××纤维除外"，被告所售西装产品纤维成分标识中没有标明"涤纶除外"，隐瞒了西装中含有涤纶的情况。被告对刘某的主张不予认可，认为其所售西装纤维成品标识应适用1998《使用说明》，而不应适用2007《行业标准》，不属于销售掺假的商品，故请求法院驳回刘某的诉讼请求。

二、法院裁判情况

法院审理认为，产品质量应当符合在产品或者其包装上注明采用的产品标准，符合以产品说明、实物样品等方式表明的质量状况。当事人对产品质量要求不明确的，按照国家标准、行业标准履行。根据法院查明的事实，被告出售给刘某的西装纤维成分标注符合1998《使用说明》的规定，不符合2007《行业标准》的规定，但1998《使用说明》为国家标准，而2007《行业标准》为纺织行业标准，故被告出售给刘某的西装纤维成分标注只需符合1998《使用说明》中的相关规定，即应视为西装符合《产品质量法》的规定，对刘某以被告销售掺假的商品为由要求双倍赔偿购衣款及支付交通费的诉讼请求，于法无据，不予支持。综上所述，依据《合同法》第六十二条第一项、《产品质量法》第二十六条第二款第三项的规定，判决驳回刘某的诉讼请求。

三、主要观点及理由

本案涉及的主要问题是当产品国家标准和行业标准不一致时，以何种标准判定产品质量是否合格。

一种意见认为，本案中1998《使用说明》是国家规定的强制性标准，而2007《行业标准》是纺织行业规定的推荐性标准，当两者对纤维成分标注规定不一致时，国家标准应当优先于行业标准，只有在没有国家标准时才参照行业标准进行判定。

另一种意见认为，本案中1998《使用说明》和2007《行业标准》关于纤维成分标注规定不一致时，生产商或销售商可以任意选择1998《使用说明》或2007《行业标准》标注产品纤维成分含量，只要符合任何一个标准均应认定为质量合格。

笔者同意第一种意见。究竟采取何种标准判定产品质量是否合格，应结合《标准化法》《标准化法实施条例》等有关法律进行分析判断。

（一）标准的概念及其分类

根据我国《标准化基本术语》（GB3935.1—83）的定义，标准是对重复性事物和概念所作的统一规定，它以科学、技术和实践经验的综合成果为基础，经有关方面协商一致，由主管机构批准，以特定形式发布，作为共同遵守的准则和依据。目前，我国对标准的分类方式较多，较为常用的主要是以下两种：

一是根据标准的约束性不同，分为强制性标准和推荐性标准。所谓强制性标准是国家通过法律的形式明确要求对于一些标准所规定的技术内容和要求必须执行，不允许以任何理由或方式加以违反、变更，包括强制性的国家标准、行业标准和地方标准。对于何种产品应当制定强制性标准，《标准化法实施条例》第十八条规定"……下列标准属于强制性标准：（一）药品标准，食品卫生标准，兽药标准；（二）产品及产品生产、储运和使用中的安全、卫生标准，劳动安全、卫生标准，运输安全标准；（三）工程建设的质量、安全、卫生标准及国家需要控制的其他工程建设标准；（四）环境保护的污染物排放标准和环境质量标准；（五）重要的通用技术术语、符号、代号和制图方法；（六）通用的试验、检验方法标准；（七）互换配合标准；（八）国家需要控制的重要产品质量标准……"推荐性标准又称为非强制性标准或自愿性标准，是指国家鼓励企业自愿采用的具有指导作用而又不宜强制执行的标准，即标准所规定的技术内容和要求具有普遍的指导作用，允许使用单位结合自己的实际情况，灵活加以选用。强制性以外的标准是推荐性标准。

二是根据审批级别的不同，分为国家标准、行业标准、地方标准和企业标准。国家标准由国务院标准化行政主管部门负责组织制定和审批；行业标准由国务院有关行政主管部门负责制定和审批，并报国务院标准化行政主管部门备案；地方标准由省级政府标准化行政主管部门负责制定和审批，并报国务院标准化行政主管部门和国务院有关行政主管部门备案；企业标准由企业制定，由企业法定代表人或其授权的主管领导批准、发布，由企业法定代表人授权的部门统一管理，企业产品标准应向当地标准化行政主管部门和有关行政主管部门备案。

（二）标准的适用

不同的标准对认定产品质量可能出现不同的结果，根据《标准化法》及《标准化法实施条例》的有关规定，当国家标准和行业标准不一致时，认定产品质量是否合格主要考虑以下两个因素：

1. 强制性标准优于推荐性标准

根据《标准化法》第十四条的规定："强制性标准，必须执行。不符合强制性标准的产品，禁止生产、销售和进口。推荐性标准，国家鼓励企业自愿采用。"除此之外，1989年国务院制定实施的《标准化法条文解释》第十四条对《标准化法》第十四条进行解释"……'推荐性标准，国家鼓励企业自愿采用'是指：（1）推荐性标准，企业自愿采用；（2）国家将采取优惠措施，鼓励企业采用推荐性标准。推荐性标准一旦纳入指令性文件，将具有相应的行政约束力。"由此可见，对于强制性标准我国要求企业必须采用。而对于推荐性标准，国家鼓励企业自愿使用，通过推行行业标准对企业进行引导。但这一原则并非完全适用，如发生双方当事人在合同中引用推荐性标准、产品或包装上标注使用推荐性标准等情形，在所使用的推荐性标准不低于国家标准的情况下，应当尊重当事人的意愿，采用推荐性标准来认定。

2. 标准出台时间的顺序

如果国家标准和行业标准均为推荐性标准，在适用的过程中，则应考虑两个标准出台时间的顺序。

第一，如果行业标准先于国家标准出台，那么国家标准出台前，应当采用行业标准认定产品是否合格。国家标准出台后，行业标准即行废止，自应按照国家标准认定产品质量是否合格。

第二，如果国家标准先于行业标准出台，行业标准高于国家标准的，企业可任意选择其一适用，只要符合任何一种标准，均应认定为产品合格。

（三）本案应适用国家标准

通过上述分析，对标准的概念、划分和适用等基本情况有了较为清晰的了解。结合本案，1998《使用说明》是国家标准且为强制性标准，而2007（《行业标准》是纺织行业标准，为推荐性标准。根据强制性标准优于推荐性标准的一般原则，被告所销售的西装面料纤维成分标识只要符合强制性标准即1998《使用说明》，则应认定产品质量合格。企业是否按照2007《行业标准》标识西装纤维成分主要取决于其意愿，除非双方当事人就产品质量的认定标准另有约定，否则不应认定产品不符合规定。本案中，原、被告双方并没有就产品纤维成分标识的方式、方法以及参照的标准进行约定，并且被告所销售的西装上也未就采用何种标准标识纤维成分进行明示。因此，被告的行为不构成销售掺假商品，刘某要求被告双倍赔偿购衣款以及支付交通费的诉讼请求不能成立，法院判决是正确的。

四、最高人民法院民一庭裁判观点

人民法院审理产品质量纠纷案件，应当根据产品质量标准来确定产品是否合格。在有不同产品质量标准且当事人对此没有约定的情况下，应当按照强制性标准优于推荐性标准、国家标准优于行业标准的原则，优先适用强制性标准和国家标准；如果同属推荐性标准，应当适用较低的标准。

三、产品责任

【新旧法律依据对照】

旧法	新法	旧司法解释	新司法解释
《合同法》 第六十二条 　　当事人就有关合同内容约定不明确，依照本法第六十一条的规定仍不能确定的，适用下列规定： 　　（一）质量要求不明确的，按照国家标准、行业标准履行；没有国家标准、行业标准的，按照通常标准或者符合合同目的的特定标准履行。 　　（二）价款或者报酬不明确的，按照订立合同时履行地的市场价格履行；依法应当执行政府定价或者政府指导价的，按照规定履行。 　　（三）履行地点不明确，给付货币的，在接受货币一方所在地履行；交付不动产的，在不动产所在地履行；其他标的，在履行义务一方所在地履行。	《民法典》 第五百一十一条 　　当事人就有关合同内容约定不明确，依据前条规定仍不能确定的，适用下列规定： 　　（一）质量要求不明确的，按照强制性国家标准履行；没有强制性国家标准的，按照推荐性国家标准履行；没有推荐性国家标准的，按照行业标准履行；没有国家标准、行业标准的，按照通常标准或者符合合同目的的特定标准履行。 　　（二）价款或者报酬不明确的，按照订立合同时履行地的市场价格履行；依法应当执行政府定价或者政府指导价的，依照规定履行。 　　（三）履行地点不明确，给付货币的，在接受货币一方所在地履行；交付不动产的，在不动产所在地履行；其他标的，在履行义务一方所在地履行。	《合同法司法解释（二）》 第一条 　　当事人对合同是否成立存在争议，人民法院能够确定当事人名称或者姓名、标的和数量的，一般应当认定合同成立。但法律另有规定或者当事人另有约定的除外。 　　对合同欠缺的前款规定以外的其他内容，当事人达不成协议的，人民法院依照合同法第六十一条、第六十二条、第一百二十五条等有关规定予以确定。	

续表

旧法	新法	旧司法解释	新司法解释
（四）履行期限不明确的，债务人可以随时履行，债权人也可以随时要求履行，但应当给对方必要的准备时间。 （五）履行方式不明确的，按照有利于实现合同目的的方式履行。 （六）履行费用的负担不明确的，由履行义务一方负担。	（四）履行期限不明确的，债务人可以随时履行，债权人也可以随时请求履行，但是应当给对方必要的准备时间。 （五）履行方式不明确的，按照有利于实现合同目的的方式履行。 （六）履行费用的负担不明确的，由履行义务一方负担；因债权人原因增加的履行费用，由债权人负担。		
《产品质量法》（2018修正）第二十六条 生产者应当对其生产的产品质量负责。 产品质量应当符合下列要求： （一）不存在危及人身、财产安全的不合理的危险，有保障人体健康和人身、财产安全的国家标准、行业标准的，应当符合该标准； （二）具备产品应当具备的使用性能，但是，对产品存在使用性能的瑕疵作出说明的除外；	《民法典》第一千二百零二条 因产品存在缺陷造成他人损害的，生产者应当承担侵权责任。		

三、产品责任

续表

旧法	新法	旧司法解释	新司法解释
(三)符合在产品或者其包装上注明采用的产品标准,符合以产品说明、实物样品等方式表明的质量状况。			

【法律适用指引】

法律适用指引一
价款或者报酬如何确定

首先,注意把握时间点,是双方当事人订立合同时。此时,合同当事人对当时的市场价格是知道或者应当知道的。即便之后价格有波动,只要在市场正常的价格变动范围内,不会超过当事人的预期范围,这个价格就是公平合理的。至于合同履行时市场价格发生重大波动,则要看是否符合情势变更制度的调整范围。其次,注意把握履行地的市场价格。如何理解此处的履行地?此处所指的价款或者报酬,应当是产品或者服务的对价,所以一般情况下把此处的履行地理解为产品或者服务的提供地,即履行产品或服务交付义务的一方所在地更加合适,也更加符合公平交易和诚信原则。

另外,关于政府定价和政府指导价。依照《价格法》的规定,政府定价,是指依照该法规定,由政府价格主管部门或者其他有关部门,按照定价权限和范围制定的价格。政府指导价,是指依照该法规定,由政府价格主管部门或者其他有关部门,按照定价权限和范围规定基准价及其浮动幅度,指导经营者制定的价格。这些商品或服务,一般是与国民经济发展和人民生活关系重大的极少数商品、自然垄断经营的商品、资源稀缺的少数商品或者涉及重要的公用事业、重要的公益性服务等。

法律适用指引二

履行地点如何确定

履行地点具有重要意义,在实体法上,可以确定标的物所有权是否转移,可以确定标的物风险承担是否转移等,在程序法上,是诉讼管辖法院的准据之一等。在合同当事人没有约定履行地或者约定不明确的情况下,应该如何确定合同履行地呢?首先,是适用《民法典》第五百一十条的规定,看双方是否可以就此达成补充协议,或者按照合同相关条款或交易习惯等确定合同履行地。其次,如果仍不能确定,就需要适用《民法典》第五百一十二条规定的内容了,即按照相关法律规定来确定履行地点。主要分为三种类型:一是履行义务为给付货币的,以接受货币一方所在地为履行地;二是履行义务为交付不动产的,以不动产所在地为合同履行地;三是给付义务为其他标的的,以履行义务一方所在地为合同履行地。该规定与《民事诉讼法司法解释》第十八条的规定也是一致的。此外,《民事诉讼法司法解释》第十九条、第二十条对财产租赁、融资租赁、以信息网络方式订立的买卖合同的履行地也作了规定。另外,最高人民法院以答复、批复、复函等形式对合同履行地作出规定的,仍可以适用。

法律适用指引三

履行方式如何确定

履行方式,是完成合同义务的方法,如标的物的交付方法,工作成果的完成方法、运输方法、价款或酬金的支付方法等。履行方式与当事人的权益有着密切的联系,履行方式不符合要求,有可能造成标的物缺陷、费用增加、迟延履行等后果。① 比如，《民商事审判工作会议纪要》中关于金融消费者权益保护部分，对卖方机构的适当性义务进行了规定，但是在金融消费者购买金融产品时，卖方机构履行该适当性义务的方式可能没有在法律和行政法规中进行规定，双方也没有约定，卖方机构为了更好地履行该项法定义务，避免承担缔约过失责任，也为了更好地实现合同目的，可以采用书面问卷或电话录音等方式了解客户身份、财产状况、风险偏好等，既方便快捷地履行适当性义务，又较好地保存证据。

法律适用指引四
履行费用如何确定

履行费用，是指履行债务所必要的开支，如包装费、运送费、汇费、登记费、通知费等。② 如果没有约定或者约定不明确，应当由履行义务一方负担。相比《合同法》第六十二条关于履行费用的规定，《民法典》第五百一十一条增加了以下内容："因债权人原因增加的履行费用，由债权人负担。"这是符合公平原则的。该种情形包括并不限于以下几种情况：一是债权人转让债权使债务人增加履行费用；二是债权人变更营业场所，增加了债务人的履行费用；三是在原合同约定的清偿地不能作出履行，双方当事人通过约定变更履行地点或由债权人指定新的履行地点。增加的债务履行费用应由债权人承担。③

法律适用指引五
《民法典》第五百一十一条的审判适用

合同中涉及的质量、价款或报酬、履行期限、履行地点、履行方式、履行费用等问题，是合同履行的重要内容。出现上述内容没有约定或者

---

① 崔建远主编：《合同法》，法律出版社2016年版，第96页。
② 韩世远：《合同法总论》，法律出版社2018年版，第359页。
③ 王利明：《合同法研究》（第2卷），中国人民大学出版社2015年版，第31页。

约定不明的情形时，首先由双方当事人进行协商，争取达成补充协议。否则，应按照《民法典》第五百一十条的规定对相应的合同内容进行补充，如果仍然不能确定，就需要按照《民法典》第五百一十一条规定的规则继续履行。之所以这样层层推进，最终目的还是鼓励交易，尽量使合法成立的合同得以继续履行。这是在适用《民法典》第五百一十一条规定时应当把握的原则。另外，《民法典》第五百一十一条涉及的合同履行的内容，审判实践中经常需要判断，某一方当事人的实际履行行为是否符合《民法典》第五百一十一条规定的内容，是不是构成违约，是不是能够实现合同目的，是不是可以继续履行，是不是符合合同解除的条件等，需要将当事人的实际履行行为与《民法典》第五百一十一条规定的内容认真比对，作出公平正确的判断。

法律适用指引六
产品责任的举证责任

产品责任实行严格责任，即不论生产者、销售者是否有过错，只要符合产品责任的构成要件，其就应该向受害人承担侵权责任。而且在产品责任中，通常采取举证责任倒置的方法，由生产者、销售者承担更重的举证责任，产品缺陷是否存在的证明，要由生产者、销售者来承担举证责任，其要证明产品没有缺陷，否则就要承担相应的责任。

但这并不意味着受害人就免于承担任何举证责任。具体而言，受害人还要对下列事实承担举证责任：第一，要证明缺陷在产品销售当时即已存在。对此，受害人可以通过三种方式予以证明：使用直接证据，如残缺零件；使用间接证据，如专家证言；使用排除法来排除其他原因。第二，要证明缺陷产品曾经被使用或消费，通常为其本人使用，但也不限于此。第三，要证明自己遭受损害。也就是说，受害人要对自己遭受的损失的具体范围，比如误工费、医疗费、财产损失、精神痛苦承担举证责任。

法律适用指引七
产品责任的诉讼时效

这一问题涉及《产品质量法》的有关规定与《民法典》总则编关于诉讼时效规定的衔接适用问题。《产品质量法》第四十五条规定:"因产品存在缺陷造成损害要求赔偿的诉讼时效期间为二年,自当事人知道或者应当知道其权益受到损害时起计算。因产品存在缺陷造成损害要求赔偿的请求权,在造成损害的缺陷产品交付最初消费者满十年丧失;但是,尚未超过明示的安全使用期的除外。"但是,《民法总则》施行时已将一般诉讼时效统一修改为3年,其第一百八十八条第一款规定:"向人民法院请求保护民事权利的诉讼时效期间为三年。"虽然该条还进一步规定了"法律另有规定的,依照其规定",但从立法上讲将诉讼时效从2年改为3年,此修改旨在延长有关民事请求权适用的诉讼时效期间,这里的"法律另有规定的除外"应是指其他法律关于诉讼时效的规定长于3年的,可以继续适用,至于《民法总则》之前有关法律规定的2年的诉讼时效期间,都已与《民法总则》第一百八十八条第一款将一般诉讼时效期间统一延长规定为"三年"的初衷不符。这时应该遵循后法优于先法的规则,统一适用该条规定。当然,我们也注意到,在2018年修正《产品质量法》时这一诉讼时效期间的规则仍未改变,但由于《民法典》总则编的施行时间仍在《产品质量法》之后,因此,我们倾向于认为,此诉讼时效期间仍有必要统一适用"三年"的规则。

关于诉讼时效的起算点,即《民法典》第一百八十八条第二款规定的"诉讼时效期间自权利人知道或者应当知道权利受到损害以及义务人之日起计算"。在此还要注意的是,上述《产品质量法》第四十五条规定的10年最长诉讼时效期间也与《民法典》第一百八十八条第二款规定的"自权利受到损害之日起超过二十年的,人民法院不予保护"不一致,从加强权利保护的角度考虑,有关最长诉讼时效的规定,也应当适用《民法典》总则编的这一规定。

【案例九】

消费者不当使用商品与商品责任的免除[*]

一、案情简介

原告许某某、何某某、程某、许涵某诉被告徐州某燃气有限公司称，2009年5月1日14时56分，原告位于泉山区某楼房的厨房内因天然气泄露发生爆炸失火，原告亲属许丰某在该起事故中死亡。事故发生后，原告找到被告徐州某燃气有限公司要求赔偿，被告以其对事故的发生没有过错为由拒绝承担赔偿责任。原告认为，被告从事的天然气经营属于易燃易爆的高度危险行业，法律规定对易燃易爆的高度危险行业造成他人损害的实行无过错责任原则，因此无论被告是否有过错，均应对此起事故承担赔偿责任。请求法院判令被告赔偿原告各项损失（其中死亡赔偿金411040元、丧葬费15833元、被抚养人生活费105224元、财产损失30000元、精神抚慰金50000元）中的428468元。

被告徐州某燃气有限公司辩称，（1）根据徐州市消防支队、质量技术监督局、市燃气管理处、江苏省特种设备安全监督检验研究院徐州分院共13名专家作出的《关于对"5.1"火灾徐州市泉山区奎山街道办事处20号楼3单元501室燃气管道气密性试验报告》的内容显示，专家组分阶段对该住房内的燃气表前阀门至灶前阀门（包括燃气表、管道、管件）部分进行气密性试验及从立管通往用户燃气灶前阀门部分进行带气

---

[*] 案例来源：最高人民法院民事审判第一庭编：《民事审判指导与参考》2011年第3辑（总第47辑）。

(天然气)试验,结果未发现漏气点;该试验结果作为火灾事故原因认定的重要依据。徐州市公安消防支队作出的徐公消认字(2009)第0001号火灾认定书认定的起火原因为:厨房内泄露的天然气在空气中形成爆炸性混合气体遇抽油烟机电火花爆炸起火。而依据《江苏省燃气管理条例》第三十二条"燃气计量表设置在住宅内的居民用户,其燃气计量表和表前燃气设施由燃气经营企业负责维修、更新,燃气计量表后燃气设施和燃气器具由用户负责维护更新"的规定,可以明确界定,属于被告方面承担的维护、更新的燃气设施未出现任何燃气泄露情况。因此,被告对于该次因天然气泄露引发的事故没有任何过错。(2)燃气虽然属于易燃、易爆产品,具有一定的危险性,但是作为家用天然气,只要按照正常方式使用就能够控制和有效预防事故的发生,不具备高度危险性,而且本案中燃气爆炸事故的发生也非被告在作业过程中引起,因此不应适用高度危险作业的无过错规则原则,而应按照一般侵权责任的规则原则处理。另外,根据徐公消认字(2009)第0001号火灾认定书认定的事实,许丰某系跳楼头部先坠地导致死亡,与天然气泄露无直接因果关系。综上,被告不应对本案事故承担赔偿责任,请求法院依法判决。

二、法院裁判情况

一审法院经审理查明,原告许某某与何某某系夫妻关系,其子许丰某在2009年5月1日因天然气泄露发生的爆炸事故中死亡,原告程某系许丰某之妻,原告许涵某系许丰某之女。被告徐州某燃气有限公司与居住于徐州市泉山区某号楼的许丰某(包括原告)之间存在燃气供应合同关系。

被告徐州某燃气有限公司原对徐州市居民供应人工煤气。2008年7月20日,被告徐州某燃气有限公司派员对徐州市泉山区某号楼3单元501室的室内用气设施进行安全检查,发现存在胶管老化、非专用或标准管,胶管无管束等安全隐患,随即向许丰某发放了《客户室内安全隐患整改通知单》,该通知单标明了上述隐患及隐患等级,并建议在2008年8月20日前以更换胶管或改造为镀锌钢管、增装管束的方式进行整改。许丰某在该通知单上签字。同日，被告向许丰某发放了《客户安全用气知识手册》，其中介绍了燃气的种类和基本特性、安全使用燃气常识、处理燃气泄露等基本常识；承诺定期免费安全检查，为客户消除家中燃气管道、燃气具、燃气设施存在的安全隐患；并摘登了《江苏省燃气管理条例》的有关条款，其中第三十二条规定了燃气经营企业用户各自负责维修和更换的燃气设施的范围。其后许丰某及其家人未对隐患部位进行整改或更换。

2008年10月，被告对徐州市泉山区某号楼3单元501室在内的片区实施天然气置换人工煤气工作。2008年10月11日，被告委托镇江市京口区鹏城家用电器服务中心派员对原告家中的灶具进行改造，改造完成后，原告许某某在天然气置换工作单（灶具）上签字。

2009年5月1日14时许，徐州市泉山区某号楼3单元501室发生天然气泄露，与开启抽油烟机所产生的电火花与空气中形成天然气混合气体相遇，导致爆炸起火。14时56分，徐州市119消防调度指挥中心接到电话报警，徐州消防支队侯山沃中队派3辆消防车、16名消防官兵前往扑救，15时20分，大火被彻底扑灭。发生爆炸时在房间的许丰某在消防官兵赶到前跳楼身亡。经现场勘验，室内门窗、玻璃被大部分被炸毁，卧室被褥、床、电视机、电脑、空调等物品烧毁，其他房间顶部有烟熏痕迹。

事故发生后，徐州市公安消防支队、徐州质量技术监督局、徐州市燃气管理处、江苏省特种设备安全监督检验研究院徐州分院等单位组织有关的专家对该住房内的燃气表前阀门至灶前阀门（包括燃气表、管道、管件）部分进行气密性试验及从立管通往用户燃气灶前阀门部分进行带气（天然气）试验，试验时有死者家属及被告公司代表等参与，试验结果载入《关于对"5.1"火灾徐州市泉山区奎山街道办事处20号楼3单元501室燃气管道气密性试验报告》，结论为：（试验部分）未发现漏气点。

后原告向被告索赔未果，遂诉讼要求被告按各项损失的70%进行赔偿，即428468元。其损失构成为：死亡赔偿金411040元（城镇居民年人均可支配收入20552元×20年)、丧葬费15833元、被抚养人生活费105224元、财产损失30000元、精神抚慰金50000元。审理过程中,原告因证据问题放弃了对财产损失的主张。

一审法院经审理认为:

1. 被告履行法定义务无过错。《消费者权益保护法》第十八条第一款规定经营者应当保证其提供的商品或者服务符合保障人身、财产安全的要求。对于可能危及人身、财产安全的商品和服务,应当向消费者作出真实的说明和明确的警示,并说明和标明正确使用商品或者接受服务的方法以及防止危害发生的方法。该条确定了经营者的警示义务。这种警示目的在于向不知道存在危险的消费者告知其危险性,并使消费者认识或知悉商品的危险性,使消费者能够保护自己。天然气作为一种易燃易爆的气体,在运输、使用过程中都必须注意安全。被告燃气公司作为特许经营的企业,在对用户提供供气服务过程中既要保证按照国家标准或行业标准进行供气,也要对用户进行安全教育和安全隐患检查。本案中,被告一方面保障天然气出口压力符合民用标准,并通过天然气加臭处理,保障使用安全并在燃气泄露时及时引起消费者的警觉;另一方面,于2008年7月20日派员对原告室内用气设施进行安全检查,发现该住户存在胶管老化、胶管无管束等安全隐患,并以书面形式向居住于该房屋中的许丰某发放了《客户室内安全隐患整改通知单》,要求用户对此进行整改;同时向许丰某发放的还有《安全使用燃气知识手册》,介绍了燃气的种类和基本特性、安全使用燃气常识、处理燃气泄露等基本常识和注意事项等,故被告履行了法定警示义务,被告并无过错。

2. 关于本案的归责原则。《消费者权益保护法》第七条规定,消费者在购买、使用商品或接受服务时享有人身、财产安全不受损害的权利。消费者有权要求经营者提供的商品和服务,符合保障人身、财产安全的要求。其价值主要在于促使经营者或制造者提升商品或服务的安全,减少消费者使用商品或接受服务时,因瑕疵商品或服务的不合理危险造成消费者身体或财产上的损害。该条款一方面,确定了经营者的安全义务,促使经营者或制造者提升商品或服务的安全性;另一方面,确立了损害赔偿的无过错原则，全面保障消费者的权益。本案原告与被告之间形成供用天然气的消费关系，故原告主张本案的归责原则应当采取无过错原则成立。

3. 损害结果与被告行为之间没有因果关系。本案系因天然气泄露后，在空气中的形成混合型气体遇抽油烟机开启时产生的电火花而发生爆炸造成的人身伤亡及财产损害事故，该事实已为徐州市公安消防支队作出的徐公消认字（2009）第0001号火灾认定书所确认，原、被告双方对该认定书的内容均无异议。而根据《江苏省燃气管理条例》第三十二条的规定，燃气计量表设置在住宅内的居民用户的燃气计量表和表前设施由燃气经营企业负责维修、更新，燃气计量表后燃气设施和燃气器具由用户负责维护、更新。因此，天然气泄露点为认定被告行为与损害结果之间是否存在因果关系的连接点。根据由徐州市公安消防支队、徐州质量技术监督局、徐州市燃气管理处、江苏省特种设备安全监督检验研究院徐州分院等单位的专家组成的专家组出具的《关于对"5.1"火灾徐州市泉山区奎山街道办事处20号楼3单元501室燃气管道气密性试验报告》，发生爆炸事故的房屋内的燃气表前阀门至灶前阀门（包括燃气表、管道、管件）及从立管通往用户燃气灶前阀门部分未发现漏气点，该试验报告的结论排除了天然气的泄露点在被告负责维护、更新的设施范围内。上述《关于对"5.1"火灾徐州市泉山区奎山街道办事处20号楼3单元501室燃气管道气密性试验报告》在试验过程中有死者家属及被告公司代表等参与，双方对于报告结论均无异议，应当予以确认。故应认定损害结果与被告行为之间无因果关系。

4. 原告不当使用天然气导致损害结果发生。虽然徐州市公安消防支队作出的徐公消认字（2009）第0001号火灾认定书没有明确天然气泄露的具体位置，但泄露点当属用户负责维护、更新的范围内应是不争的事实。在本案审理中，原告没有提交其已按被告的整改通知更换了胶管以及加装管束的证据，结合煤气泄露点的认定，可以认为用户对安全隐患的漠视导致了人亡财损事故的发生。根据徐州市公安消防支队作出的徐公消认字（2009）第0001号火灾认定书对火灾原因的认定，本次爆炸的原因是开启抽油烟机时产生的电火花与天然气泄露在空气中的形成混合型气体相遇而产生，可以说明：（1）当时天然气灶具没有使用，否则泄露的煤气会与灶头的火焰一起燃烧；（2）房屋内的人在没有使用灶具的情况下开启了抽油烟机。没有使用灶具而开启抽油烟机应当是为了排除室内的异味，因此可以判定当时在房屋内的人（许丰某）应当是嗅到了空气中弥漫的天然气中的臭味。原告在发现燃气泄露后没有按被告在《安全使用燃气知识手册》所提示的方法进行处理，而是开启抽油烟机排除异味，原告不适当使用天然气的行为导致损害结果的发生。

5. 消费者不当使用，导致被告免除商品责任。被告作为经营者在本案中承担无过错责任，但并不等于承担绝对责任，也不等于将经营者视同为保险人的角色，如按照一般正常的方式或商品的原定用途使用商品，即不致发生损害时，那么即可认定该商品并无瑕疵存在。而按照经营者提示的商品使用方法使用商品是消费者应尽的义务，故依照《民法通则》第一百零六条第一款规定，损害的发生，如是因消费者对于商品的不正常或不适当使用所致，经营者无须负赔偿责任，故被告燃气公司不应当承担本案的民事责任。

综上所述，原告在被告对燃气安全隐患进行检查并提出整改要求后没有及时更换老化的胶管及加装管束，其对天然气泄露产生后不适当排除行为导致爆炸事故，鲁莽采取不保护自身利益的措施排除危险，因此，原告要求被告赔偿损失的诉讼请求不予支持。据此判决：驳回原告许某某、何某某、程某、许涵某要求被告徐州某燃气有限公司赔偿损失的诉讼请求。

一审判决后，双方当事人在法定期限内均未提出上诉，一审判决已经发生法律效力。

三、主要观点及理由

本案审理中存在两种不同的观点：

一种观点认为，本案应当适用公平责任原则。由于天然气等民用燃气属于易燃易爆物品，具有高度的危险性，因此，天然气等民用燃气爆炸造成人身、财产损失的，侵权人应当按照《民法通则》第一百二十三条的规定，当事人对造成损害都没有过错的，可以根据实际情况，由当事人分担民事责任，即按照公平原则承担民事责任。本案中，通过原告的举证，可以证明许丰某家中的爆炸事故是因天然气泄漏引发的，因此被告徐州某燃气有限公司对许丰某的死亡应当承担赔偿责任。经徐州市公安消防支队认定，本案天然气爆炸起火的原因是：厨房内泄露的天然气在空气中形成爆炸性混合气体遇抽油烟机电火花爆炸起火。据此可以认定许丰某在发现家中天然气泄露时，未按照被告提示的方法开窗通风，而是直接开启抽油烟机，产生电火花引发爆炸，因此，许丰某对爆炸事故的发生具有重大过失。由于许丰某对爆炸事故具有重大过失，可以减轻被告的赔偿责任。根据本案爆炸发生的原因和许丰某的过失程度，可酌定被告承担40%的赔偿责任。

另一种观点认为，本案应当适用《消费者权益保护法》第七条、第十八条的规定。如果消费者没有依照供气经营者指示的天然气使用方法，不当使用致人身、财产损害的，供气经营者如证明损害发生非因其工作或活动或使用其工具方法所致，供气经营者不承担赔偿责任，而由消费者自行承担责任。具体理由如下：

1. 被告燃气公司对天然气使用的警示义务

《消费者权益保护法》第十八条第一款规定，经营者应当保证其提供的商品或者服务符合保障人身、财产安全的要求。对于可能危及人身、财产安全的商品和服务，应当向消费者作出真实的说明和明确的警示，并说明和标明正确使用商品或者接受服务的方法以及防止危害发生的方法。商品经营者应当使其商品具有合理安全性，但如果商品具有不可避免的危险性时，经营者在销售该商品时，就其出卖商品存在的危险性负有告知使用人或消费者的义务，[①] 使消费者得以知悉其危险性而为合理安全的使用。警示的目的在于使消费者了解商品对使用人的危险性，让消

[①] 《联合国消费者保护指南》第10条第3款规定，消费者应被指示商品的正常用法及商品在既定与通常可预见的用途中所存在的危险、与生命安全有关的资讯，应在任何可能的地方，以国际所共知的标志，传达予消费者。

费者评估危险的可能性与严重性,并使消费者知悉如何处理危险。这种警示一般需要包括以下几个方面:(1)警示须能合理地预见提醒消费者注意;(2)须就商品特定危险为完整与合宜的指示;(3)警示的强度须能符合商品危险的程度;(4)警示须到达商品使用人,吸引其注意,深入其内心。① 本案中,被告燃气公司一方面,通过天然气加臭处理,保障使用安全并在燃气泄露时及时引起警觉;另一方面,于2008年7月20日派员对原告室内用气设施进行安全检查,发现该住户存在胶管老化、胶管无管束等安全隐患,并以书面形式向居住于该房屋中的许丰某发放了《客户室内安全隐患整改通知单》,要求用户对此进行整改;同时,向许丰某发放的还有《安全使用燃气知识手册》,介绍了燃气的种类和基本特性、安全使用燃气常识、处理燃气泄露等基本常识和注意事项等。被告燃气公司上述的警示不仅使原告了解燃气危险的性质和如何用商品以避免危险,而且足以合理地使原告对燃气性质及其泄露的危险加以注意,故被告履行了法定警示义务。

2. 被告燃气公司的商品责任

商品责任是指商品安全的欠缺致损害发生而对商品制造者经营者产生的责任。② 其来源于《消费者权益保护法》第七条规定,消费者在购买、使用商品或接受服务时享有人身、财产安全不受损害的权利。消费者有权要求经营者提供的商品和服务,符合保障人身、财产安全的要求。从该条文字意义上而言,是企业经营者需要承担"严格责任",它规定企业经营者应确保其设计、生产、制造与销售的商品或服务,不得有安全上的危险。③ 这种规定大大地保障了消费者权益,但严格责任并非课予商品经营者为保险人的角色,亦非是一种绝对责任。④ 通过对《消费者权益保护法》第七条的观察,可以得出《消费者权益保护法》严格责任成立

---

① Pavlides v. Galveston Yacht Basin, Inc., 727 F2d 330 (1984).
② 林世宗:《消费者保护法之商品责任论》,我国台湾地区师大书苑出版社1996年版,第47页。
③ 《联合国消费者保护指南》第10条第2款规定,从事将商品输入市场者,特别是供给者、进口者、出口者、零售商及类似之人应确保在其监控下,商品不致因不适当的处理及储存而变成不安全或具有危险性。
④ Anderson v. Owens-Corning Fiberglas Corp 810 P. 2d 549 (1991).

的要件包括：(1) 存在消费关系；(2) 须为《消费者权益保护法》所规定的商品或服务；(3) 该商品或服务具有安全上的危险；(4) 须侵害消费者的生命、身体、健康、财产，导致损害发生；(5) 损害与该商品或服务的安全有相当因果关系。如果被告燃气公司在本案中提供的天然气符合上述构成要件，则被告燃气公司则应当承担商品责任。

3. 消费者的恰当使用商品义务

《消费者权益保护法》第十八条第一款规定经营者应当保证其提供的商品或者服务符合保障人身、财产安全的要求。对于可能危及人身、财产安全的商品和服务，应当向消费者作出真实的说明和明确的警示，并说明和标明正确使用商品或者接受服务的方法以及防止危害发生的方法。虽然该条规定在经营者义务部分中，但消费者有义务以尽合理注意来保护自己利益免遭损害，因此，可以推导出消费者应依照经营者提供的商品的使用方法，采取正当合理的消费行为，以维护消费者自身的安全与权益，这也是消费者使用商品应尽的注意义务。一般认为，消费者如用一般正常的方式或商品的原定用途使用商品，即不致发生损害时，即可认定该商品并无瑕疵存在。因此损害的发生，如是因消费者对于商品的不正常或不适当使用所致，经营者无须负赔偿责任。[1] 不当使用商品致造成损害是严格责任的抗辩。[2] 因为商品出卖人通常期待其于商品所为明白与可了解的指示应被遵守，如非按照商品的标示、指示、性质或使用方法，即为不当使用商品，应属不正当使用，此部分的责任自应由消费者自行承担，这样才符合公平。[3] 本案中，被告燃气公司向许丰某发放《安全使用燃气知识手册》，告知其燃气安全使用燃气常识、处理燃气泄露等基本常识和注意事项，但当燃气泄露时，许丰某并无遵循《安全使用燃气知识手册》处理泄露时应避免明火或火花，应采取通风处理的使用方

---

[1] 林益山：《商品责任及保险与消费者保护》，我国台湾地区六国出版社1987年版，第183页。

[2] Ford Motor Co. v. Matthews, 291 So. 2d 169 (1974). 此外，美国《统一商品责任法》亦规定，如因消费者有为出卖人所不能合理预见的不当使用其商品而造成的损害时，法院应减轻或依比例计算出卖人的责任，对于消费者不当使用商品所造成的损害部分应予扣除。

[3] 欧盟《欧洲关于人身伤害及死亡的商品责任公约》第4条规定，如受伤害人或遭受损害人对于损害的发生有过失者，斟酌所有情况之后，得减轻或拒绝其赔偿请求。

法，而采取开启抽油烟机排除异味，这种方法为《安全使用燃气知识手册》所不许，故许丰某在燃气泄露时，排除燃气的行为不当，违反适当使用商品的义务而怠于善尽合理义务。

4. 本案的举证责任的分配

一般侵权纠纷的当事人需要围绕下列要件事实举证：当事人主张的受侵权行为损害的权益是否存在；当事人主张的侵权行为；抗辩事由是否存在；侵权责任的承担方式是否符合法律规定。请求方主张赔偿义务人对物造成的损害承担民事责任的，应当举证证明：赔偿义务人与物之间存在法律规定的特定关系；损害是因前项所指之物造成；请求方的合法权益受损害的范围与程度；损害同物的危险或缺陷的实现间有因果关系。赔偿义务人主张存在阻却违法性的事由，否认加害行为违法性的，应举证证明存在阻却违法事由的要件事实。对商品责任的承担，其举证责任是有明显的不同一般侵权之处在于消费者无须举证经营者的过失，但消费者仍须举证商品离开企业经营者时即存在有瑕疵性，且因瑕疵而有不合理危险为造成消费者损害的事实上与法律上因果关系。[①] 故对本案而言，被告提供的燃气存在瑕疵与原告的损害赔偿请求之间存在因果关系这一要件应当由原告负举证责任。而被告燃气主张免责，则需要对消费者存在不当使用燃气行为负举证责任。本案中，原告依法院分配的举证责任，应当提供其已按照被告的警示进行更换胶管或改造为镀锌钢管、增装管束的方式进行整改的证据，其未能提供证据来推翻《关于对"5.1"火灾徐州市泉山区奎山街道办事处20号楼3单元501室燃气管道气密性试验报告》对因果关系连接点即燃气泄露点处消费者管理范围认定的否定，故原告未完成因果关系的举证责任，而承担举证不能的责任。相反，被告按照《关于对"5.1"火灾徐州市泉山区奎山街道办事处20号楼3单元501室燃气管道气密性试验报告》认定的事实，举证出消费者存在不当使用天然气的行为，故被告的抗辩理由成立。

[①] 林世宗：《消费者保护法之商品责任论》，台湾地区师大书苑出版社1996年版，第54页。

四、最高人民法院民一庭裁判观点

根据《侵权责任法》第四十一条的规定，产品责任的归责原则为无过错责任。产品责任纠纷案件中的原告应承担产品存在缺陷、缺陷产品与损害后果之间存在因果关系的证明责任。原告不能证明产品存在缺陷的，被告不承担责任。经营者是否履行《消费者权益保护法》第十八条所规定的经营者的警示义务和明确说明义务，是判断产品或服务是否存在缺陷的因素之一。

【新旧法律依据对照】

旧法	新法	旧司法解释	新司法解释
《民法通则》（2009年修正） 第一百零六条 　　公民、法人违反合同或者不履行其他义务的，应当承担民事责任。	《民法典》 第一百七十六条 　　民事主体依照法律规定或者按照当事人约定，履行民事义务，承担民事责任。		
《侵权责任法》 第四十一条 　　因产品存在缺陷造成他人损害的，生产者应当承担侵权责任。	《民法典》 第一千二百零二条 　　因产品存在缺陷造成他人损害的，生产者应当承担侵权责任。		

续表

旧法	新法	旧司法解释	新司法解释
《消费者权益保护法》(2013年修正)第十八条 经营者应当保证其提供的商品或者服务符合保障人身、财产安全的要求。对可能危及人身、财产安全的商品和服务，应当向消费者作出真实的说明和明确的警示，并说明和标明正确使用商品或者接受服务的方法以及防止危害发生的方法。 宾馆、商场、餐馆、银行、机场、车站、港口、影剧院等经营场所的经营者，应当对消费者尽到安全保障义务。	《民法典》第一千一百九十八条 宾馆、商场、银行、车站、机场、体育场馆、娱乐场所等经营场所、公共场所的经营者、管理者或者群众性活动的组织者，未尽到安全保障义务，造成他人损害的，应当承担侵权责任。 因第三人的行为造成他人损害的，由第三人承担侵权责任；经营者、管理者或者组织者未尽到安全保障义务的，承担相应的补充责任。经营者、管理者或者组织者承担补充责任后，可以向第三人追偿。	《人身损害赔偿司法解释》第六条 从事住宿、餐饮、娱乐等经营活动或者其他社会活动的自然人、法人、其他组织，未尽合理限度范围内的安全保障义务致使他人遭受人身损害，赔偿权利人请求其承担相应赔偿责任的，人民法院应予支持。 因第三人侵权导致损害结果发生的，由实施侵权行为的第三人承担赔偿责任。安全保障义务人有过错的，应当在其能够防止或者制止损害的范围内承担相应的补充赔偿责任。安全保障义务人承担责任后，可以向第三人追偿。赔偿权利人起诉安全保障义务人的，应当将第三人作为共同被告，但第三人不能确定的除外。	

【法律适用指引】

法律适用指引一
民事责任的本质特征

我们认为,作为法律责任的一种,民事责任本身具有强制性、制裁性的共同特征,但其又与其他类型的责任有着本质不同。这主要体现在:其一,民事责任作为一种具有强制性的法律责任,这种强制性较其他责任形式相对柔化。一方面,民事责任范畴的事项在一定程度上允许当事人处分,即可以体现当事人的意思自治,比如有些赔偿责任,受到损害的当事人可以放弃。另一方面,约定的民事责任,比如违约金的承担,允许国家公权力予以调整。而且民事责任的承担只有在违反民事义务者不主动承担民事责任的情形下,才按照不告不理的原则,在受到损害的一方当事人主张的情况下,由国家机关借助公权力强制义务违反者承担。

其二,民事责任在本质上是一种财产性责任,具有典型的补偿性。民事责任的财产性,主要体现在责任体系中的财产责任占据主导地位。一方面,对财产损害的救济,最有效的救济方式就是使违反义务者就此承担民事赔偿责任。对于民事法律关系中的人身关系,基于人身不得强制的基本法理,对非财产上的损害,也可以物质抚慰的方式,比如精神损害赔偿的方式,进行救济。民事责任的补偿性集中体现了民事损害纠纷的填平原则,即民事主体不能因其他民事主体的违法行为而获得超出自己损害范围的利益。民事责任的补偿性突出地体现在民事赔偿责任上。民事赔偿责任的宗旨是恢复被侵害的权利,而并非惩罚不法行为人。同时,民事责任的补偿性也体现在返还财产、恢复原状、重作、修理、更换等其他民事财产责任方式以及消除影响、恢复名誉、赔礼道歉等人身责任之上。① 在审判实务中，在法律没有特别规定的情况下，要坚决贯彻民事责任补偿性的基本原理，这也是平等的民法精神的基本体现。这里的法律特别规定，是指惩罚性赔偿制度，比如《民法典》侵权责任编中的第一千一百八十五条关于故意侵害知识产权的惩罚性赔偿、《消费者权益保护法》第五十五条规定的产品欺诈和服务欺诈的惩罚性损害赔偿金制度等，这都要以法律有明文规定作为适用前提。

法律适用指引二
产品缺陷的判断标准

1.《产品质量法》所规定的标准。依据《产品质量法》的规定，判断某一产品是否存在缺陷的标准分为"不合理危险"标准和"国家标准、行业标准"。具体而言，对于有保障人体健康，人身、财产安全的国家标准、行业标准的产品类型，产品不符合上述标准即为有缺陷。反之，如果产品符合上述保障人体健康，人身、财产安全的国家标准、行业标准，即产品合格就认定为产品无缺陷。依照这种方法，原告可以直接通过证明产品不符合标准来确定产品缺陷；法官可以借助产品标准判断产品缺陷，为其审判提供客观清楚的依据，增加其可操作性；并可促使制造商严格依照标准制造产品，增加可预防性。② 我们认为，"国家标准、行业标准"可作为认定产品缺陷的"充分"条件，但不能作为充分必要条件。由于产品缺陷的本质在于产品存在危及人身和财产安全的不合理危险，而产品符合相应的国家标准、行业标准与产品是否存在不合理危险并非完全一致。产品符合相应的国家标准或行业标准未必就说明该产品不存在不合理危险。该产品符合相应的"国家标准、行业标准"，但如果可以证明该标准不能保证产品不存在缺陷，则生产者或销售者仍要承担侵权责任。

2. 消费者合理期待标准。在以严格责任为归责原则的产品责任体系

---

① 顾昂然等：《中华人民共和国民法通则讲座》，中国法制出版社2000年版，第216页。
② 刘伟：《"强制性标准"与"缺陷"的若干法律思考》，载《财经政法资讯》2006年第2期。

中，产品缺陷的认定通常要采取消费者合理期待标准。"只要在正常的商业行为中，包括产品的制造、销售，出租或授权制造，因使用瑕疵所生损害，对使用人或消费者系属不相当且非可期待之危险，不问有无过失，均须负责。"① 这里有关产品缺陷的判断标准采取的是一般消费者期待标准，即以一个正常的理性消费者的合理期待作为判断产品是否存在缺陷的依据。适用该标准，产品使用人必须证明：第一，商品生产者所生产的产品，未符合一般消费者期待的标准；第二，产品缺陷确系由商品制造者所制造；第三，产品缺陷与损害结果之间有因果关系；第四，其使用产品系采取该商品之正常的使用方法。适用消费者合理期待标准，使得对产品缺陷认定的关注点转移到了产品本身。其缺陷构成判断的基本逻辑是：只要产品不符合消费者的合理期待，该产品就存在缺陷，而产品存在缺陷，产品的制造商就要承担责任。

法律适用指引三
产品责任的抗辩事由

《民法典》第一千二百零二条并没有规定产品责任的抗辩事由。因此，有关产品责任的抗辩事由则要适用侵权责任的一般抗辩事由和《产品质量法》所规定的特殊抗辩事由。

对于前者，主要包括不可抗力、受害人自身原因或第三人过错行为等。至于不可抗力，自然不必多言，而受害人自身原因则是指受害人在使用产品的时候，没有按照产品所标示的使用说明加以使用，因而造成自己的人身或者财产损害。第三人过错行为则是指如果产品造成的使用者或者第三人的损害，是由于第三人的原因而引起的，则应当由该第三人承担责任，不能由产品的生产者或者销售者承担责任。对于由受害人的自身原因或第三人过错引起的损害，产品的销售者或者生产者不承担损害赔偿责任。

---

① 黄立：《论产品责任》，载《政大法学评论》第43期。

对于后者，则主要是指《产品质量法》第四十一条第二款的规定。据此，产品生产者能够证明有下列情形之一的，不承担赔偿责任：其一，未将产品投入流通的；其二，产品投入流通时，引起损害的缺陷尚不存在的；其三，将产品投入流通时的科学技术水平尚不能发现缺陷的存在的。凡是具有这些情形之一的，提供产品的一方能够证明属实的，都可以免除责任。

法律适用指引四
物业公司违反安全保障义务责任的认定

具体来说，涉及两个问题：一是物业管理范围的认定。物业服务合同对物业管理范围有明确的约定则从约定，当物业服务合同对物业管理范围没有约定或者约定不明，而物业管理区域与市政公共区域又无明显物理区分时，应综合物业性质、建筑特点、建设规划，以能够实现订立物业服务合同目的即以保障业主人身、财产安全的合理区域范围为准。二是安全保障义务的范围。物业公司毕竟为民事主体，不具强制执行的权力，对治安、消防等安全事故的控制能力有限，并非只要出现安全事故物业公司就应当然地承担侵权责任。考虑到权责匹配的问题，物业公司的安全保障义务应主要体现为协助性和防范性特征。即，对消防、治安等安全事故，物业公司并非首要和第一责任人，物业公司有义务协助有关单位进行安全隐患排查、采取应急措施、配合损失救助等，以防范安全事故的发生或损失的扩大。对物业公司是否尽到安全保障义务的认定，应结合合同约定的物业服务标准、事故的急难险重程度、与物业公司资质相匹配的专业管理能力等因素综合考量。

四、机动车交通事故责任

四、古汉字研究文字考释类

【案例十】

保险公司能否以已向被保险人理赔为由对抗受害人的交强险赔偿请求权 *

一、案情简介

2009年10月3日,朱某驾驶甲机动车(车主为高某)与陈某驾驶的乙机动车(车主为陈某本人)发生碰撞,造成朱某受伤、两车损坏的交通事故。交警部门作出《交通事故认定书》,认定朱某承担事故的全部责任。甲机动车车主高某在某保险公司购买了机动车交通事故责任强制保险(以下简称交强险)和第三者责任保险(以下简称商业三者险)。事后,高某向保险公司申请交强险和商业三者险理赔,保险公司审核后向高某进行了理赔,其中包括属于交强险财产损失责任限额的2000元。后因高某、朱某下落不明,陈某无法索赔,遂以高某、朱某和保险公司为被告提起诉讼,要求对其损害承担赔偿责任,其中,保险公司应当在2000元交强险财产损失责任限额内承担赔偿责任。

二、法院裁判情况

一审法院认为,朱某对交通事故承担全部责任,应赔偿陈某因本次事故遭受的经济损失,高某作为肇事车辆的登记车主,应当对朱某承担的赔偿责任负连带责任。肇事车辆向保险公司购买了交强险,但事故后

---

* 案例来源:最高人民法院民事审判第一庭编:《民事审判指导与参考》(总第42集)。

保险公司已向高某支付了交强险的财产损失赔偿限额 2000 元，故保险公司在本案中不再直接对陈某承担赔付责任。故判决朱某自本判决发生法律效力之日起三日内赔偿陈某 32900 元；高某对上述债务承担连带赔偿责任；驳回陈某的其他诉讼请求。

一审判决后，陈某以保险公司应向其支付交强险财产损失赔偿限额 2000 元为由提起上诉。二审法院认为，根据《机动车交通事故责任强制保险条例》（以下简称《交强险条例》）第三十一条第一款的规定，在交通事故发生后，对于是向被保险人还是受害人赔偿保险金，保险公司有选择的权利，保险公司在向被保险人或受害人任何一方赔偿保险金后，其就不再对另一方承担赔偿保险金的义务。本案中保险公司已经向被保险人高某赔偿了保险金，其向被保险人理赔保险金的行为并未违反《交强险条例》第三十一条第一款的规定，其不再对受害人陈某承担赔偿保险金的义务。故判决驳回上诉，维持原判。

三、主要观点及理由

本案争议的焦点为：在保险公司已经在交强险财产损失责任限额范围内向被保险人高某赔付 2000 元的情况下，其是否仍有义务在交强险财产损失责任限额范围内对受害人陈某承担赔偿义务。对于该问题，司法实践中有两种观点：

第一种观点认为，《交强险条例》第三十一条第一款规定："保险公司可以向被保险人赔偿保险金，也可以直接向受害人赔偿保险金。"据此，在交通事故发生后，对于是向被保险人还是受害人赔偿保险金的问题，保险公司有选择的权利，保险公司在向被保险人或受害人任何一方赔偿保险金后，其就不再对另一方承担赔偿保险金的义务。"

第二种观点则认为，根据《中华人民共和国道路交通安全法》（以下简称《道交法》）第七十六条第一款以及《交强险条例》第二十一条的规定，受害人对保险公司享有直接请求权。相应地，保险公司对受害人负有在交强险责任限额内给付保险金的义务。而《交强险条例》第一条开宗明义，明确建立交强险制度是"为了保障机动车道路交通事故受害人依法得到赔偿",因此,在被保险人(即侵权赔偿义务人)尚未向受害人赔偿之前,承保交强险的保险公司不能向被保险人理赔。换言之,保险公司不能以其已经向被保险人理赔为由,对抗受害人的赔偿请求权。

我们认为,在没有确保受害人的权利已经得到救济的情况下,保险公司不应当向被保险人理赔,保险公司也不能以其已经向被保险人理赔完毕为由,对抗受害人的请求权。具体理由进一步论述如下:

第一,被保险人对保险公司的请求权是基于保险合同的约定而产生的,基于合同相对性原理,该请求权当然不能对抗第三人。而受害人对保险公司的请求权则是由《道交法》第七十六条赋予的,该种法定的请求权应当优先于被保险人对保险公司的约定请求权。这里所说的"优先",是指在被保险人向受害人赔偿之前,保险公司不应先行向被保险人给付保险金。即使保险公司依照《交强险条例》的相关规定及交强险合同的约定向被保险人给付赔偿金,也不能以此对抗受害人对保险公司的直接请求权。[①] 之所以作该种理解,是因为交强险制度设立的重要目的在于保障受害人能够及时得到救助,如果允许保险公司在被保险人向受害人赔偿之前就向被保险人给付保险金从而免除对受害人的给付义务,则很可能出现被保险人向保险公司理赔后拒不向受害人赔偿,使得受害人的权益得不到救济的情况。司法实践中,这种情况并不鲜见,本案实际上就是一个典型的例子,这显然是与建立交强险制度的初衷相违背的。

第二,根据《道交法》第七十六条第一款及《交强险条例》第二十一条的规定,除道路交通事故的损失是由受害人故意造成的之外,机动车发生交通事故造成人身、财产损害的,保险公司就应当在交强险责任限额范围内对受害人承担赔偿责任。显然,保险公司向被保险人理赔这一事实,并非可以免除保险公司对受害人承担赔偿责任的法定事由,故保险公司自然不能仅仅以此对抗受害人的赔偿请求权。

第三,既然受害人对保险公司享有直接请求权,相应地,保险公司对受害人就负有给付义务,而债权债务的消灭通常是以债务被清偿、免除、抵销等为前提的,显然,保险公司向被保险人支付保险金并不属于

---

① 邹海林:《交强险的性质和法律适用》,载《人民法院报》2006年8月16日。

保险公司向受害人履行清偿义务，故在被保险人没有依法向受害人承担赔偿责任，且不存在债务的免除、债务的相互抵消等其他可以导致债权债务消灭的情形下，保险公司仍然负有向受害人给付的义务。

第四，2009年10月1起施行的《保险法》第六十五条第三款规定："责任保险的被保险人给第三者造成损害，被保险人未向该第三者赔偿的，保险人不得向被保险人赔偿保险金。"显然，该规定的目的在于充分保障遭受损害的第三者的合法权益获得救济。《保险法》是《交强险条例》的上位法，而且，与商业三者险相比，交强险更倾向于救济受害人的权益，因此，《保险法》的上述规定不仅仅适用于商业三者险，更应当适用于交强险。责任保险中，由于被保险人的赔偿责任已通过保险合同关系的建立转移到了保险人身上，被保险人与第三者就其责任的承认、和解、否定以及赔偿金额的多寡等问题所达成的事项，均与保险人的利益密切相关。而《保险法》的上述内容，不仅是对被保险人法定义务的规定，也是对保险人理赔时承担法定义务的规定。根据上述规定，承保交强险的保险公司在被保险人未向受害第三者赔偿的情况下，不得向被保险人赔偿保险金。如果保险公司违反该规定向被保险人理赔的，不能免除其对受害人的赔偿义务。本文所举案件中一、二审法院判决显然不当。

四、最高人民法院民一庭裁判观点

根据《道交法》第七十六条、《保险法》第六十五条以及《交强险条例》第二十一条的规定，在被保险人没有依法向受害人承担赔偿责任的情况下，保险公司不能以其已经向被保险人理赔完毕为由，对抗受害人的赔偿请求权。

四、机动车交通事故责任

【新旧法律依据对照】

旧法	新法
《道路交通安全法》（2011年修正） 第七十六条 　　机动车发生交通事故造成人身伤亡、财产损失的，由保险公司在机动车第三者责任强制保险责任限额范围内予以赔偿；不足的部分，按照下列规定承担赔偿责任： 　　（一）机动车之间发生交通事故的，由有过错的一方承担赔偿责任；双方都有过错的，按照各自过错的比例分担责任。 　　（二）机动车与非机动车驾驶人、行人之间发生交通事故，非机动车驾驶人、行人没有过错的，由机动车一方承担赔偿责任；有证据证明非机动车驾驶人、行人有过错的，根据过错程度适当减轻机动车一方的赔偿责任；机动车一方没有过错的，承担不超过百分之十的赔偿责任。 　　交通事故的损失是由非机动车驾驶人、行人故意碰撞机动车造成的，机动车一方不承担赔偿责任。	《民法典》 第一千一百七十三条 　　被侵权人对同一损害的发生或者扩大有过错的，可以减轻侵权人的责任。

【法律适用指引】

法律适用指引一
过失相抵原则适用的主体范围

受害人本人对于损害的发生或者扩大与有过错的，应当适用过失相抵，减轻加害人的赔偿责任。这一点应无疑义。但对于与受害人有特定关系的第三人对于损害的发生或者扩大有过错时，仍然可能存在过失相抵的适用。只是此时的第三人须具备特定情形。

1. 法定代理人

法定代理人是无民事行为能力人或者限制民事行为能力人的监护人，对无民事行为能力人或者限制民事行为能力人具有法定的监督、保护和照顾的义务。法定代理人疏于履行监护职责，致使被监护人受到损害的，基于法定代理人与受害人的监护关系，应当适用过失相抵原则，减轻加害人的赔偿责任。"法定代理人与有过失，赔偿义务人得为主张过失相抵，良以监督人疏忽、实难辞其咎。如仍认赔偿义务人负完全之损害赔偿责任，显失公平，故与其牺牲加害人利益，毋宁以监督义务人之过失而牺牲被害人之利益较为妥当。且监督义务人举其所有过失责任，归加害人负担，而己逍遥法外，亦非法之所许。此场合，采用过失相抵规则反有督促监督义务人妥善保护被害人的功能。"

2. 工作人员

工作人员在执行职务过程中因他人的侵权行为造成用人单位财产损失的，如果工作人员对损害的发生或者扩大存在过失，其过失视为用工单位的过失，可以适用过失相抵，减轻侵权人的赔偿责任。"受害人将自己法益，委托他人照顾，则对该人之过失，应与自己之过失同视再者，受害人利用他人而扩大其活动，其责任范围亦应随之扩大。其使用人之过失倘不予斟酌，则加害人事实上不能向该使用人求偿时，势必承担其过失，其不合情理，甚为显然。"

法律适用指引二

过失相抵原则在特殊侵权领域的适用

过失相抵原则仅适用于以过错责任为归责原则的一般侵权行为领域，还是也能够适用于以无过错责任为归责原则的特殊侵权行为领域，在我国的理论界和实务界曾经长期存在争论。而从目前所掌握到的相关规定来看，对其适用规则亦由于侵权行为类型之不同而有所区别。

原《民法通则》第一百二十三条规定，从事高空、高压、易燃、易爆、剧毒、放射性、高速运输工具等对周围环境有高度危险的作业致人损害的，应当承担民事责任；如果能够证明损害是由受害人故意造成的，不承担民事责任。根据该条后段的观点，在受害人故意造成损害的情况下免除加害人的责任。《民法典》第一千二百三十七条关于民用核设施或者核材料致害责任之规定，第一千二百三十八条关于民用航空器致害责任之规定，第一千二百三十九条关于占有或使用高度危险物致害责任之规定，以及第一千二百四十条关于从事高空、高压、地下挖掘活动或者使用高速轨道运输工具致害责任之规定，亦承继了原《民法通则》该规定精神，规定如属于受害人故意造成损害的情况下，免除加害人的责任。不过在因受害人故意造成损害的情况下，也有例外规定，如《民法典》第一千二百四十六条关于违反规定未对动物采取安全措施致害责任中则规定："违反管理规定，未对动物采取安全措施造成他人损害的，动物饲养人或者管理人应当承担侵权责任；但是，能够证明损害是因被侵权人故意造成的，可以减轻责任。"

还有一种情况，法律明确规定受害人的重大过失作为减轻责任的理由。承担无过错责任的主体只有能够证明受害人对于损害的发生有重大过失的前提下，才能对受害人进行抗辩，即要求减轻自己的责任。如《民法典》第一千二百三十九条关于占有或使用高度危险物致害责任之规定，第一千二百四十条关于从事高空、高压、地下挖掘活动或者使用高速轨道运输工具致害责任之规定，以及第一千二百四十五条饲养动物致害责任的一般规定，均规定被侵权人对损害的发生有重大过失的，可以减轻占有人、使用人、经营者或者动物饲养人、管理人的责任。再如《水污染防治法》第九十六条第三款规定，水污染损害是由受害人重大过失造成的，可以减轻排污方的赔偿责任。

有时对于特殊侵权行为类型，法律也会专门规定受害人过失可以作为免责事由，比如按照《民用航空法》第一百五十七条和第一百六十一条的规定，飞行中的民用航空器或者从飞行中的民用航空器落下的人或者物，造成地面上的人身伤亡或者财产损害的，民用航空器的经营人能够证明损害是部分由于受害人的过错造成的，相应减轻其赔偿责任。

由此可见，过失相抵原则的具体适用，还需要衡量加害人所为之侵权行为的具体情形。一般而言，加害人所为之行为专业性越强、危险性越大，对于加害人的注意义务以及责任要求就越高。

法律适用指引三
过失相抵原则的适用方法

在受害人对于损害的发生或者扩大有过错时，法院应当依据一定的标准或者方法适用过失相抵原则，在双方当事人之间分配损害。有关减免加害人赔偿责任的标准或者方法，理论上有三种学说。

其一，比较原因力说。即通过比较原因力的大小来确定减免赔偿责任的数额。如《德国民法典》第 254 条规定：被害人对损害的发生负有共同过失的，应根据情况，特别是根据损害在多大程度上主要是由当事人一方或者另一方造成的，来确定赔偿义务和赔偿范围。

其二，比较过错说。即以比较过错的轻重确定加害人的责任。这是二战以来美国侵权法上比较普遍采用的方法。根据这种学说，故意在过错程度上重于重大过失，而重大过失重于一般过失。由此，如加害人一方为故意或重大过失，受害人一方为一般过失，一般不减轻加害人的责任；反之，则大部分减轻乃至免除加害人的责任。

其三，折中说。即在决定加害人责任时既比较原因力的强弱，也考虑过错程度的轻重。《荷兰民法典》第 101 条第 1 款规定：于损害也可归责于共同导致损害发生的受害人之情形，通过在受害人与负有救济义务的人之间对损害的分担，减轻救济的义务。减轻的比例，以其对造成损害所起作用之大小定之。依过错程度之不同或案件的其他情事，双方分担的损害份额可以不问甚或按照衡平原则的要求，可以完全免除救济的义务或完全不由受害人分担损害。此规定即采纳折中说的见解。

考虑到过失相抵原则适用过程本身具有复杂性，与单一采取比较原因力说或是比较过错说相比，我们认为，折中说是比较实事求是的方法。

这种折中说的理论,也为我国审判实务所采纳。

法律适用指引四
过失相抵与因果关系中断

在适用过失相抵原则时,要注意与因果关系中断的区别。因果关系中断,是指在因果关系进行过程中,因为介入一定的自然事实或者第三人行为,而使得原有的因果关系链发生中断。发生因果关系中断的情况,其一,表现为一方从事不法行为,在损害没有发生之前因为有其他因素的介入,从而使本不应发生的损害发生;其二,还包括行为人实施了侵权行为之后,由于第三人的行为或事件的介入,损害结果未按照原来的因果关系历程发生,而是导致了一种新的损害的发生。比如,保管人拒不交付保管物,寄存人一怒之下,将保管物烧毁。从损害结果分析,保管人拒不交付保管物,所受损害为对方迟延履行导致的违约损害,寄存人大怒而将保管物烧毁,表面上是因对方过失与自己过失相结合造成损失扩大,实际上后一损害为物的毁损灭失,与前一损害并非同一。此种情形属于损害结果不具有同一性,不能构成过失相抵,而属于因果关系中断。[①] 过失相抵原则的适用则是针对多因一果的侵权行为,其中受害人的过错是损害发生的一个原因,即受害人的过错行为(既可以是作为,也可以是不作为)与侵权行为人的行为,也可能还有其他原因共同作用发生同一损害时才适用过失相抵的规则。只有在损害结果同一且原因力竞合这两个条件同时具备时,才符合过失相抵的客观构成要件。仅符合其中一个条件的,不能构成过失相抵,而很可能属于因果关系中断的情形。

---

① 最高人民法院侵权责任法研究小组编著:《〈中华人民共和国侵权责任法〉条文理解与适用》,人民法院出版社2010年版,第210页。

【案例十一】

农村"五保户"因交通事故等侵权行为致死获赔的死亡赔偿金应归谁所有[*]

一、案情简介

苏某未婚、无子女、父母亲亡故,仅有一姐姐与其住同村。其于1999年入住所在乡敬老院。2009年8月10日,苏某等人乘坐乡敬老院雇佣的小客车外出,途中与一辆轿车相撞,造成两辆车上包括苏某等八人死亡的特大交通事故。交警部门认定,轿车司机承担事故的全部责任。经苏某姐姐、乡敬老院与责任方协商达成赔偿协议,由责任方除赔偿丧葬费外,另赔偿死亡赔偿金9万元。责任方将此款汇入交警队账户。苏某的姐姐与乡敬老院就该笔死亡赔偿金应归谁所有发生争议,诉至法院。

苏某姐姐诉称:死亡赔偿金不是遗产,是侵权方对苏某的近亲属的赔偿。被告乡敬老院主张以遗产为由归其所有无事实依据,故该笔死亡赔偿金应归其所有。

乡敬老院辩称:苏某是乡敬老院的院民,一直由乡敬老院供养,属于农村"五保户",死亡赔偿金应由代表院民的乡敬老院来主张权利。另外,法律规定死亡赔偿金是对死者未来利益损失的赔偿,受偿人应是和死者一起生活的家庭成员,分配原则应根据与死者有无扶养关系、生活来源确定,所以本案死亡赔偿金应全部归乡敬老院的院民。苏某于1999

---

[*] 案例来源:最高人民法院民事审判第一庭编:《民事审判指导与参考》2011年第1辑(总第45辑)。

年入住敬老院后与原告没有任何扶养关系，苏某生前患病都是由院民互相照顾，原告逢年过节也未曾接过苏某。所以原告的诉讼请求不应得到支持。

二、法院裁判情况

一审法院认为，死亡赔偿金不是遗产，不能按继承来处理。根据民法权利义务对等、公序良俗原则及经济依赖关系，乡敬老院应分得相应的死亡赔偿金。一是因为苏某是由乡敬老院供养的"五保户"，其自1999年入住乡敬老院后，一直都由敬老院供养，原告未尽扶养义务，根据权利义务对等和公平原则，死亡赔偿金全部归原告所有有悖于民法原则和立法精神。二是从公序良俗角度出发，应弘扬"老有所养"的民族传统，倡导社会化"养老"，对"五保户"的实际供养人也应分得相应死亡赔偿金。三是要充分考虑死者近亲属与死者生活的紧密度、经济依赖度。而本案苏某作为"五保户"，虽然与原告是近亲属，但是十余年一直未共同生活，更缺少经济依赖度，所以，很难认定苏某的死亡造成原告未来收入的减少，苏某十余年一直在乡敬老院生活，敬老院为此支付一定的供养费用。因此，敬老院应分得部分死亡赔偿金。

综上，一审法院判决：汇入交警队账户的9万元死亡赔偿金，苏某的姐姐和乡敬老院各应分得45000元。

苏某的姐姐和乡敬老院均不服一审判决，提起上诉。

二审法院经审理认为，死亡赔偿金的性质是对死者未来收入损失的赔偿，是对死者家庭收入减少的一种补偿性赔偿，本案中苏某作为特殊的群体，虽然没有生活来源，无收入，但按照国家规定对农村"五保户"的供养已纳入到社会保障体系，由地方政府拨款，敬老院属于公益事业，死亡赔偿金不应归其所有。且根据《最高人民法院关于审理人身损害赔偿案件适用法律若干问题的解释》第一条第二款的规定，"赔偿权利人"是因侵权行为或者其他致害原因直接遭受人身损害的受害人、依法应由受害人承担扶养义务的被扶养人以及死亡受害人的近亲属，乡敬老院不属于赔偿权利主体的范围。因此，从死亡赔偿金的性质分析，该笔死亡赔偿金应归苏某的近亲属即本案原告所有。

综上，二审法院依法判决：（1）撤销一审判决；（2）汇入交警队账户的9万元死亡赔偿金应全部归苏某的姐姐所有。

三、主要观点及理由

本案的争议焦点是农村"五保户"死亡赔偿金的归属问题，其实质就是农村"五保户"死亡赔偿金的请求权主体。对此，主要有两种观点：一种观点认为，乡敬老院对农村"五保户"的死亡赔偿金可以分得适当份额。主要理由是根据民法权利义务对等和公序良俗原则以及实际的经济依赖关系，死者自1999年入住乡敬老院以来，一直由敬老院供养，苏某姐姐并未与其共同生活，亦未尽扶养义务，出于公平的考虑，乡敬老院作为死者实际供养人，也应分得相应份额，以期更妥适地平衡各方利益关系。

另外一种观点认为，该笔死亡赔偿金应归苏某姐姐所有。理由主要是：《侵权责任法》第十八条规定，被侵权人死亡的，其近亲属有权请求侵权人承担侵权责任。因此，死亡赔偿金的请求权主体只能是死者的近亲属。根据民法通则司法解释中关于近亲属的界定，苏某的姐姐应是唯一的请求权主体。

上述两种观点，我们同意第二种观点。理由如下：

（一）从农村五保供养的性质及敬老院的职能看，死亡赔偿金不应归属乡敬老院

从五保供养的历史沿革看，五保供养是我国农村一项传统社会救助工作。从1956年6月一届全国人大三次会议通过《高级农业生产合作社示范章程》提出建立这一制度起，迄今已有五十余年发展历程。最开始开展的农村五保供养工作依托农民集体，主要保障农村无劳动能力、无生活来源、无法定赡养、扶养、抚养义务人的老年人、残疾人和未成年人的基本生活。1994年国务院颁布《农村五保供养工作条例》，明确规定五保供养为农村集体福利事业，并且基本剥夺了五保人员对自己个人合法财产的处分权利。其中第十一条规定：五保供养所需经费和实物，

应当从村提留或乡统筹费中列支，不得重复列支；在有集体经营项目的地方，可以从集体经营的收入、集体企业上交的利润中列支。第十八条规定：五保对象的个人财产，其本人可以继续使用，但是不得自行处分；其需要代管的财产，可以由农村集体经济组织代管。第十九条规定：五保对象死亡后，其遗产归所在的农村集体经济组织所有，有五保供养协议的，按照协议处理。

由于农村税费体制改革，我国农村取消了村提留和乡统筹，五保供养经费出现困难。2006年国务院颁布新的《农村五保供养工作条例》，其中最大的修改之处和亮点就是修改有关农村五保供养资金渠道，明确今后"农村五保供养资金，在地方人民政府财政预算中安排"，"中央财政对财政困难地区的农村五保供养，在资金上给予适当补助"。这一规定将农村最困难群众纳入了公共财政的保障范围，实现了五保供养从农村集体内部的互助共济体制向国家财政供养为主的现代社会保障体制的历史性转变，成为社会保障体制和社会救助体系的重要组成部分。该条例还规定了保障五保供养对象的合法财产权利，"农村五保供养对象将承包土地交由他人代耕的，其收益归该农村五保供养对象所有"，"五保户"个人所有合法财产不再归集体组织，而归个人所有，这是一个立法理念上的重大变革。在五保供养服务机构建设和管理方面，第十四条规定：各级人民政府应当把农村五保供养服务机构建设纳入经济社会发展规划；县级人民政府和乡、民族乡、镇人民政府应当为农村五保供养服务机构提供必要的设备、管理资金，并配备必要的工作人员。第十九条规定：财政部门应当按时足额拨付农村五保供养资金，确保资金到位，并加强对资金使用情况的监督管理。综上，从五保供养机构及其设备、工作人员的资金来源和"五保户"对个人合法财产所有的变革两方面看，农村五保供养与2006年前的五保供养在性质上已经发生了根本性的改变，作为社会保障体制的组成部分，保障"五保户"的生活成为国家的责任，国家是基于道义和保障社会秩序的需要对"五保户"供养，不应从该责任中获利。即便死者在不死亡的情况下，未来有收入也应归其个人所有，故死亡赔偿金作为对死者未来收入损失的赔偿，敬老院无权受偿。

（二）从侵权责任的制度功能看，死亡赔偿金也不应归属乡敬老院

侵权行为之损害赔偿系以分配的正义为其指导原则，其基本思想在于填补损害。而五保供养制度系以维护农村生活特殊困难群众之生存权为其基本哲学，旨在通过国家财政，保障该特定人群最低必要之生活，国家并不因此享有五保人员的个人合法财产，因此，该"五保户"的死亡并未给敬老院造成任何损害。

此外，如果认为敬老院对该笔死亡赔偿金有一部分或者全部的请求权，则尚存在敬老院为自己额外的利益人为制造事故的潜在道德风险。

（三）从对死亡赔偿金的请求权基础和法律性质分析看，死亡赔偿金请求权人只能是死者近亲属

因侵害生命权而生之损害赔偿项目中，最具争议的就是死亡赔偿金。首先应该明确的是，死亡赔偿金不属于遗产。根据《继承法》规定，遗产是公民死亡时遗留的个人合法财产。死亡赔偿金在受害人死亡时尚未由其所有，而是以受害人死亡为给付条件，是对死者未来收入损失的赔偿，故不属于遗产范畴。目前，各国民事立法与司法实践达成共识的一点是，死亡赔偿金绝非对死者的财产损害的赔偿，因为受害人已经死亡，其权利能力消灭，民事主体资格不复存在，所以死者本身不可能遭受财产上的损害，加害人无须向死者承担任何赔偿责任。既然死亡赔偿金并非对受害死者损害的赔偿，其只能是对与受害死者有关的一些人即亲属的赔偿，是基于被害人的死亡导致家庭未来总体收入减少（其减少要么表现为法定被扶养人生活费用减少或丧失，要么表现为法定继承人未来可继承财产减少）的赔偿，在这一点，现在世界上几乎所有国家的法律都给予承认。总结起来，根据学理上的概括，存在两种主要思路：

1. "扶养丧失说"。该说认为，由于受害人死亡，导致其生前依照法定扶养义务供给生活费的被扶养人因此丧失了生活来源，这种损害应当由赔偿义务人赔偿。按照扶养丧失说，赔偿义务人赔偿的范围就是被扶养人在受害人生前从其收入中获得的或者有权获得的自己的扶养费的份额。至于因受害人的死亡而导致对受害人享有法定继承权的那些人从受害人处将来所继承财产减少的损失，则不属于赔偿之列。目前采用此种

观点的有德国、英国、美国大多数州以及我国台湾地区。如《德国民法典》第844条第2款规定，死亡人在受害时与第三人处于某种关系，因此种关系其依法对第三人负有扶养义务或者可能负有扶养义务，并且第三人因受害人的死亡被剥夺受扶养的权利的，赔偿义务人应在死亡人于其可能的生存期间有义务给予扶养的限度内，以支付金钱定期金的方式，向第三人给付损害赔偿。我国台湾地区"民法"第192条规定，不法侵害他人致死者，对于支出医疗及增加生活上需要之费用或殡葬费之人，亦应负损害赔偿责任。被害人对于第三人负有法定扶养义务者，加害人对于该第三人亦应负损害赔偿责任。受扶养权利者，以不能维持生活而无谋生能力者为限。

2. "继承丧失说"。该说认为，受害人倘若没有遭受侵害，在未来将不断获得收入，而这些收入本来是可以作为受害人的财产为其法定继承人所继承的，因加害人的侵害行为导致受害人死亡从而使得这些未来可以获得的收入完全丧失，以致受害人的法定继承人在将来所能够继承的财产也减少了。因此，依照继承丧失说，赔偿义务人应当赔偿的是因受害人死亡而丧失的未来可得利益。目前日本采此说。根据我国《侵权责任法》的相关规定看，实际上是采用继承丧失说。《侵权责任法》第十六条规定，侵害他人造成人身损害的，应当赔偿医疗费、护理费、交通费等为治疗和康复支出的合理费用，以及因误工减少的收入。造成死亡的，还应当赔偿丧葬费和死亡赔偿金。

相比起来，依据继承丧失说的优点在于判给受害人亲属的死亡赔偿金数额较多，对赔偿权利人的保护更为周到，但缺点在于：首先，继承丧失说中的推测性成分太重；其次，在受害人为卑亲属而由尊亲属继承的场合，因卑亲属的未来能够生存的期限长于尊亲属，因此死亡赔偿金就要比尊亲属作为受害人的时候多，显然不合理。依据扶养丧失说，可以较为准确地确定死亡赔偿金的数额，但缺点在于数额较少。

从以上分析看，不管采用何种观点，死亡赔偿金的请求权人是特定的，即要么是被害人具有法定扶养义务的被扶养人，要么是被害人的法定继承人，而实质上均属于近亲属范畴，只不过近亲属的范围大小不同而已。我国《侵权责任法》第十八条第一款前半段规定,被侵权人死亡的,其近亲属有权请求侵权人承担侵权责任。这是法律对侵权责任请求权主体的特别规定,即在通常情况下,侵权责任的请求权主体是权利受到侵害的被侵权人本人,但在被侵权人死亡的情况下,其近亲属权利虽然没有受到侵害,但因该侵权行为导致的纯粹经济上损失可请求损害赔偿,此应以法律明确规定为限。由于我国目前没有亲属法,因此,关于近亲属的范围及请求权顺序没有明确的法律规定,从国外的立法例来看,主要是配偶和子女,其他的要么不是、要么属于第二顺位。按照我国《民法通则意见》的规定,近亲属的范围是配偶、父母、子女、兄弟姐妹、祖父母、外祖父母、孙子女、外孙子女。应该说我国对近亲属的范围规定的是比较宽泛的,这主要是考虑中国的历史文化传统,中国人大家庭意识比较强、亲情观念比较重,尊老爱幼仍是当今弘扬的中华民族传统美德。关于请求权顺序,《精神损害赔偿司法解释》第七条规定,配偶、父母、子女是第一顺位,其他的为第二顺位,我们认为可参照该规定。

四、最高人民法院民一庭裁判观点

农村"五保户"因交通事故死亡获赔的死亡赔偿金,不应归属具有公益事业性质的乡敬老院所有。根据《侵权责任法》第十八条第一款规定的"被侵权人死亡的,其近亲属有权请求侵权人承担侵权责任",死亡赔偿金的请求权主体只能是死者近亲属。

四、机动车交通事故责任

【新旧法律依据对照】

旧法	新法	旧司法解释	新司法解释
《侵权责任法》第十六条 　　侵害他人造成人身损害的，应当赔偿医疗费、护理费、交通费等为治疗和康复支出的合理费用，以及因误工减少的收入。造成残疾的，还应当赔偿残疾生活辅助具费和残疾赔偿金。造成死亡的，还应当赔偿丧葬费和死亡赔偿金。	《民法典》第一千一百七十九条 　　侵害他人造成人身损害的，应当赔偿医疗费、护理费、交通费、营养费、住院伙食补助费等为治疗和康复支出的合理费用，以及因误工减少的收入。造成残疾的，还应当赔偿辅助器具费和残疾赔偿金；造成死亡的，还应当赔偿丧葬费和死亡赔偿金。	《人身损害赔偿司法解释》（2003）第十七条 　　受害人遭受人身损害，因就医治疗支出的各项费用以及因误工减少的收入，包括医疗费、误工费、护理费、交通费、住宿费、住院伙食补助费、必要的营养费，赔偿义务人应当予以赔偿。 　　受害人因伤致残的，其因增加生活上需要所支出的必要费用以及因丧失劳动能力导致的收入损失，包括残疾赔偿金、残疾辅助器具费、被扶养人生活费，以及因康复护理、继续治疗实际发生的必要的康复费、护理费、后续治疗费，赔偿义务人也应当予以赔偿。 　　受害人死亡的，赔偿义务人除	

179

续表

旧法	新法	旧司法解释	新司法解释
		应当根据抢救治疗情况赔偿本条第一款规定的相关费用外，还应当赔偿丧葬费、被扶养人生活费、死亡补偿费以及受害人亲属办理丧葬事宜支出的交通费、住宿费和误工损失等其他合理费用。	
《侵权责任法》第十八条 被侵权人死亡的，其近亲属有权请求侵权人承担侵权责任。被侵权人为单位，该单位分立、合并的，承继权利的单位有权请求侵权人承担侵权责任。 被侵权人死亡的，支付被侵权人医疗费、丧葬费等合理费用的人有权请求侵权人赔偿费用，但侵权人已支付该费用的除外。	《民法典》第一千一百八十一条 被侵权人死亡的，其近亲属有权请求侵权人承担侵权责任。被侵权人为组织，该组织分立、合并的，承继权利的组织有权请求侵权人承担侵权责任。 被侵权人死亡的，支付被侵权人医疗费、丧葬费等合理费用的人有权请求侵权人赔偿费用，但是侵权人已经支付该费用的除外。	《人身损害赔偿司法解释》（2003）第一条 因生命、健康、身体遭受侵害，赔偿权利人起诉请求赔偿义务人赔偿财产损失和精神损害的，人民法院应予受理。 本条所称"赔偿权利人"，是指因侵权行为或者其他致害原因直接遭受人身损害的受害人、依法由受害人承担扶养义务的被扶养人以及死亡受害人的近亲属。 本条所称"赔偿义务人"，是指因自己或者他人的侵权行为以及其他致害原因依法应当	《人身损害赔偿司法解释》第一条 因生命、身体、健康遭受侵害，赔偿权利人起诉请求赔偿义务人赔偿物质损害和精神损害的，人民法院应予受理。 本条所称"赔偿权利人"，是指因侵权行为或者其他致害原因直接遭受人身损害的受害人以及死亡受害人的近亲属。 本条所称"赔偿义务人"，是指因自己或者他人的侵权行为以及其他致害原因依法应当承担民事责任的自然人、法人或者非法人组织。

续表

旧法	新法	旧司法解释	新司法解释
		承担民事责任的自然人、法人或者其他组织。	

【法律适用指引】

法律适用指引一

残疾赔偿金的定性和计算标准

1. 残疾赔偿金的定性问题。残疾赔偿金是受害人因伤致残后所特有的赔偿项目。对残疾赔偿金的性质和计算标准,存在与死亡赔偿金大致相似的争议。有的认为,残疾赔偿金是精神损害抚慰金,因此,其不应有明确的赔偿标准,应由法官根据具体案情,考虑若干因素决定赔偿数额。有的认为,残疾赔偿金是对受害人未来预期收入损失的赔偿,并明确规定了赔偿标准。还有的认为,残疾赔偿金既是对受害人未来预期收入损失的赔偿,也是对其因残疾丧失的一些精神生活的赔偿。从比较法上看,一些国家和地区将残疾赔偿金视为对受害人未来财产损失的赔偿,只是在确定赔偿标准时有不同做法,有的采用了"收入所得丧失说",即在计算残疾赔偿金时,是以受害人受到伤害之前的收入与受到伤害之后的收入之间的差额作为赔偿额。根据"收入所得丧失说",受害人虽然因残疾丧失或者减少劳动能力,但其残疾前与残疾后的收入并没有差距的,受害人不得请求残疾赔偿金。有的采用了"生活来源丧失说",即受害人残疾必然会导致其生活来源丧失或者减少,行为人应当赔偿受害人的生活费,使其生活来源能够重新恢复。还有的国家和地区采用了"劳动能力丧失说",即受害人因残疾导致部分或者全部劳动能力丧失本身就是一种损害,无论受害人残疾后其实际收入是否减少,行为人都应对劳动能力的丧失进行赔偿。①《人身损害赔偿司法解释》关于残疾赔偿采取"劳动能力丧失说"。"劳动能力丧失说"是根据残疾等级抽象评定劳动能力丧失程度,并以此作为评价受害人利益损失的学说。"劳动能力丧失说"与"收入丧失说"相对而言,依据"收入丧失说",只有实际取得收入的受害人才会有收入损失;也只有实际减少收入的人才存在收入损失。未成年人、待业人员都不存在收入损失,因此不能获得赔偿。受害人虽然因伤致残,但实际收入没有减少的,也不应获得赔偿。这显然不合理。因此,通常都是以"收入丧失说"结合"劳动能力丧失说"作为评价残疾赔偿的理论依据。《人身损害赔偿司法解释》以"劳动能力丧失说"为原则,同时也综合考虑收入丧失与否的实际情况,以平衡当事人双方的利益。

2. 残疾赔偿金的计算标准问题。由于《侵权责任法》对于残疾赔偿金的计算标准并没有规定,应当继续适用《人身损害赔偿司法解释》第十二条的规定。依据该条规定,"残疾赔偿金根据受害人丧失劳动能力程度或者伤残等级,按照受诉法院所在地上一年度城镇居民人均可支配收入标准,自定残之日起按二十年计算。但六十周岁以上的,年龄每增加一岁减少一年;七十五周岁以上的,按五年计算。受害人因伤致残但实际收入没有减少,或者伤残等级较轻但造成职业妨害严重影响其劳动就业的,可以对残疾赔偿金作相应调整"。

在此需要注意的是,相较《人身损害赔偿司法解释》的规定,《民法典》第一千一百七十九条在赔偿项目上没有再列"被扶养人生活费"这一项,即没有规定被扶养人的生活费请求权。这导致在实践中出现了在人身损害赔偿案件中还是否需要赔偿被扶养人生活费的问题。为充分救济受害人,依据《最高人民法院关于适用〈中华人民共和国侵权责任法〉若干问题的通知》的规定,人民法院适用《侵权责任法》审理民事纠纷

---

① 王胜明主编:《〈中华人民共和国侵权责任法〉条文解释与立法背景》,人民法院出版社2010年版,第72页。

案件，如受害人有被扶养人的，应当依据《人身损害赔偿司法解释》第十七条的规定，将被扶养人生活费计入残疾赔偿金或死亡赔偿金。即在此类案件中，仍然要赔偿被扶养人生活费，依据《人身损害赔偿司法解释》第十七条第一款的规定，"被扶养人生活费根据扶养人丧失劳动能力程度，按照受诉法院所在地上一年度城镇居民人均消费支出标准计算。被扶养人为未成年人的，计算至十八周岁；被扶养人无劳动能力又无其他生活来源的，计算二十年。但六十周岁以上的，年龄每增加一岁减少一年；七十五周岁以上的，按五年计算"。在按照这一标准计算出被扶养人生活费的数额后，再与按照死亡赔偿金、残疾赔偿金的计算标准计算出的数额相加，即为最终应当赔偿的死亡赔偿金、残疾赔偿金的数额。

法律适用指引二
侵权责任的请求权主体

1. 一般请求权主体。《民法典》总则编中的第一百二十条规定："民事权益受到侵害的，被侵权人有权请求侵权人承担侵权责任。"此前，《侵权责任法》第三条规定，"被侵权人有权请求侵权人承担侵权责任"，即原则上以被侵权人本人即侵权行为损害后果的直接承受者为请求权人。被侵权人请求他人为或者不为一定行为的请求权的资格在于其具有民事权利能力，而不在于其是否具有民事行为能力，一般而言，有完全民事行为能力的被侵权人可以自己行使请求权，无民事行为能力或者限制民事行为能力的被侵权人，应当由其法定代理人代其行使请求权。上述是关于被侵权人作为请求权主体的一般规定。

2. 被侵权人死亡时的请求权主体。被侵权人死亡后，权利能力消灭、法律主体资格不复存在，死者不能以权利主体资格请求侵权人承担侵权责任，只能由被侵权人以外的主体行使请求权。关于哪些是适格主体，《民法典》第一千一百八十一条第一款规定："被侵权人死亡的，其近亲属有权请求侵权人承担侵权责任。"《民法典》第一千一百八十一条规定将请求权主体资格赋予死者的近亲属。《人身损害赔偿司法解释》第一条第二款规定:"本条所称'赔偿权利人',是指因侵权行为或者其他致害原因直接遭受人身损害的受害人、依法由受害人承担扶养义务的被扶养人以及死亡受害人的近亲属。"

《民法典》侵权责任编并未规定"近亲属"的范围,总则编也未列明此范围,在婚姻家庭编也未明确具体列举。① 原则上应是与受害人共同生活的家庭成员或者与受害人有紧密联系的近亲属,或者依靠受害人生活的其他近亲属,如受害人生前扶养的子女、父母等,应属于近亲属的范围。根据《民法通则意见》第12条规定,近亲属的范围包括配偶、父母、子女、兄弟姐妹、祖父母、外祖父母、孙子女、外孙子女。我们认为,基于中国大家庭的社会现实,参照《民法典》第一千一百二十七条(《继承法》第十条)的规定,遗产按照下列顺序继承:第一顺序为配偶、子女、父母。第二顺序为兄弟姐妹、祖父母、外祖父母。

至于被扶养人能否主张损害赔偿,我们认为对此宜作扩大解释,依靠受害人扶养的人也应当享有赔偿请求权。当然,对此问题,在侵权责任相关司法解释制定过程中也有争议,包括"依靠受害人扶养"的标准认定、"依靠受害人扶养"的人与其他近亲属之间的关系(行使赔偿请求权的顺序或不分顺序)、取得死亡赔偿金及其他赔偿费用的分配原则(包括比例和顺序),有待通过制定司法解释予以明确。

3. 作为被侵权人的组织分立、合并后承继其权利的组织。这是《民法典》第一千一百八十一条第一款后段的规定。分立是指将原来的组织一分为二或者一分为多,合并则是指几个组织合为一个组织,这其中最典型的就是法人的分立和合并。作为被侵权人的组织分立、合并的,都涉及分立、合并前的该组织所享有的侵权请求权在分立、合并后由谁行使的问题。《民法典》第一千一百八十一条明确了在这一情形下由承继其权利的组织作为请求权主体来主张权利。在此要注意的是,作为被侵权人的组织解散或者被撤销后权利如何行使,《民法典》第一千一百八十一

---

① 但在《民法典》婚姻家庭编第三章关于家庭关系的规定中,其第一节规定的是"夫妻关系",第二节规定的是"父母子女关系和其他近亲属关系",故从解释论上看,本章规定的有关主体之间的关系即为近亲属之间的关系,这些主体即构成法律意义上的近亲属。从其具体规定内容看,有关近亲属范围与《民法通则意见》第12条规定并无二致。

条并未规定。比如法人解散的情形，依据《民法典》第七十条的规定，这时清算义务人应当及时组成清算组进行清算，但依据第七十二条的规定，清算期间法人存续，也就是说这时原来的法人并未消灭，其仍然具备民事主体的地位，仍应是主张有关侵权责任的请求权主体。至于非法人组织，也应参照这一规则进行。但法人或者非法人组织被撤销则属于民事主体资格灭失的情形，由于历史原因及经济社会发展客观情况，有关组织被撤销的情形在实践中比较复杂，不能一概而论，有待通过立法或司法解释予以细化完善。

4. 支付相关费用的人。依据《民法典》第一千一百八十一条第二款的规定，被侵权人死亡的，支付被侵权人医疗费、丧葬费等合理费用的人有权请求侵权人赔偿费用，但侵权人已支付该费用的除外。也就是说，在被侵权人死亡情形下，如果支付被侵权人医疗费、丧葬费等侵权赔偿费用的人不是侵权人，而是其他人（可能是具有其他负有支付该笔费用的义务），其在支付上述费用后即与侵权人之间形成了债权债务关系，形成了对侵权人的债权，有权向侵权人主张偿还。医疗费，是指因侵权行为造成被侵权人人身损害，被侵权人就医诊疗而支出的费用，根据医疗机构出具的医药费、住院费等收款凭证，结合病历和诊断证明等相关证据确定；丧葬费，是指安葬死者而支出的费用。司法实践中，支付被侵权患者死亡前因医疗侵害而发生的二次医疗费等合理费用的，不一定是被侵害患者本人，而是其近亲属、朋友或者其他人，对于丧葬费，由于被侵害患者已经死亡，只能由其近亲属、朋友或其他人支付。若支付这些费用的为被侵害患者的近亲属，则其可依据《民法典》第一千一百八十一条规定，请求侵权医疗机构赔偿这些费用，若支付这些费用的并非近亲属，实际支付费用主体也可以作为独立请求权人请求侵权人赔偿这些费用。

《八民会纪要》指出，有关机关或者单位虽无权代替无名死者主张死亡赔偿金，但其为死者垫付的医疗费、丧葬费等实际发生的费用可以向侵权人主张。与此类似的，还有《道路交通损害赔偿司法解释》第二十三条第三款的规定，被侵权人因道路交通事故死亡，无近亲属或者近亲属不明，支付被侵权人医疗费、丧葬费等合理费用的单位或者个人，请求保险公司在交强险责任限额范围内予以赔偿的，人民法院应予支持。

在此需要注意的是，适用《民法典》第一千一百八十一条规定的前提条件是侵权人对被侵权人实施的行为符合相应的侵权责任构成要件。在诉讼中有关举证责任也都要按照相关举证责任分配规则确定。

法律适用指引三
　　"无名死者"的请求权主体

　　对于《民法典》第一千一百八十一条的适用，实践中争议比较大的是无近亲属或者近亲属不明的被侵权人即俗称"无名死者"请求权主体问题。此类案件以道路交通事故居多，在医疗损害纠纷及其他侵权纠纷中也偶有发生。有观点认为，为制裁侵权行为、维系社会关系稳定，保护潜在无名死者近亲属权益，可以由有关机关、法人或其他组织以原告身份提起诉讼主张死亡赔偿金。另有观点进一步认为，在此情况下可以认可的原告身份主要包括民政部门、道路交通事故社会救助基金管理机构、检察机关、村民委员会或居民委员会等。我们认为，在被侵权人死亡后，无近亲属或近亲属不明时，未经法律授权的机关或者组织无权向人民法院起诉主张死亡赔偿金。理由如下：

　　第一，死亡赔偿金性质决定了请求权的主体范围。关于死亡赔偿金的性质，理论界与实务界主要存在两种观点，一是"扶养丧失说"，受害人死亡后，其被扶养人丧失生活来源，侵权人应予赔偿，死亡赔偿金范围是被扶养人生活费，对受害人死亡导致的预期收入减少，不予赔偿；二是以受害人死亡导致预期收入减少为依据的"继承丧失说"，即侵权人向死者近亲属赔偿死者余命年限内（主要以一个国家的平均寿命减去死者死亡时的年龄）将获得的除去生活费等正常开支的剩余收入。[①] 我国立法及司法解释均采纳"继承丧失说"，即受害人因人身损害死亡，家庭可

[①] 全国人大常委会法制工作委员会民法室编：《中华人民共和国侵权责任法条文说明、立法理由及相关规定》，北京大学出版社2010年版，第62页。

以预期的其未来收入因此减少或丧失,使家庭成员在财产上蒙受消极损失。这种未来收入的构成,既包括受害人用于个人的消费支出,也包括其扶养人因此丧失的扶养费的损失。《侵权责任法》实施后,最高人民法院下发通知,明确死亡赔偿金根据《人身损害赔偿司法解释》中规定的被扶养人生活费和死亡赔偿金之和计算。

从侵权法理论看,损害赔偿的请求权主体即赔偿权利人为其权益受到侵害之人,包括直接受害人和间接受害人。直接受害人主要指因侵权行为导致其人身、财产权益受损害之人,也是侵权行为所直接指向的对象。而间接受害人是指侵权行为直接指向对象以外因法律关系或者社会关系的媒介作用受到损害的人。间接受害人所受"损害",是一种以计算上的差额为主要表现形式的单纯的经济利益损失和反射性精神损害。在侵权行为导致受害人死亡的情况下,间接受害人包括受害人的近亲属及被扶养人,该损害赔偿是对受害人近亲属或者被扶养人因受害人死亡导致的生活资源减少和丧失的赔偿。这种观点,既为《侵权责任法》实施前的司法解释所确定,也被《侵权责任法》所承认。[1]

第二,有关机关或单位代替无名死者主张死亡赔偿金缺乏法律依据。行政法基本原则之一为职权法定原则,行政机关以及其他行政公务组织的行政职权必须由法律予以规定或授予,"法无明文规定不可为"。目前相关法律、行政法规并未规定或授权有关机关或单位可代替无名死者主张死亡赔偿金。《城市生活无着的流浪乞讨人员救助管理办法》没有规定民政部门对流浪、乞讨人员的救助职责包括代表或者代替其提起民事诉讼。

第三,程序法关于公益诉讼的范围并未涵盖该种类型案件。《民事诉讼法》第五十八条采取列举加概括式规定,对污染环境、侵害众多消费者合法权益等损害社会公共利益的行为,法律规定的机关和有关组织可以向人民法院提起诉讼。2015年6月,全国人大常委会授权最高人民检

---

[1] 姜强:《侵权行为导致身份不明的受害人死亡,民政部门等行政部门或其他机构是否有权提起民事诉讼?》,载最高人民法院民事审判第一庭编:《民事审判指导与参考》(总第46辑),人民法院出版社2011年版,第115页。

察院在部分地区开展公益诉讼改革试点工作，授权检察机关可以就履行职责中发现的污染环境、食品药品安全领域侵害众多消费者合法权益等损害社会公共利益的行为向人民法院提起民事公益诉讼。可以看出，公益诉讼的核心是基于社会公共利益。公共利益是一个历史的范畴，与特定的社会形态相联系，社会的不断发展，导致社会主体利益诉求的不断变化，但公共利益的基本属性应当包括利益内容的不确定性和受益对象的不确定性、不可分性与非排他性、价值选择性、历史性、层次性等，[1]故依照公益诉讼制度安排的价值考量，社会公共利益受损当然为提起公益诉讼的必要条件。"无名死者"的死亡赔偿问题似不宜划入"社会公共利益"的范畴。对此，《八民会纪要》明确：鉴于《侵权责任法》第十八条明确规定被侵权人死亡，其近亲属有权请求侵权人承担侵权责任，并没有赋予有关机关或者单位提起请求的权利，当侵权行为造成身份不明人死亡时，如果没有赔偿权利人或者赔偿权利人不明，有关机关或者单位无权提起民事诉讼主张死亡赔偿金。《道路交通损害赔偿司法解释》第二十三条也有类似规定："被侵权人因道路交通事故死亡，无近亲属或者近亲属不明，未经法律授权的机关或者有关组织向人民法院起诉主张死亡赔偿金的，人民法院不予受理。侵权人以已向未经法律授权的机关或者有关组织支付死亡赔偿金为理由，请求保险公司在交强险责任限额范围内予以赔偿的，人民法院不予支持。"

---

[1] 刘学在：《民事公益诉讼制度研究——以团体诉讼制度的构建为中心》，中国政法大学出版社2015年版，第48~54页。

【案例十二】

机动车一方未投交强险时,发生交通事故时责任应如何承担*

一、案情简介

2011年8月21日,徐某驾驶轿车沿道路由南向北行驶与正在由西向东跨越道路中心隔离护栏的行人王某相撞并导致王某受伤,造成王某各项损失为:医疗费10332.96元、住院伙食补助费300元、护理费8938.76元、鉴定费1000元、鉴定检查费90元、交通费723.6元、残疾赔偿金87454.8元,总计110840.12元。事故发生时,徐某驾驶的轿车未购买机动车第三者责任强制保险。

二、法院裁判情况

一、二审法院经审理认为,根据徐某、王某在交通事故中的过错,徐某应当承担王某损失的40%。但是根据《机动车交通事故责任强制保险条例》第二条规定:"在中华人民共和国境内道路上行驶的机动车的所有人和管理人,应当依照《中华人民共和国道路交通安全法》的规定投保机动车交通事故责任强制保险";《道路交通安全法》第七十六条规定:"机动车发生交通事故造成人身伤亡、财产损失的,由保险公司在机动车第三者责任强制保险责任限额范围内予以赔偿。"因此,投保机动车交通

---

* 案例来源:最高人民法院民事审判第一庭编:《民事审判指导与参考》2012年第1辑(总第49辑)。

事故责任强制保险属于法律法规的强制性规定，其目的就是为了保证任何不特定第三人受到机动车交通事故损害时能够依法获得及时有效的医疗救治和经济保障。在机动车所有人或管理人没有履行法定投保义务的情况下，如果让受害人承担机动车第三者责任强制保险责任限额内的相应损失，违反道路交通安全法、机动车交通事故责任强制保险条例的立法本意。本案中，徐某违法驾驶未及时投保机动车交通事故责任强制保险的机动车上路行驶，应依法承担相应的法律后果，即徐某应承担机动车交通事故责任强制保险限额内的责任即107117.16元。其余损失3722.96元，根据双方的4∶6责任比例，徐某应按照40%的责任比例赔偿王某1489.18元，加上徐某应承担的在机动车交通事故责任强制保险赔偿限额内的107117.16元，总计赔偿王某各项损失共计108606.34元。

三、案件争议焦点

本案的主要争议焦点是，机动车交通事故损害赔偿案件中，机动车一方未按照法律规定投机动车第三者责任强制保险，发生交通事故后，应当如何承担责任？

四、主要观点及理由

对于上述问题，一种观点认为，未投保第三者责任强制保险的机动车发生交通事故后，应当按照侵权责任的规则承担赔偿责任，亦即，对于王某的全部损失，按照40%的比例承担。其主要理由是：（1）《侵权责任法》和《道路交通安全法》对于未投保第三者责任强制保险的机动车发生交通事故后的责任承担并无特殊的规定。因此，原则上应当按照《侵权责任法》和《道路交通安全法》的其他规定处理。（2）《侵权责任法》第四十八条和《道路交通安全法》第七十六条规定了机动车投保交强险情形下的责任承担，即机动车与行人发生交通事故的，对于超出机动车第三者责任强制保险责任限额范围之外的损失，如果有证据证明非机动车驾驶人、行人有过错的，根据过错程度适当减轻机动车一方的赔偿责任。如此，对于未投保的机动车发生交通事故后的责任承担，因为无法适用《道路交通安全法》第七十六条第一款的前半段即"由保险公司在机动车第三者责任强制保险责任限额范围内予以赔偿",因此,只能适用该款后半段的规定。本案中,由于行人王某有过错,徐某应承担王某损失的40%。换言之,未投保第三者责任强制保险的机动车发生交通事故的责任承担,应按照《道路交通安全法》第七十六条第一款的后半段分配责任。(3)机动车未投保第三者责任强制保险的,按照《机动车交通事故责任强制保险条例》第二十四条以及道路交通事故社会救助基金管理试行办法的规定,由道路交通事故社会救助基金对受害人人身伤亡的丧葬费用、部分或者全部抢救费用给予垫付。因此,受害人的损失也能得到一定程度的补偿。

我们认为,未投保第三者责任强制保险的机动车发生交通事故的责任承担,不宜按照第一种观点处理,而应当由机动车一方先在第三者责任强制保险责任限额内承担赔偿责任,超出责任限额外的损失,则按照《道路交通安全法》第七十六条第一款后半段规定的侵权责任承担,也就是说,本案中一、二审法院认定徐某先在第三者责任强制保险责任限额范围内承担赔偿责任,超出限额部分按照其侵权责任的大小承担相应的责任,在适用法律上是正确的,理由如下:

1.《侵权责任法》应在损害填补和行为人的行为自由之间取得平衡。因此,在理论上,并非所有的损害都能获得赔偿。各国对于损害的限制主要体现在:一方面,从侵害的客体限制,要求必须侵害权利的,才承担责任。但是由于权利的确定和发展需要时间,但是在有些情况下,虽然侵害的不是权利,但是确有保护的必要性,因此,就从行为方式上扩张,即故意以悖于善良风俗之方法加损害于他人的,也承担侵权责任。第三种类型则是从权利的侵害转向法律的违反,即将客观法律规范的违反作为侵权责任的构成要件,从而将其他领域的规范移入侵权法,使侵权行为与整个法律规范体系相连接,并具有立法简化、合理化的作用。同时,在保护范围方面,把保护客体扩大至权利以外的利益,主要是纯粹财产上损害或纯粹经济上损失。[①] 所谓纯粹财产上损害或纯粹经济上损

[①] 王泽鉴:《侵权行为法》(第一册),中国政法大学出版社2001年版,第302~303页。

失，主要是指受害人所遭受的经济上的不利益或金钱上的损失，它并非因受害人的人身或有形财产遭受损害而间接引起的，或者说，它并非受害人所享有的人身权或物权遭到侵犯而间接引起的。

与此对应，虽然机动车所有人或管理人未投保交强险并非受害人权利受损的原因，但是由于机动车所有人或管理人未投保交强险导致受害人不能从保险公司获得赔偿这一纯粹经济上损失，因机动车所有人或管理人违反了关于交强险的法律而具有了可赔偿性。这一点，在工伤保险条例中也有体现。①

2. 根据《道路交通安全法》的规定和第三者责任强制保险的赔偿实务，单纯地依据侵权责任规则所作出的赔偿和将交强险综合考虑的赔偿，在数额上往往是不同的，或者说，受害人所获得的赔偿是不同的。如果机动车一方购买交强险，则在发生交通事故后，根据目前的交强险理赔实务，只要机动车一方有责任，无论责任大小，其第三者责任强制保险的保险公司都在第三者责任强制保险责任限额内给予赔偿。如此，在机动车一方未购买交强险的情形下，如果单纯依照侵权责任进行赔偿，则即使机动车一方有赔付能力，受害人所获得赔偿也要少很多。② 这种处理方案，一方面不利于受害人损失的填补，另一方面也不利于交强险制度的普及和推广。

3. 关于道路交通事故社会救助基金的垫付问题，虽然道路交通安全法、《机动车交通事故责任强制保险条例》以及《道路交通事故社会救助基金管理试行办法》等法律行政法规规定了，对于未投保第三者责任强制保险的机动车所造成的损害，受害人可以请求道路交通事故社会救助基金垫付其人身伤亡的丧葬费用、部分或者全部抢救费用。但是，要看到，与其他国家或地区的救助基金不同，这种垫付远远不能弥补受害人

---

① 《工伤保险条例》第六十二条第二款规定：依照本条例规定应当参加工伤保险而未参加工伤保险的用人单位职工发生工伤的，由该用人单位按照本条例规定的工伤保险待遇项目和标准支付费用。

② 例如，某机动车发生交通事故，造成 A 各项损失 20 万，该机动车承担 40% 的责任。如果该机动车已投保，则保险公司在交强险限额内先赔偿（例如 12.2 万），剩余部门由机动车一方承担 40%；如果该机动车未投保，则仅就 20 万的 40% 承担责任，显然受害人获得的赔偿要少很多。

的损失。

另外，根据道路交通安全法、《机动车交通事故责任强制保险条例》《道路交通事故社会救助基金管理试行办法》等规定，道路交通事故救助基金在垫付以后仍然可以向侵权人追偿。换言之，侵权人仍然要最终承担这部分责任。因此，让未投保机动车一方的投保义务人在第三者责任强制保险的责任限额范围内先承担责任，与法律行政法规所规定的最终责任归属是一致的，并且能够充分保护受害人的损失。另外，投保义务人先在第三者责任强制保险的责任限额范围内承担责任，与道路交通事故社会救助基金的垫付义务并行不悖，如果道路交通事故社会救助基金已经先行垫付的，则投保义务人在垫付范围内向道路交通事故社会救助基金承担返还义务，剩余部分损失仍然向受害人赔偿。

五、最高人民法院民一庭裁判观点

未按照国家规定投保机动车第三者责任强制保险的机动车，发生交通事故造成损害的，由机动车第三者责任强制保险的投保义务人在机动车第三者责任强制保险责任限额范围内予以赔偿。不足的部分，由侵权人按照《侵权责任法》和《道路交通安全法》的规定向被侵权人承担侵权责任。

【新旧法律依据对照】

旧法	新法	旧司法解释	新司法解释
《侵权责任法》第四十八条　机动车发生交通事故造成损害的，依照道路交通安全法的有关规定承担赔偿责任。	《民法典》第一千二百零八条　机动车发生交通事故造成损害的，依照道路交通安全法律和本法的有关规定承担赔偿责任。		

续表

旧法	新法	旧司法解释	新司法解释
		《精神损害赔偿司法解释》（2001）第三条 　　自然人死亡后，其近亲属因下列侵权行为遭受精神痛苦，向人民法院起诉请求赔偿精神损害的，人民法院应当依法予以受理： 　　（一）以侮辱、诽谤、贬损、丑化或者违反社会公共利益、社会公德的其他方式，侵害死者姓名、肖像、名誉、荣誉； 　　（二）非法披露、利用死者隐私，或者以违反社会公共利益、社会公德的其他方式侵害死者隐私； 　　（三）非法利用、损害遗体、遗骨，或者以违反社会公共利益、社会公德的其他方式侵害遗体、遗骨	《精神损害赔偿司法解释》第三条 　　死者的姓名、肖像、名誉、荣誉、隐私、遗体、遗骨等受到侵害，其近亲属向人民法院提起诉讼请求精神损害赔偿的，人民法院应当依法予以支持。

续表

旧法	新法	旧司法解释	新司法解释
《道路交通安全法》（2011年修正）第七十六条 机动车发生交通事故造成人身伤亡、财产损失的，由保险公司在机动车第三者责任强制保险责任限额范围内予以赔偿；不足的部分，按照下列规定承担赔偿责任： （一）机动车之间发生交通事故的，由有过错的一方承担赔偿责任；双方都有过错的，按照各自过错的比例分担责任。 （二）机动车与非机动车驾驶人、行人之间发生交通事故，非机动车驾驶人、行人没有过错的，由机动车一方承担赔偿责任；有证据证明非机动车驾驶人、行人有过错的，根据过错程度适当减轻机动车一方的赔偿责任；机动车一方没有过错的，承担不超过百分之十的赔偿责任。 交通事故的损失是由非机动车驾驶人、行人故意碰撞机动车造成的，机动车一方不承担赔偿责任。	《民法典》 第一千二百零八条 机动车发生交通事故造成损害的，依照道路交通安全法律和本法的有关规定承担赔偿责任。		

【法律适用指引】

法律适用指引
机动车交通事故责任的归责原则

《道路交通安全法》第七十六条分两款分别规定了机动车交通事故损害赔偿的归责原则及免责事由。该条第一款规定：发生交通事故首先由承保交强险的保险公司在交强险责任限额范围内对第三人承担赔偿责任。对此如何理解，存在两种观点。一种观点认为，交强险限额范围内适用无过错责任原则。理由在于，交强险与商业保险不同，是一种政策性保险，目的在于使受害人能依法得到赔偿，促进道路交通安全。从特点上看，其具有强制性。主体上，所有的机动车都强制订立，不能选择。内容上，合同条款及最低投保金额固定，不得由当事人变更。其还具有公益性，不以营利为目的。《机动车交通事故责任强制保险条例》第六条明确规定：国务院保险监督管理机构按照机动车交通事故责任强制保险业务总体上不盈利不亏损的原则审批保险费率。正因为交强险的性质，只要发生机动车交通事故，无论机动车一方是否有过错，交强险均应予以赔偿。这意味着，发生交通事故后，无须先行确定双方的过错和责任。[①]比如我国台湾地区"强制汽车责任保险法"第七条就采取此观点。另一种观点认为，《机动车交通事故责任强制保险条例》第二十三条第一款规定："机动车交通事故责任强制保险在全国范围内实行统一的责任限额。责任限额分为死亡伤残赔偿限额、医疗费用赔偿限额、财产损失赔偿限额以及被保险人在道路交通事故中无责任的赔偿限额。"因此，发生交通事故后，应先区分责任，然后再由保险公司依据被保险人有无责任，相应支付赔偿金。

---

① 郎胜主编：《中华人民共和国道路交通安全法释义》，法律出版社2003年版，第171页。

在交强险不足以赔偿的部分，区分机动车之间以及机动车与行人、非机动车之间发生交通事故两种情形。该两种情形分别适用不同的归责原则。机动车之间发生交通事故适用过错原则，由过错一方承担赔偿责任，都有过错的按照比例原则分担责任。机动车与行人、非机动车之间发生交通事故则适用无过错原则，由机动车一方承担责任。虽然，机动车与行人、非机动车之间发生交通事故适用无过错原则，但如果行人、非机动车有过错的，应减轻机动车一方责任。行人、非机动车的过错应根据《道路交通安全法》规定的安全注意义务结合行为人的行为能力予以认定。此外，如果机动车一方能够证明没有任何过错，则承担不超过百分之十的责任。也有观点认为，机动车与行人、非机动车之间发生交通事故的归责原则，是一种过错推定责任而非无过错责任，因为机动车一方可以通过证明自己无责而减轻自己的责任。但总的来看，由于《道路交通安全法》将机动车行驶视为危险活动，而机动车一方无过错并不能免责、只能减轻责任，因此机动车与非机动车、行人之间发生交通事故的归责原则更符合无过错责任原则的特点。

《道路交通安全法》第七十六条第二款还规定了机动车交通事故的免责事由，即如果损失是非机动车驾驶人、行人故意碰撞机动车造成的，则机动车一方不承担赔偿责任。这是因为，该种情况下机动车的危险性并非造成损失的原因，通过特殊侵权责任的规定也不具有可避免性，故无课以责任的基础。需要注意的是，该免责事由仅限于故意一种形态，若非机动车驾驶人和行人存在重大过失，也只能减轻机动车一方责任而不能免除其责任。还需注意的是，非机动车和行人的故意通常指受害人自杀、自残或"碰瓷"等使自己造成人身伤害的故意，而非违反《道路交通安全法》安全注意义务的故意。比如故意闯红灯的行为，虽然存在违反《道路交通安全法》义务的故意，但并无造成自身人身伤害的故意，此时若发生机动车交通事故，造成闯红灯的非机动车、行人损失，只能减轻而不能免除机动车一方责任。

【案例十三】

道路交通事故损害赔偿纠纷案件中，机动车交通事故责任强制保险中的分项限额能否突破*

一、案情简介

2010年12月28日19时30分许，高某沿S303线由南向北行走至肇事地点处，被一辆由南向北行驶的机动车撞倒后（肇事后，驾车逃离现场，致使高某受伤摔倒于公路），又被由后驶来邢某驾驶的正三轮载客摩托车（忽视安全，观察瞭望不够，未保持安全车速，车主为郭某，邢某为其雇佣司机）撞出21.20米，造成高某受伤，车辆损坏的交通事故。此事故经某县公安局交通警察大队认定，肇事逃逸机动车肇事时的实际驾驶人（未查获）与邢某的行为对该起事故的发生共同起全部作用，共同承担全部责任，高某无责任。高某在事故当时到某县人民医院治疗，支付交通费50元（事故发生地至医院救护车费），次日转到中国医科大学附属第一医院门诊治疗，2011年1月1日办理住院手续，高某于2011年1月6日办理出院手续，医院诊断为：左侧颞叶脑出血、右侧颞叶硬膜外血肿、右侧额、顶部硬膜下血肿、蛛网膜下腔出血、右侧颞骨骨折、脑室出血。出院医嘱：回当地医院继续治疗。高某于2011年1月8日至某县人民医院住院治疗，2011年1月15日出院，共计住院13天，治疗期间支付医疗费29932.90元。住院期间1人护理。另查明，人保公司承

---

* 案例来源：最高人民法院民事审判第一庭编：《民事审判指导与参考》2012年第2辑（总第50辑）。

保了肇事车辆三轮车的交强险。

二、法院裁判情况

一审法院认为,因邢某的违法行为,造成交通事故,致使高某受伤,侵犯了高某的生命健康权,给高某造成损失,在事故责任范围内由其雇主郭某承担赔偿责任。人保公司在交强险限额内对高某承担赔偿责任。高某请求中有证据证明符合法律规定的,在其请求范围内予以支持。依照《中华人民共和国道路交通安全法》第二十二条第一款、第四十二条、第七十条第一款、第七十六条、《中华人民共和国侵权责任法》第十六条、第四十八条、《最高人民法院关于审理人身损害赔偿案件适用法律若干问题的解释》第九条、第十七条、第二十条、第二十一条、第二十二条、第二十三条之规定,判决:一、高某医疗费29932.90元、住院伙食补助费195元、护理费750元、误工费498.60元、交通费50元,计31426.50元,由人保公司在交强险限额内赔偿;二、驳回高某对邢某的诉讼请求;三、驳回高某的其他诉讼请求。案件受理费500元,由郭某负担。

一审宣判后,人保公司向二审法院提起上诉,请求撤销原判,依法改判。理由是:一审判令人保公司在交强险限额内承担的赔偿数额超出了法律及保险条款规定的限额,交强险医疗部分赔偿限额为1万元,而原审认定了3万多元。

三、案件争议焦点

二审的争议焦点是:原审认定人保公司在交强险限额内对高某进行赔偿是否正确,即医疗费部门超过1万元限额判决,适用法律是否正确。

四、主要观点及理由

案件经该院审判委员会讨论形成两种意见:

多数人意见认为:第一,依照《道路交通安全法》第七十六条规定,机动车发生交通事故造成人身伤亡、财产损失的,由保险公司在机动车第三者责任强制险保险责任限额范围内予以赔偿。该条款并未明确规定保险公司应当在分项限额范围内承担责任。人保公司上诉称其仅在医疗费1万元的分项限额内承担赔偿责任实际上侵害了道路交通事故受害人得到充分救济的权利，亦与交强险的立法精神相悖。因为机动车交通事故责任强制保险设立的目的就是对受害人给予及时、有效的救济，并合理分摊机动车辆投保方的事故风险损失。在当前机动车强制保险责任总限额已经明确且无争议的情况下，保险公司理应在机动车第三者责任强制保险责任的总限额内予以赔偿，以充分体现保险公司最大诚信原则，实现交通事故受害人获得基本保障的权利。医疗费限额1万元，损失赔偿限额2000元，无疑限制了受害人获得赔偿的数额，特别是医疗费很高，但却不构成伤残的受害人和财产损失很大，但却没有人身伤亡的当事人，无法获得足够的赔偿。随着社会经济的不断发展，目前所规定的交强险分项赔偿限额已远远不能满足需要，特别是随着医疗抢救费用水平的提高，现行的1万元的交强险医疗赔偿限额过低。如严格按照现行的交强险分项赔偿限额执行，不利于充分保护交通事故中受害人的利益，不利于社会稳定和社会经济发展。

第二，道路交通安全法规定保险公司在责任限额内赔偿受害人，没有分项限额的规定，分期限额的规定只在保险条例中有。道路交通安全法是全国人大制定的法律，属上位法，而《机动车交通事故责任强制保险条例》（以下简称《交强险条例》）是国务院制定的条例，属下位法，根据法律的适用原则，上位法优于下位法，即保险公司在责任限额内赔偿受害人，不再按分项限额处理。这样做，既是《交强险条例》"为了保障机动车道路交通事故受害人依法得到赔偿"的立法本意，也符合《交强险条例》第二十一条"保险公司依法在机动车交通事故责任强制险责任限额范围内予以赔偿"的规定，而如此规定，最重要的是能最大限度地让医疗费较高、财产损失较大的当事人受偿。

第三，虽然国务院颁布实施的《交强险条例》第二十三条规定了交强险责任限额划分为死亡伤残赔偿限额、医疗费用赔偿限额、财产损失赔偿限额以及无责任赔偿限额，但同时也明确了，这需由原保监会会同其他三部委规定。原保监会自行制定的《交强险保险条款》不是部门规章，且内容与《道路交通安全法》第七十六条规定相冲突，故不能成为本案判决的依据。

第四，投保人一次交付保费，并未明确细分投保项目，则理赔时考虑分项因素，对被保险人不公平，故赔偿项目当然也不应分项。

第五，交强险是强制险，交强险合同是格式条款，交强险的分项限额是保险公司单方提出的。

第六，原保监会分项限额的确定，从未向社会公布过其数额的来源和依据，而道路交通事故造成人身、财产损失的不确定因素很多，简单地应用分项限额赔偿不能适应实践中的需求。

少数人意见认为：按照《交强险条例》的规定，应当在分项限额内判决。

我们认为，对此问题应从如下方面分析：

所谓分项限额，是指按照《交强险条例》的规定，机动车责任强制保险区分为有责限额和无责限额，"有责"和"无责"是指被保险人在交通事故中是否有责任。同时，在这两个限额之下，根据交通事故所造成的损失类型的不同，又将限额区分为死亡伤残赔偿限额、医疗费用赔偿限额以及财产损失赔偿限额。① 由此，保险公司在实践中理赔时，如被保险人无责任，则在无责限额内的相应分项限额内赔付；如被保险人有责任，则在有责限额内的相应分项限额内赔付。

如何看待分项限额能否突破的问题？我们认为，在将我国的交强险定位为基本保障模式从而在责任限额范围内与侵权责任脱钩的前提下（亦即，在交强险限额范围内不再讨论侵权责任，而直接由保险公司予以赔付），分项限额与机动车责任强制保险采取的基本保障模式并无必然联

---

① 根据《保监会关于调整交强险责任限额的公告》（2008年1月11日），目前我国机动车交通事故责任强制保险的责任限额为：

被保险机动车在道路交通事故中有责任的赔偿限额为：死亡伤残赔偿限额110000元人民币；医疗费用赔偿限额10000元人民币；财产损失赔偿限额2000元人民币。

被保险机动车在道路交通事故中无责任的赔偿限额为：死亡伤残赔偿限额11000元人民币；医疗费用赔偿限额1000元人民币；财产损失赔偿限额100元人民币。

系。换言之，机动车责任强制保险的基本保障功能并不必然导致分项限额具有不合理性，甚而至于是相反。因为，在基本保障模式下，机动车责任强制保险的保障范围更多地取决于费率水平、事故率、道路交通状况、保险业的经营管理水平、再保险市场的发展程度乃至于人们的道路交通安全意识。进而言之，保障范围的大小与一国所欲投入的损失填补成本息息相关，而并不取决于法律上的逻辑。保险限额范围内与侵权责任相互脱钩的做法，在逻辑上也并不会必然产生限额范围内的所有损失都应当由保险予以赔付的结论。在费率水平确定的情况下，采取基本保障模式的机动车责任强制保险的赔偿范围更多取决于事故率等因素，我国《交强险条例》中将责任限额区分为有责限额、无责限额以及各自限额下的细分限额，其合理性就只有从整个制度所涉及的纷繁复杂的多个因素综合考虑，而不应当仅仅是受害人的保护或法律逻辑。

由上述分析可知，在评价分项限额是否合理的问题上，司法判断所立基的解释论立场往往就不够用，因为，对这一问题的评价，需要对全国范围内的道路交通状况作出评估、需要对事故率作出统计及预测、需要就赔偿范围的变化对费率水平的影响进行计算、需要就费率水平的变化与民众的接受度进行预测，而这些恰恰是人民法院所不具有的能力。显然，在分项限额的问题上，涉及如此深入的专业问题和政策把握问题，由立法机构或行政机关作出判断更加妥当，道路交通安全法将机动车责任强制保险制度授权给行政机关，也正是此种判断的当然结论。

当然，还要认识到，司法解决问题的范围是有限的。分项限额不仅仅涉及受害人的损失填补，间接地，还与机动车责任强制保险的费率水平等相关，涉及不特定多数人的利益。如果此类问题交由司法判断，在解决纠纷、化解矛盾的激励之下，司法判断往往会实现个案的化解但却忽视对公众的基本财产权产生的影响。而基于司法权的特征，由人民法院作出类似的决策，其正当性理由就不够充分。

除了上述原因外，还有，根据《道路交通安全法》第十七条的规定，立法机构将交强险制度的设立授权给国务院，因此，国务院制定的《交强险条例》关于分项限额的规定，是有法律依据的。同时，如前所述，交强险分项限额问题涉及费率水平、事故概率等方方面面的因素，而国务院在制定该条例时是考虑到了这些因素的。

总而言之，我们认为，从现行法的规定、分项限额问题所涉及的因素以及其影响、司法权的特点来看，该问题不属于司法判断的范围而应由立法来决策。

五、最高人民法院民一庭裁判观点

根据《中华人民共和国道路交通安全法》第十七条、《交强险条例》第二十三条，机动车发生交通事故后，受害人请求承保机动车第三者责任强制保险的保险公司对超出机动车第三者责任强制保险分项限额范围的损失予以赔偿的，人民法院不予支持。

【新旧法律依据对照】

旧法	新法	旧司法解释	新司法解释
《道路交通安全法》（2011年修正）第七十六条 机动车发生交通事故造成人身伤亡、财产损失的，由保险公司在机动车第三者责任强制保险责任限额范围内予以赔偿；不足的部分，按照下列规定承担赔偿责任： （一）机动车之间发生交通事故的，由有过错的一方承担赔偿责任；双方都有过错的，按照各自过错的比例分担责任。	《民法典》第一千二百零八条 机动车发生交通事故造成损害的，依照道路交通安全法律和本法的有关规定承担赔偿责任。		

续表

旧法	新法	旧司法解释	新司法解释
（二）机动车与非机动车驾驶人、行人之间发生交通事故，非机动车驾驶人、行人没有过错的，由机动车一方承担赔偿责任；有证据证明非机动车驾驶人、行人有过错的，根据过错程度适当减轻机动车一方的赔偿责任；机动车一方没有过错的，承担不超过百分之十的赔偿责任。 交通事故的损失是由非机动车驾驶人、行人故意碰撞机动车造成的，机动车一方不承担赔偿责任。			
《侵权责任法》第四十八条 　　机动车发生交通事故造成损害的，依照道路交通安全法的有关规定承担赔偿责任。	《民法典》第一千二百零八条 　　机动车发生交通事故造成损害的，依照道路交通安全法律和本法的有关规定承担赔偿责任。		

续表

旧法	新法	旧司法解释	新司法解释
《侵权责任法》第十六条 　　侵害他人造成人身损害的，应当赔偿医疗费、护理费、交通费等为治疗和康复支出的合理费用，以及因误工减少的收入。造成残疾的，还应当赔偿残疾生活辅助具费和残疾赔偿金。造成死亡的，还应当赔偿丧葬费和死亡赔偿金。	《民法典》第一千一百七十九条 　　侵害他人造成人身损害的，应当赔偿医疗费、护理费、交通费、营养费、住院伙食补助费等为治疗和康复支出的合理费用，以及因误工减少的收入。造成残疾的，还应当赔偿辅助器具费和残疾赔偿金；造成死亡的，还应当赔偿丧葬费和死亡赔偿金。	《人身损害赔偿司法解释》(2003)第十七条 　　受害人遭受人身损害，因就医治疗支出的各项费用以及因误工减少的收入，包括医疗费、误工费、护理费、交通费、住宿费、住院伙食补助费、必要的营养费，赔偿义务人应当予以赔偿。 　　受害人因伤致残的，其因增加生活上需要所支出的必要费用以及因丧失劳动能力导致的收入损失，包括残疾赔偿金、残疾辅助器具费、被扶养人生活费，以及因康复护理、继续治疗实际发生的必要的康复费、护理费、后续治疗费，赔偿义务人也应当予以赔偿。 　　受害人死亡的，赔偿义务人除应当根据抢救治疗情况赔偿本条第一款规定的相关费用外，还应当赔偿丧葬费、被扶养人生活费、死亡补偿费以及受害人亲属办理丧葬事宜支出的交通费、住宿费和误工损失等其他合理费用。	

【法律适用指引】

法律适用指引
　　死亡赔偿金的性质认识

　　对死亡赔偿金的争论主要集中在如何确定死亡赔偿对象、赔偿范围和赔偿标准。赔偿对象解决死亡赔偿金赔给谁。有的认为，侵权人致被侵权人死亡，造成了死者损害，侵害了死者权益，死亡赔偿金是对死者的赔偿，死者近亲属只是继承了死亡赔偿金；也有的认为，被侵权人死亡后已经不具有民事主体资格，因此，侵害的只能是死者近亲属权益，死亡赔偿金是对死者近亲属的赔偿。赔偿范围和赔偿对象有一定关联性，死亡赔偿金的范围解决哪些损害应当得到赔偿。[①]

　　在死亡赔偿金问题上，比较法上多认为死亡赔偿金绝非对死者的财产损害的赔偿，而是对于受害死者有关亲属的赔偿。在立法例上有两种学说，即"扶养丧失说"与"继承丧失说"。"扶养丧失说"认为，由于受害人死亡导致其生前依法定扶养义务供给生活费的被扶养人丧失了生活费的供给来源，受有财产损害，对此损害加害人应当予以赔偿。在这种立法例下，赔偿义务人赔偿的范围，就是被扶养人在受害人生前从其收入中获得的或者有权获得的自己的扶养费份额。至于因受害人的死亡而导致对受害人享有法定继承权的那些人从受害人处将来所继承财产减少的损失，不属于赔偿之列。另外在赔偿时，如果受害人没有受其供养的被扶养人，不存在损害，赔偿义务人就不承担该项赔偿责任。"继承丧失说"认为，侵害他人生命致人死亡，不仅受害人的生命利益本身受侵害，而且造成受害人余命年岁内的收入"逸失"，使得这些原本可以作为

[①] 王胜明主编：《〈中华人民共和国侵权责任法〉条文解释与立法背景》，人民法院出版社2010年版，第73~74页。

受害人的财产为其法定继承人所继承的未来可取得收入，因加害人的侵害行为所丧失，对于这种损害应当予以赔偿。实际上，在这种立法例下，赔偿义务人应当赔偿的范围为受害人因死亡而丧失的未来可得利益。

在我国，原《民法通则》第一百一十九条没有规定死亡赔偿金。原来的《道路交通事故处理办法》第三十七条第一次出现死亡补偿费的概念，《消费者权益保护法》第四十九条、《国家赔偿法》第三十四条、《产品质量法》第四十四条对死亡赔偿金作了规定，其基本性质属于精神损害赔偿金。除《国家赔偿法》的规定外，其他规范所采纳的是"扶养丧失说"。在原《最高人民法院关于审理涉外海上人身伤亡案件损害赔偿的具体规定（试行）》第四条规定的"死亡赔偿范围和计算公式"中，收入损失是指根据死者生前的综合收入水平计算的收入损失。计算公式是：收入损失=（年收入-年个人生活费）×死亡时起至退休的年数+退休收入×10，死者年个人生活费占年收入的25%~30%，采取的是"继承丧失说"。《精神损害赔偿司法解释》所规定的死亡赔偿金明确认为是精神损害抚慰金，采取了"扶养丧失说"。

但是以"扶养丧失说"作为我国死亡赔偿金制度的理论基础存在不足，在司法实务中也出现了困境。为此，《人身损害赔偿司法解释》放弃过去的立场，以"继承丧失说"解释我国有关法律规定中的死亡赔偿金制度。按照这一新的解释立场，死亡赔偿金的内容是对收入损失的赔偿，其性质是财产损害赔偿，而不是精神损害赔偿。这一改变是有道理的，对保护受害人的合法权益有益，应当肯定。① 应该说，死亡赔偿金不是命价，因为一个人的生命是非常宝贵的，是无价的。按照继承丧失说，一个被侵权人，他可能没有被扶养人，但是他通过自己的劳动，会积累财富，这些财富在他死亡后作为遗产由自己的近亲属继承。但是，现在被侵权人死亡了，不可能再劳动，自然就没有财产积累了。这种情况下，要用死亡赔偿金来填补这一损失。②

---

① 杨立新：《侵权法论》（第五版），人民法院出版社2013年版，第1092~1093页。
② 杜万华：《杜万华大法官民事商事审判实务演讲录》，人民法院出版社2016年版，第167页。

目前对于死亡赔偿金的认识，尽管存在各种不同观点，但对于其本质已基本形成共识：死亡赔偿金并非对生命权本身的救济，或对生命价值的赔偿，死亡赔偿金不是用来与人的生命进行交换或者对生命权的丧失进行填补的，而是对因侵害生命权所引起的近亲属的各种现实利益损失的赔偿。近亲属与死者之间具有经济上的牵连和情感上的依赖，亲人的死亡给他们带来了一系列损害：为受害亲人支出救治费用和丧葬费用，为照顾亲人产生误工等"纯粹经济损失"；因亲人离世导致扶养费的丧失或物质生活水平的降低；因亲人不幸罹难而产生精神痛苦。相应地，侵权死亡赔偿也应包括相关财产损失赔偿、死亡赔偿金、精神损害赔偿三部分。死亡赔偿金作为侵权死亡赔偿的一部分，是对近亲属因亲人离世导致扶养费的丧失或物质生活水平降低这一损害（逸失利益）的赔偿。[①]

---

① 张新宝：《〈侵权责任法〉死亡赔偿制度解读》，载《中国法学》2010年第3期。

【案例十四】

无偿代驾发生交通事故，如何认定无偿驾驶人和车辆所有人的责任[*]

一、案情简介

2011年10月，张某因喝酒不能开车，请其朋友郭某驾驶粤××号轿车送其回家，当行驶至某路段，遇梁某驾驶桂××号普通二轮摩托车乘搭李某对向行驶而来，郭某所驾驶车辆越过道路中心实线行驶过左侧路面，两车发生碰撞，造成梁某、李某受伤。同年11月，F市公安局N分局交通警察大队作出《道路交通事故认定书》，认定郭某承担本起事故的全部责任，梁某、李某不承担本起事故的责任。事故发生后，李某被送到医院接受门诊、住院治疗，产生医疗费用89019元。事故发生后，保险公司已在交强险医疗费用赔偿限额内支付了医疗费10000元；郭某、张某共支付了赔偿款17000元。

粤××号轿车登记车主及实际支配人为张某。该肇事车辆已在保险公司投保了交强险（其中有责任死亡伤残赔偿限额110000元，有责任医疗费用赔偿限额10000元，有责任财产损失赔偿限额2000元），事故发生在保险期间内。事故发生后，保险公司已在交强险医疗费用赔偿限额10000元内垫付了李某医疗费10000元。

---

[*] 案例来源：最高人民法院民事审判第一庭编：《民事审判指导与参考》2014年第1辑（总第57辑）。

二、法院裁判情况

事故发生后,李某向法院起诉请求:(1)郭某赔偿医疗费72019元(其他损失另行起诉);(2)张某承担连带赔偿责任;(3)Y保险公司在保险限额10000元内承担连带赔偿责任;(4)郭某、张某和Y保险公司共同承担本案诉讼费用。一审法院认为:F市公安局N分局交通警察大队认定由郭某负本起事故全部责任,程序合法,事实认定清楚,责任划分准确,依法予以采信。依照法律规定,对本起交通事故所造成李某的各项损失,应先由Y保险公司在交强险各项赔偿限额内赔偿予李某;超出部分,由郭某承担全部赔偿责任赔偿予李某。因李某未能提供证据证明张某对本起交通事故的发生存在过错,故李某诉请张某承担连带赔偿责任于法无据,依法不予支持。因Y保险公司已在交强险医疗费用赔偿限额10000元内全部赔偿完毕,故Y保险公司在交强险医疗费用赔偿限额内不再承担本案的赔偿责任。李某主张Y保险公司应对本案承担赔偿责任于法无据,不予支持。因李某住院治疗已产生医疗费89019元,扣减Y保险公司已支付的医疗费赔偿款及郭某支付的赔偿款,余款应由郭某承担全部赔偿责任赔偿予李某。

李某不服一审判决提起上诉称,张某应对郭某的赔偿责任承担连带赔偿责任。事发当天,因车主张某喝酒,便叫其朋友郭某代为驾车送其回家,随后发生本案事故。郭某的代驾行为应属于雇佣或无偿帮工性质,根据相关法律规定,雇主(车主)张某承担赔偿责任,雇员(驾驶员)郭某因重大过失承担连带赔偿责任。

二审法院认为,本案争议焦点是张某、郭某应否对李某的损失承担连带赔偿责任。民法中的义务帮工是指帮工人自愿、短期、无偿为被帮工人提供劳务,具有自愿性、自主性、临时性、无偿性和劳务性等特征。首先,根据被帮工人的指示从事劳务活动,是帮工关系的一个重要特点。如果某种行为形式上是无偿帮助关系,但具体帮助行为不受被帮工人的指挥,则不能认定为帮工关系。本案中,即使张某让郭某驾车送其回家,从而发生本案交通事故,但是郭某在整个驾驶过程中并不受张某的指挥,张某并未对郭某如何完成送其回家这一行为进行具体的指示，因此郭某这一行为不是民法意义上的提供劳务的法律行为，不能由此认定为帮工关系，产生义务帮工的法律后果。其次，雇佣一般是指根据当事人约定，一方于一定或不定的期限内为他方提供劳务，他方给付报酬的情形。本案中，张某与郭某并不符合雇佣关系的构成要件。最后，张某是案涉车辆粤××号轿车的登记所有人，其将机件合格的车辆交给有驾驶资格的郭某，且郭某并不存在酒后驾驶的情形，车辆的管理、控制和使用事实上都是由郭某自行负责，张某并无过错，无需承担民事赔偿责任。一审判决认定事实清楚，适用法律正确，应予维持。

李某不服二审判决，向法院申请再审。

法院再审认为，本案系机动车交通事故责任纠纷。F市公安局N分局交通警察大队出具的《道路交通事故认定书》，明确载明案涉机动车驾驶人郭某承担本起事故的全部责任，梁某、李某不承担本起事故的责任，根据《道路交通安全法》第七十六条的规定，表明案涉车辆粤××号轿车一方具有过错。本案的关键是在机动车所有人和驾驶人不是同一人的情况下，能否适用《侵权责任法》第四十九条的规定，通过审查机动车所有人张某是否有过错来决定其应否承责。《侵权责任法》第四十九条适用于租赁、借用等机动车所有人和使用人不是同一人的情形。在此种情形下，所有人和使用人是分离的，所有人对机动车运行不再具有直接的、绝对的支配力，也不再直接享有机动车运行带来的利益。本案中，张某既是案涉车辆的所有人，也是使用人。从运行支配来看，虽然车辆所有人张某喝了酒，但其并非对车辆运行没有支配力，郭某是应张某的要求来代驾的，车辆运行的目的地也受张某指示；从运行利益来看，郭某驾驶车辆的目的并非为其个人利益，而是送张某回家，张某享有运行利益。因此，本案不属于《侵权责任法》第四十九条规制的范畴，一、二审法院通过审查张某是否存在过错来认定其是否应承担责任属于适用法律错误。郭某是出于朋友的情分来帮忙的，不计取报酬。符合《人身损害赔偿司法解释》第十三条规定的义务帮工的性质。根据该条的规定，为他人无偿提供劳务的帮工人，在从事帮工活动中致人损害的，被帮工人应当承担赔偿责任；帮工人存在故意或者重大过失，赔偿权利人请求帮工人和被帮工人承担连带责任的，人民法院应予支持。故法院再审改判张某于判决生效之日起十日内向李某赔偿62019元（截至2011年12月9日李某治疗产生的医疗费，已扣减Y保险公司支付的10000元和张某、郭某已支付的17000元），郭某对上述义务承担连带赔偿责任。

三、主要观点及理由

第一种观点认为，驾驶人在整个驾驶过程中并不受车辆所有人的指挥，车辆所有人未对驾驶人如何完成送其回家进行具体的指示，因此驾驶人的行为不是民法意义上的提供劳务的法律行为。车辆所有人将其机件合格的车辆交给有驾驶资格的驾驶人，车辆的管理、控制和使用事实上都是由驾驶人自行负责，车辆所有人并无过错，无需承担民事赔偿责任。

第二种观点认为，从运行支配来看，虽然车辆所有人喝了酒，但其并非对车辆运行没有支配力，车辆运行的目的地也受车辆所有人指示；从运行利益来看，驾驶人驾驶车辆的目的并非为其个人利益，而是送车辆所有人回家，车辆所有人享有运行利益。驾驶人出于朋友的情分来帮忙，不计取报酬，符合《人身损害赔偿司法解释》第十三条规定的义务帮工的性质。

我们同意第二种观点，理由如下：

1. 无偿代驾引发的交通事故纠纷不属于《侵权责任法》第四十九条适用的范畴

《侵权责任法》第四十九条是解决机动车所有人或管理人和使用人分离时发生交通事故，责任主体应如何确定的问题。在机动车所有人或管理人和使用人分离的情况下，从运行支配来看，所有人或者管理人对机动车运行不再具有直接的、绝对的支配力，机动车完全置于使用人控制之下；从运行利益来看，虽然所有人或者管理人可能会收取租金，但机动车的使用情况与所有人或者管理人的收益之间没有关联性，从机动车运行中获取利益的主体是使用人。因此，在机动车所有人或者管理人和使用人分离的情况下，机动车使用人理应是承责主体。当然，作为机动车所有人或者管理人也负有必要的注意义务，例如机动车的车况、使用人是否具备必要的驾驶能力等，即所有人或者管理人承担的是过错责任。

在无偿代驾纠纷中，典型情况是车辆所有人本身就是使用人，不存在"所有人"和"使用人"分离的情形，所谓分离，是指"使用人"和"驾驶人"并非同一主体，本案即是这种情况。本案中，从运行支配来看，虽然车辆所有人张某喝了酒，但郭某是应张某的要求来代驾的，车辆运行的目的地也受张某指示，张某对车辆具有法律上和事实上的运行支配权；从运行利益来看，郭某驾驶车辆的目的并非为其个人利益，而是运送张某回家，张某享有运行利益。因此，郭某并非案涉车辆的使用人，只是驾驶人；张某作为案涉车辆的车主，既是所有人，也是使用人，其理应作为责任主体。既然车辆所有人和使用人并未分离，故不能适用《侵权责任法》第四十九条的规定，通过审查车辆所有人张某是否具过错来决定其是否应承责。一、二审法院认为张某没有过错，无需承责，属于适用法律错误。

当然，在无偿代驾中，也存在"所有人"和"使用人""使用人"和"驾驶人"均分离的个别情况。例如车主甲将其车辆借给其朋友乙使用，乙在使用过程中请其亲戚丙来代驾，因此而发生交通事故。此时，乙、丙之间并非所有人和使用人相分离的情况，两者之间的法律关系不能按照《侵权责任法》第四十九条的规定来处理，仍应按照义务帮工的法律关系予以处理。但甲、乙之间属于所有人和使用人相分离的情况，甲是否应承担法律责任应根据《侵权责任法》第四十九条的规定，审查甲是否存在过错决定其应否承责。

2. 车辆所有人和无偿代驾人之间构成义务帮工的法律关系

无偿代驾中，代驾人和车辆所有人（使用人）之间的关系到底如何定性，《道路交通安全法》及《侵权责任法》均未予以规定。根据《人身损害赔偿司法解释》的规定，义务帮工是指无偿自愿为他人提供劳务的自愿帮工活动。帮工人是为被帮工人无偿提供劳务的人，帮工人是不取报酬的，是出于亲朋好友的情分来帮忙的，被帮工人是受益人，帮工活动的结果是被帮工人获得利益。本案中，郭某之所以驾驶案涉车辆，其原因是张某喝酒后不能驾驶车辆，其目的是送张某回家，双方之间是朋友关系，完全是无偿的帮助行为，符合上述司法解释关于义务帮工的性质。

根据上述司法解释的规定，张某是被帮工人，其是代驾活动的受益人，理应承担赔偿责任。至于帮工人是否应承担连带责任，则应根据帮工人的主观过错来决定。本案中，F市公安局N分局交通警察大队作出《道路交通事故认定书》，认定郭某承担本起事故的全部责任，梁某、李某不承担本起事故的责任，可见郭某在驾驶过程中是存在重大过失，应承担连带赔偿责任。从代驾者的注意义务来看，驾驶是一种存在安全风险的行为，高速行驶的机动车对自己和他人都有巨大的安全风险。因此，代驾者必须尽到高度注意义务，严格遵守交通规则，切实保护自己、车主以及第三方的生命财产安全。如果代驾者违规驾驶引发车祸而不需赔偿，不仅对于受害人来说非常不公平，而且客观上将降低代驾者的谨慎驾驶义务，给社会带来更大的风险。

3. 无偿代驾的处理应考量裁判的社会认可度

民事法律规范本身就是社会基本道德的规范化，如何通过正确适用法律弘扬社会主义道德风尚是当前民事审判应充分注意的问题。民事裁判的结果不能仅仅满足于不违背法律规定，应力求全面、准确理解法律的精神和道德内涵，深入挖掘法律所蕴含的道德价值取向，使案件的处理兼顾法律效果和社会效果。本案中，案涉车辆的驾驶人是郭某，发生交通事故时才23岁，赔偿能力不足，至今也未执行到位。如果代驾的受益人张某不承担责任，不仅受害人难以接受，也将打击无偿代驾人的积极性，不利于弘扬人们之间助人为乐的传统美德，社会上对此判决的接受程度亦不高。

四、最高人民法院民一庭裁判观点

驾驶人为了车辆所有人的利益无偿代为驾驶车辆发生交通事故，所有人对车辆既具有运行支配，也享有运行利益，应承担赔偿责任。无偿驾驶人和车辆所有人之间构成义务帮工的法律关系，无偿驾驶人是否应承担连带赔偿责任应根据其主观过错进行判断。

四、机动车交通事故责任

【新旧法律依据对照】

旧法	新法	旧司法解释	新司法解释
《道路交通安全法》（2011年修正） 第七十六条 　　机动车发生交通事故造成人身伤亡、财产损失的，由保险公司在机动车第三者责任强制保险责任限额范围内予以赔偿；不足的部分，按照下列规定承担赔偿责任： 　　（一）机动车之间发生交通事故的，由有过错的一方承担赔偿责任；双方都有过错的，按照各自过错的比例分担责任。 　　（二）机动车与非机动车驾驶人、行人之间发生交通事故，非机动车驾驶人、行人没有过错的，由机动车一方承担赔偿责任；有证据证明非机动车驾驶人、行人有过错的，根据过错程度适当减轻机动车一方的赔偿责任；机动车一方没有过错的，承担不超过百分之十的赔偿责任。 　　交通事故的损失是由非机动车驾	《民法典》 第一千二百零八条 　　机动车发生交通事故造成损害的，依照道路交通安全法律和本法的有关规定承担赔偿责任。		

续表

旧法	新法	旧司法解释	新司法解释
驶人、行人故意碰撞机动车造成的，机动车一方不承担赔偿责任。			
《侵权责任法》第四十九条 因租赁、借用等情形机动车所有人与使用人不是同一人时，发生交通事故后属于该机动车一方责任的，由保险公司在机动车强制保险责任限额范围内予以赔偿。不足部分，由机动车使用人承担赔偿责任；机动车所有人对损害的发生有过错的，承担相应的赔偿责任。	《民法典》第一千二百零九条 因租赁、借用等情形机动车所有人、管理人与使用人不是同一人时，发生交通事故造成损害，属于该机动车一方责任的，由机动车使用人承担赔偿责任；机动车所有人、管理人对损害的发生有过错的，承担相应的赔偿责任。	《道路交通损害赔偿司法解释》(2012)第一条 机动车发生交通事故造成损害，机动车所有人或者管理人有下列情形之一，人民法院应当认定其对损害的发生有过错，并适用侵权责任法第四十九条的规定确定其相应的赔偿责任： （一）知道或者应当知道机动车存在缺陷，且该缺陷是交通事故发生原因之一的； （二）知道或者应当知道驾驶人无驾驶资格或者未取得相应驾驶资格的； （三）知道或者应当知道驾驶人因饮酒、服用国家管制的精神药品或者麻醉药品，或者患有妨碍安全驾驶机动车的疾病等依法不能驾驶机动车的； （四）其它应当认定机动车所有人或者管理人有过错的。	《道路交通损害赔偿司法解释》(2020)第一条 机动车发生交通事故造成损害，机动车所有人或者管理人有下列情形之一，人民法院应当认定其对损害的发生有过错，并适用民法典第一千二百零九条的规定确定其相应的赔偿责任： （一）知道或者应当知道机动车存在缺陷，且该缺陷是交通事故发生原因之一的； （二）知道或者应当知道驾驶人无驾驶资格或者未取得相应驾驶资格的； （三）知道或者应当知道驾驶人因饮酒、服用国家管制的精神药品或者麻醉药品，或者患有妨碍安全驾驶机动车的疾病等依法不能驾驶机动车的； （四）其它应当认定机动车所有人或者管理人有过错的。

续表

旧法	新法	旧司法解释	新司法解释
		《人身损害赔偿司法解释》（2003）第十三条 为他人无偿提供劳务的帮工人，在从事帮工活动中致人损害的，被帮工人应当承担赔偿责任。被帮工人明确拒绝帮工的，不承担赔偿责任。帮工人存在故意或者重大过失，赔偿权利人请求帮工人和被帮工人承担连带责任的，人民法院应予支持。	《人身损害赔偿司法解释》（2022）第四条 无偿提供劳务的帮工人，在从事帮工活动中致人损害的，被帮工人应当承担赔偿责任。被帮工人承担赔偿责任后向有故意或者重大过失的帮工人追偿的，人民法院应予支持。被帮工人明确拒绝帮工的，不承担赔偿责任。

【法律适用指引】

法律适用指引一
民法典对机动车交通事故责任体系的完善

机动车交通事故损害赔偿作为民事法律关系的重要部分，仍然在《民法典》侵权责任编中单设一章，共计10条。在《侵权责任法》的基础上，进一步丰富和明确了特殊形态下的赔偿责任主体。其中，显著的变化体现在两个方面：一是吸收和增加了司法解释中有关挂靠及私自使用机动车的责任主体；二是修改和增加了盗窃、抢劫或抢夺时的责任主体。

《民法典》还在《侵权责任法》有关责任主体的基础上，吸收司法解释及司法实践关于交强险、商业保险及侵权责任主体赔偿顺序的有关规则,增加了机动车交通事故责任的赔偿顺序。新增和明确了好意同乘即无偿搭乘时的减责和免责事由。这一增加,丰富了机动车交通事故侵权责任的责任体系。因此,《民法典》机动车交通事故责任的规定与道路交通安全法律共同形成了包含责任主体、归责原则、构成要件、免责事由、赔偿顺序在内的机动车交通事故责任的完整结构和鲜明特点,二者都是机动车交通事故责任的法律渊源。

法律适用指引二
经同意的使用人承担责任的前提和原则

《侵权责任法》最初制定时,经历了所有人与使用人承担连带责任至使用人承担责任、所有人承担过错责任的转变。主要考虑的理由在于三个方面:一是如前所述的风险控制理论,机动车本身并不会产生风险,机动车的驾驶行为是危险的来源,因此控制和开启危险的驾驶人即使用人应当承担责任。二是在所有人并不直接占有机动车时,控制风险并具有防范风险义务的人,只能是机动车的驾驶人。对所有人课以义务,无助防范风险。三是就营运利益而言,驾驶人所享有的利益更为直接。基于上述理由,《侵权责任法》规定了使用人为机动车损害赔偿的责任主体。《民法典》第一千二百零九条延续该规定,并无变化。

使用人固然是机动车交通事故的赔偿责任主体,但由于《道路交通安全法》第七十六条割裂了机动车责任主体与赔偿责任主体,进而也适用不同的归责原则。前者由《道路交通安全法》第七十六条确定,区分两种情形适用不同的归责原则;后者依据《民法典》第一千二百零九条确定,适用无过错责任原则。

第一,在确定赔偿责任主体时,首先需要确定是否由机动车一方承担责任。机动车发生交通事故,使用人承担责任,应以侵权责任属于该机动车一方的责任为前提。这意味着,机动车发生交通事故,必须按照《民法典》第一千二百零八条确定的法律渊源,即根据道路交通安全法律和《民法典》关于归责原则的规定，先行确定机动车与各方的责任。《道路交通安全法》第七十六条对机动车交通事故的归责原则区分两种情形分别作出了规定。首先，机动车之间发生交通事故，适用过错原则确定侵权责任。"主要是考虑到机动车驾驶人之间属于平等主体，不存在强弱的区别，并负有相同的义务。也符合世界各国处理这类事故的惯例和我国目前处理交通事故的实践。"[1] 其次，机动车和非机动车及行人之间发生交通事故，按照通说，应根据无过错责任确定侵权责任，由机动车一方承担侵权责任。根据上述两种不同情形，在机动车之间发生交通事故时，哪一方承担责任需要根据过错责任予以确定。而机动车与非机动车及行人发生交通事故，则可以直接确定由机动车一方承担责任，除非非机动车、行人故意造成损害。只不过，若机动车无过错，应当减轻其责任。此时，需要注意的是，机动车一方的过错与使用人的过错存在交叉，但并不一致。机动车一方的过错需要考虑使用人的过错，但同时包含车辆本身的瑕疵、保有人的过错等。

第二，机动车一方的责任和责任比例确定后，产生两个后果。一是交强险和商业三者险的适用。二是使用人的直接赔偿责任。对于使用人而言，其承担责任的归责原则为无过错责任，即其对交通事故的发生是否存在过错已在所不问。就这一角度可以说，使用人对机动车造成的损害承担的是无过错责任。

---

[1] 郎胜主编：《中华人民共和国道路交通安全法释义》，法律出版社2003年版，第171页。

【案例十五】

违法驾驶情形下交强险保险公司追偿权的行使对象、追偿范围及其诉讼程序
——道路交通损害赔偿司法解释第十八条的解释论[*]

一、案情简介

案例一：2012 年 1 月 5 日，崔甲与崔乙、向甲、向乙共同搭乘魏某驾驶的小型普通客车，与王某（持"C1"机动车驾驶证）驾驶的中型自卸货车，发生碰撞，造成两车受损，乘车人崔甲当场死亡，魏某、向乙受伤。公安交通管理部门作出《道路交通事故认定书》，认定魏某驾车经过连续弯道时占线行驶，王某持"C1"机动车驾驶证驾驶中型自卸货车上道路行使，临危措施不当，认定魏某负此次道路交通事故的主要责任，王某负次要责任，乘车人崔甲、崔乙、向甲、向乙不负责任。

2012 年 4 月 6 日，崔甲的法定继承人与魏某、王某在人民法院就本次交通事故中魏某、王某在交强险外的赔偿责任达成赔偿协议（以下简称前诉），由魏某、王某分别赔偿崔甲的法定继承人 10 万元、3.5 万元。魏某、王某现已实际履行赔偿协议。

王某驾驶的中型自卸货车在保险公司投保了机动车交通事故责任强制保险，保险期限为 2011 年 3 月 16 日至 2012 年 3 月 15 日止。2012 年 5 月 8 日，某人民法院判决该保险公司在交强险责任限额内向崔甲的法定

---

[*] 案例来源：最高人民法院民事审判第一庭编：《民事审判指导与参考》2014 年第 3 辑（总第 59 辑）。

继承人赔偿 11 万元。

2012 年 7 月 3 日，保险公司向人民法院起诉要求王某支付保险公司赔偿崔甲近亲属的 11 万元。

一审法院认为，王某在本次事故中负次要责任，再结合王某在前诉中就本次交通事故所承担的赔偿数额，王某在本次交通事故的赔偿责任限额为 30%。故王某应在其责任限额内承担责任，即保险公司在交强险限额内向崔甲的近亲属赔偿 11 万的 30%，共计 3.3 万元。遂判决：（1）王某支付保险公司保险赔偿金损失 3.3 万元，限判决生效之日起十日内付清；（2）驳回保险公司的其余诉讼请求。保险公司不服，提起上诉，主张一审判决依据王某的事故责任比例确定追偿范围于法无据。

案例二：2010 年 8 月 17 日，于某无证驾驶无牌摩托车超速行驶与林某无证驾驶制动不良的普通货车发生交通事故，经交警认定，于某承担主要责任，林某承担次要责任。

2012 年 3 月 1 日，于某起诉（以下简称侵权之诉），要求林某赔偿医疗费、营业费、鉴定费、精神抚慰金、二次手术费等合计 31219.91 元×30%即 9365.97 元；请求被告交强险保险公司在交强险限额范围内赔偿医疗费、住院伙食补助费、伤残赔偿金、护理人伙食补助费、误工费、护理费误工费等合计 107512 元。诉讼中，于某与林某达成协议，法院出具调解书；2012 年 5 月 29 日，一、二审法院判决保险公司向于某赔偿各项损失 107512 元。

之后，保险公司另行提起民事诉讼，向林某（车辆驾驶人）及李某（车辆所有人）主张追偿权。一审法院支持保险公司诉讼请求。林某、李某提出上诉。李某主张，首先，根据《最高人民法院审理道路交通事故损害赔偿案件适用法律若干问题的解释》（以下简称《道交司法解释》）第十八条的规定，被追偿对象是"侵权人"，其作为车辆所有人不是被追偿对象；其次，李某未参加侵权之诉，依据侵权之诉认定的赔偿数额确定其被追偿数额，程序不当。

二、案件争议焦点

上述两个案例涉及交强险保险公司的追偿权的相关问题：

1. 保险公司依据《道交司法解释》第十八条之规定，在交强险责任限额范围内向第三人承担赔偿责任后，对侵权人主张追偿权的，确定其追偿范围应否考虑交通事故责任比例及驾驶人承担交通事故责任的具体事由？进而言之，保险公司追偿权的范围应如何确定？

2. 《道交司法解释》第十八条中的"侵权人"应如何确定？在机动车使用人和所有人分离的情形下，所有人是否属于"侵权人"并进而是被追偿对象？

3. 依据《道交司法解释》第十八条的规定，如果机动车所有人未参加旨在解决交强险保险公司的赔付义务及侵权责任分配的前诉，则在诉讼程序上是否妥当？在追偿权之诉中对机动车所有人的程序保障是否充分？在诉讼指挥上应如何处理？

三、主要观点及理由

（一）追偿权的行使对象

1. 《道交司法解释》第十八条的规范目的

《道交司法解释》第十八条规定，在驾驶人无证驾驶、醉酒驾驶或吸毒后驾驶以及故意制造交通事故的情形下，受害人请求交强险保险公司在责任限额内赔偿人身损害的，人民法院应予支持。保险公司赔偿后，有权向侵权人追偿。

《道交司法解释》第十八条的实质是，基于交强险的保障功能，为了使受害人不因侵权人的无资力而陷入损失难以填补的境地，同时为了降低交强险中的道德风险（被保险人因车辆投保交强险就鲁莽驾驶、违法驾驶），惩罚鲁莽驾驶、违法驾驶的行为人，赋予保险公司追偿权。一方面，使疏忽鲁莽的责任人负终局的赔偿责任，以降低道德风险；另一方面，保险公司承担的只是求偿权的成本及责任人无力赔偿的风险。

上述规范目的，导致该追偿权在性质上与《保险法》第六十条①规定的代位求偿权有所不同：《保险法》中的代位求偿权是指保险事故是由第三人原因造成的，保险人自向被保险人赔偿保险金之日起，在赔偿金额范围内代位行使被保险人对第三者请求赔偿的权利。因此，理论上，追偿权与代位求偿权之间的区别为：（1）在规范目的上，追偿权是为了降低保险中的道德风险；代位求偿权是为了避免损害赔偿请求权人（被保险人）获得双重赔偿；（2）在权利发生上，追偿权是依法律的规定而成立的新权利；而代位求偿权在法律构造上则属于债权的法定转移，是继受取得；（3）由于求偿权为新权利，债务人不得以对抗原债权人的事由对抗求偿权人；代位求偿权为继受权利，债务人可以对抗原债权人之事由对抗受让人；（4）在诉讼时效上，追偿权的诉讼时效从保险公司实际赔偿之日起算；而代位求偿权的诉讼时效期间则依据原权利的性质确定起算点，诉讼时效期间于权利移转前已经开始起算。②

2. 我国交强险的特点及保险公司追偿权的范围

从我国现行法来看，我国的交强险制度采取的是与侵权责任在一定范围内脱钩的模式，这种模式，反映在具体规则上，有以下诸端：（1）发生交通事故，保险公司就要在责任限额范围内承担赔付义务，但承担多少，要区分有责限额与无责限额；③（2）交强险投保义务人未投保交强险发生交通事故的，投保义务人和机动车使用人就交强险范围内的赔偿要承担连带责任。④

---

① 《保险法》第六十条：因第三者对保险标的的损害而造成保险事故的，保险人自向被保险人赔偿保险金之日起，在赔偿金额范围内代位行使被保险人对第三者请求赔偿的权利。

前款规定的保险事故发生后，被保险人已经从第三者取得损害赔偿的，保险人赔偿保险金时，可以相应扣减被保险人从第三者已取得的赔偿金额。

保险人依照本条第一款规定行使代位请求赔偿的权利，不影响被保险人就未取得赔偿的部分向第三者请求赔偿的权利。

② 《最高人民法院关于适用〈中华人民共和国保险法〉若干问题的解释（二）》第十六条：保险人应以自己的名义行使保险代位求偿权。根据保险法第六十条第一款的规定，保险人代位求偿权的诉讼时效期间应自其取得代位求偿权之日起算。该规定未采纳诉讼时效期间根据原权利的性质起算的观点，在诉讼时效期间的起算上突破了法定债权让与的理论。

③ 《道路交通安全法》第七十六条；《道交司法解释》第十六条第一款第一项、第二十一条。

④ 《道交司法解释》第十九条。

贯彻以上逻辑，在无证驾驶等违法情形下，保险公司先承担赔偿责任的基础在于其保障功能；而赋予保险公司追偿权则是基于交强险降低道德风险的要求。两者逻辑平行，互不交叉。进而，由于保险公司的赔付义务与被保险人的侵权责任在一定程度上分离，保险公司赔付时无需考虑侵权责任；在追偿时，仍与侵权责任在相同程度上分离，无需考虑侵权人的侵权责任，亦即，侵权人侵权责任的大小也不影响追偿权的范围。此其一。

其二，如前所述，追偿权为新发生的权利，债务人（被追偿的侵权人）不得以对抗原债权人（受害人）的事由对抗受让人（保险公司）。因此，侵权人也不得以其侵权责任的份额来抗辩保险公司。

如果上述结论成立，就意味着，无证驾驶等违法情形下侵权人的侵权责任可区分为两部分：一部分是交强险赔偿范围内的损失，这一部分损失不因其侵权责任的大小而发生变化；另一部分是交强险赔偿范围外的损失，这一部分的损失根据侵权责任的大小确定。相应地，保险公司行使追偿权的范围同样也不受被保险人侵权责任大小的影响。这一结论，与未投保交强险情形下的责任承担相比较，也符合"举重以明轻"的规则，即在投保人未投保交强险时，无论投保人的侵权责任大小，他都要替代交强险保险公司进行赔偿；在投保人已经投保交强险时，其侵权责任的大小也不影响交强险范围内的赔偿责任，进而言之，也不影响交强险追偿权的范围。最终结果就是，在保险公司行使追偿权后，违法行为人最终就交强险限额内赔偿的人身损害全部承担责任，剩余的部分，按照其侵权责任的大小确定。

综上所述，在无证驾驶等违法情形下发生的交通事故，相关问题的处理结论应当是：

（1）侵权人未赔付，交强险保险公司按照交强险的赔付规则在责任限额内对受害人人身损害作出赔付；赔付后，向侵权人全额追偿；

（2）侵权人承担部分责任、全部责任或者无责任，都不影响交强险保险公司的追偿数额，追偿数额都以交强险实际先行赔付的数额为准；

（3）如侵权人无需保险公司先行赔付，则侵权人的赔偿数额仍应是

先按照交强险的赔付规则计算出交强险限额内应当赔偿的数额,在此之外的部分按照侵权责任的规则进行赔偿;

(4)侵权人已经部分赔偿,受害人起诉要求保险公司赔偿,涉及到保险公司以侵权人已经赔偿的部分作为免除部分赔付义务的抗辩是否成立的问题。基于交强险的功能,应当作如下处理:(a)如果侵权人未赔偿的部分未超出交强险责任限额的,则保险公司仅在限额内赔付被侵权人未获赔偿的剩余部分,赔偿后再追偿;(b)如果侵权人未赔偿的部分超出交强险责任限额的,则保险公司应当在限额内全部赔偿,赔偿后再追偿。换言之,保险公司主张先在交强险限额内扣除侵权人已经赔付的部分的抗辩,不予支持。

(5)保险公司赔付后,被侵权人仍有未获赔偿的部分,此时保险公司的求偿权与被侵权人的损害赔偿请求权并列,在侵权人无资力全部赔偿时,应当优先满足被侵权人的损害赔偿请求权。这是追偿权制度所要实现的侵权人无资力赔偿的风险由保险公司承担的目的所决定的。

(二)追偿权的行使对象

如前所述,《道交司法解释》第十八条的基本思路是,追偿权在于同时实现及时填补受害人损失的并使侵权人承担最终责任的双重功能。由此,追偿权的对象仍应取决于这两个功能的实现。根据《道交司法解释》第十八条的规定,追偿权的对象为"侵权人",具体而言,可区分为两种情况:

第一,行为主体与责任主体一致的情形,被追偿的主体即为驾驶人。在行为主体是唯一的责任主体的情形下,行为主体即为责任主体,被追偿人即为驾驶人。根据《侵权责任法》第四十九条、《道交司法解释》

第一条、第二条的规定，① 驾驶人同时是机动车所有人和管理人，或者驾驶人与机动车所有人、管理人不一致，但机动车管理人并无过错的情形都属于此类。

第二，在机动车所有人、管理人与实际驾驶人不一致的情形下，《道交司法解释》第十八条规定的"侵权人"应否包括除实际驾驶人之外的其他责任主体，需要具体化：

（1）雇主责任。如实际驾驶人是用人单位的工作人员，且在执行工作任务过程中发生交通事故的，根据《侵权责任法》第三十四条的规定，责任主体为用人单位。相应地，被追偿人为用人单位而非实际驾驶人。主要理由是：第一，用人单位作为被追偿人，有助于促使用人单位更加勤勉地对其工作人员实施选任和监督，有利于实现追偿权降低道德风险的功能；第二，用人单位作为被追偿人，符合使侵权责任主体最终承担交强险先行赔付的目标。②

（2）其他情形下的实际驾驶人与机动车所有人、管理人（投保人）不一致时，由于所有人、管理人可能承担过错责任，则追偿权行使对象是否包括所有人、管理人，需要辨析。本文倾向于追偿权行使对象包括应当承担过错责任的机动车所有人、管理人。原因在于：《侵权责任法》

---

① 《侵权责任法》第四十九条：因租赁、借用等情形机动车所有人与使用人不是同一人时，发生交通事故后属于该机动车一方责任的，由保险公司在机动车强制保险责任限额范围内予以赔偿。不足部分，由机动车使用人承担赔偿责任；机动车所有人对损害的发生有过错的，承担相应的赔偿责任。

《道交司法解释》第一条：机动车发生交通事故造成损害，机动车所有人或者管理人有下列情形之一，人民法院应当认定其对损害的发生有过错，并适用侵权责任法第四十九条的规定确定其相应的赔偿责任：

（一）知道或者应当知道机动车存在缺陷，且该缺陷是交通事故发生原因之一的；

（二）知道或者应当知道驾驶人无驾驶资格或者未取得相应驾驶资格的；

（三）知道或者应当知道驾驶人因饮酒、服用国家管制的精神药品或者麻醉药品，或者患有妨碍安全驾驶机动车的疾病等依法不能驾驶机动车的；

（四）其他应当认定机动车所有人或者管理人有过错的。

第二条：未经允许驾驶他人机动车发生交通事故造成损害，当事人依照侵权责任法第四十九条的规定请求由机动车驾驶人承担赔偿责任的，人民法院应予支持。机动车所有人或者管理人有过错的，承担相应的赔偿责任，但具有侵权责任法第五十二条规定情形的除外。

② 与《人身损害赔偿司法解释》第九条不同，《侵权责任法》第三十四条第一款规定对外责任的唯一主体是用人单位。至于用人单位承担责任后能否向故意或重大过失的工作人员追偿，侵权责任法并未明确。

第四十九条及《道交司法解释》第一、二条规定机动车所有人、管理人承担过错责任的主要理由是，机动车所有人、管理人在驾驶人的选任、对机动车安全运行等方面未尽到应有的注意义务。结合《道交司法解释》第十八条的规定，追偿权发生的具体情形是无证驾驶、饮酒后或吸毒后驾驶以及驾驶人故意制造交通事故，如果机动车所有人或管理人知道或应当知道驾驶人无证驾驶和饮酒后或吸毒后驾驶，则机动车所有人或管理人有过错，应承担相应赔偿责任。基于追偿权及时填补受害人损失和减少道德风险、减少鲁莽驾驶行为的功能，赋予保险公司对机动车所有人或管理人此种情形下对后者应承担责任范围内的追偿权，是实现追偿权功能的题中之义。

如果机动车所有人、管理人知道或应当知道机动车有缺陷且是事故发生原因之一，同时驾驶人有无证驾驶等违法行为的，保险公司能否对机动车所有人或管理人行使追偿权？本文倾向于作否定回答。主要原因有二：第一，及时使受害人得到补偿并在客观上达到分担被保险人的责任风险，是交强险的功能和目的，所以，保险人向受害人赔偿后原则上不得再向被保险人追偿。之所以设置追偿权的例外，是为了在被保险人有重大违法情形时，能够兼顾受害人、被保险人和保险人三方利益。所以，追偿权原则上应由法律行政法规明文规定。《机动车交通事故责任强制保险条例》第二十二条规定的三种追偿权情形中，并不包括机动车维护不当存有缺陷导致交通事故的情形，换言之，从交强险制度的角度观察，机动车所有人或管理人对被保险机动车维护不当存有缺陷，不能评价为与第二十二条规定的三种情形类似的情形，因而保险公司无追偿权。当然，这并不妨碍机动车所有人或管理人承担交强险赔偿之外的侵权责任。同理，在机动车所有人或管理人对机动车维护不当致有缺陷、且驾驶人有醉酒驾驶等违法情形，并共同导致交通事故的，保险公司对所有人或管理人也无追偿权；第二，在机动车所有人或管理人与驾驶人未分离的情况下，交强险保险公司不能免除所有人或管理人因对机动车维护不当存有缺陷并导致交通事故的赔付义务，且无追偿权。如果仅因出现驾驶人醉酒驾驶等违法情形的因素就使机动车所有人或管理人负有被追偿的义务，显然在评价上并不一致。综上，本文认为，在司法解释第一条第一项之情形下，被追偿人仅为驾驶人，不包括机动车所有人或管理人。

在机动车驾驶人故意制造交通事故的情形下，被追偿人是否包括机动车所有人或管理人，可区分两种情形。如果机动车驾驶人与机动车所有人或管理人构成共同侵权，则保险公司对机动车所有人或管理人及驾驶人有追偿权。否则，与《道交司法解释》第一条第一项情形下机动车所有人或管理人非为被追偿人一样，保险公司对其无追偿权。

如果上述结论成立，则在机动车所有人或管理人与使用人都为被追偿人的情况下，各自被追偿的范围应按照《侵权责任法》第四十九条和《道交司法解释》第一、二条的规定分配，即所有人或管理人按照过错比例分担。原因仍然是，追偿权制度是为了降低道德风险、并以此促使机动车所有人、管理人审慎选择使用人。由此，在机动车所有人或管理人违反注意义务时，使其承担被追偿的义务，显然更有利于该制度规范目的的实现。

当然，这与前文所称"侵权人侵权责任的大小也不影响追偿权的范围"并不矛盾，所谓侵权人侵权责任的大小不影响追偿权的范围，是指在保险公司已赔付范围内的追偿，不受侵权人责任大小的影响，追偿权的范围以保险公司实际赔付的数额为准；而机动车所有人与管理人按照自己的责任比例承担被追偿的义务，是指在追偿范围确定的前提下，机动车所有人、管理人与机动车使用人应按照该原则进行分配，侵权责任越大，被追偿的份额就越大，反之亦然。

（三）关于追偿权之诉的程序问题

与上述实体法问题相关联的是，在前诉中，原告仅起诉机动车使用人，未起诉机动车所有人或管理人，法院也未追加其为被告。在追偿权之诉中，保险公司按照前述规则向机动车所有人或管理人行使追偿权时，则机动车所有人或管理人的程序保障是否充分？追偿权之诉直接判决机动车所有人或管理人的赔偿义务，是否违反程序保障原则？程序上应当如何处理？

是否违反程序保障原则,应从实体法律关系角度评价。在后诉中,如前所述,机动车所有人或管理人被追偿的实体法基础是机动车一方的交强险保险公司已经赔付,且机动车所有人或管理人具有特定内容的过错。因此,机动车所有人或管理人参加前诉可以提出该机动车一方无责的抗辩(从而交强险在无责限额内赔付间接导致未来的追偿权数额较小)以及机动车所有人或管理人无过错的抗辩(间接导致无论机动车一方有责无责,机动车所有人或管理人都无需承担侵权责任的结果并进而不负担被追偿的义务)。如果机动车所有人或管理人未参加前诉,因前诉生效判决已经就机动车一方是有责或无责问题作出认定,在后面的追偿权之诉中,机动车所有人或管理人无法就机动车一方是有责或无责提出抗辩,或者说,基于前诉的既判力,后诉法院无法作出与前诉判决相冲突的判决,并由此导致追偿权之诉机动车所有人或管理人的程序保障不够充分。

如何解决上述程序问题?一种思路是强调程序保障的完备性。具体而言,在前诉中,如果原告仅起诉机动车使用人和保险公司,则法院应当释明,如果原告申请追加机动车所有人或管理人为被告并请求其承担相应的责任,则本案要对交强险的赔偿、机动车使用人和机动车所有人或管理人的责任作出判决,该判决为未来的追偿权诉讼奠定基础;如果原告不申请追加,人民法院可以通知机动车所有人或管理人至少作为无独立请求权第三人参加诉讼,使其有权就机动车一方是有责还是无责提出抗辩并提供证据。在未来的追偿权诉讼中,机动车所有人或管理人有无过错及其过错责任大小是审理焦点,并且该判决不会与前诉判决产生矛盾。该处理思路的弊端是法院释明负担和追加第三人负担的加重。

另外一种思路是,其一,由于《道交司法解释》第十八条针对的是醉酒驾驶、无证驾驶等违法情形下的驾驶行为,在责任认定上,机动车一方不可能是无责一方。并且,除非机动车使用人与被侵权人恶意串通,机动车使用人不可能对此不予抗辩,在此意义上,保障机动车所有人或管理人在前诉中的程序权利的必要性可能就会减弱(严格说程序保障仍然是不同的,因为机动车所有人或管理人的诉讼能力可能高于机动车使用人);其二,关于机动车所有人或管理人无过错的抗辩,因为前诉并未

229

审理，且不会产生矛盾判决，因此，后诉应当对此审理并在前诉确定的机动车一方的责任范围内认定机动车所有人或管理人过错责任的比例及其被追偿的范围。

从兼顾释明负担、诉讼效率及程序保障等几个角度看，本文倾向于审判实践中作如下处理：（1）在前诉中，一审法院释明后，原告申请追加机动车所有人或管理人为被告，应与准许；释明后原告不申请追加，则可通知机动车所有人或管理人作为第三人参加诉讼；（2）如果一审法院未释明，原告未申请，法院也未追加机动车所有人或管理人作为第三人参加诉讼，则二审法院不宜以程序违法发回重审，理由同上述第二种思路。未来可能的追偿权之诉就主要审理机动车所有人或管理人是否具有过错、过错大小以及被追偿的范围，追偿权之诉判决与前诉不能形成矛盾判决。

四、最高人民法院民一庭裁判观点

依据《道交司法解释》第十八条的规定，交强险保险公司在责任限额范围内向受害人承担赔偿责任后，有权就其已赔付的全部数额向侵权人追偿。

关于被追偿人，在机动车所有人、管理人与实际驾驶人分离时，如实际驾驶人是在执行工作任务过程中发生损害，则被追偿人为用人单位；在其他情形下，如果机动车所有人、管理人对于实际驾驶人存在司法解释第十八条规定的违法驾驶行为知道或应当知道的，机动车所有人、管理人应依其过错负担被追偿的义务。

关于侵权之诉与追偿权之诉的关系问题，审判实践中宜作如下处理：在前诉中，一审法院释明后，原告申请追加机动车所有人或管理人为被告，应予准许；释明后原告不申请追加，则可通知机动车所有人或管理人作为第三人参加诉讼。

四、机动车交通事故责任

【新旧法律依据对照】

旧法	新法	旧司法解释	新司法解释
《侵权责任法》第三十四条 　　用人单位的工作人员因执行工作任务造成他人损害的，由用人单位承担侵权责任。 　　劳务派遣期间，被派遣的工作人员因执行工作任务造成他人损害的，由接受劳务派遣的用工单位承担侵权责任；劳务派遣单位有过错的，承担相应的补充责任。	《民法典》第一千一百九十一条 　　用人单位的工作人员因执行工作任务造成他人损害的，由用人单位承担侵权责任。用人单位承担侵权责任后，可以向有故意或者重大过失的工作人员追偿。 　　劳务派遣期间，被派遣的工作人员因执行工作任务造成他人损害的，由接受劳务派遣的用工单位承担侵权责任；劳务派遣单位有过错的，承担相应的责任。		
《侵权责任法》第四十九条 　　因租赁、借用等情形机动车所有人与使用人不是同一人时，发生交通事故后属于该机动车一方责任的，由保险公司在机动车强制保险责任限额范围内予以赔偿。不足部分，由机动车使用人承担赔偿责任；机动车所有人对损害的发生有	《民法典》第一千二百零九条 　　因租赁、借用等情形机动车所有人、管理人与使用人不是同一人时，发生交通事故造成损害，属于该机动车一方责任的，由机动车使用人承担赔偿责任；机动车所有人、管理人对损害的发生有过错的，承担相应的赔偿责任。	《道路交通损害赔偿司法解释》(2012)第一条 　　机动车发生交通事故造成损害，机动车所有人或者管理人有下列情形之一，人民法院应当认定其对损害的发生有过错，并适用侵权责任法第四十九条的规定确定其相应的赔偿责任：	《道路交通损害赔偿司法解释》(2020)第一条 　　机动车发生交通事故造成损害，机动车所有人或者管理人有下列情形之一，人民法院应当认定其对损害的发生有过错，并适用民法典第一千二百零九条的规定确定其相应的赔偿责任：

续表

旧法	新法	旧司法解释	新司法解释
过错的，承担相应的赔偿责任。		（一）知道或者应当知道机动车存在缺陷，且该缺陷是交通事故发生原因之一的； （二）知道或者应当知道驾驶人无驾驶资格或者未取得相应驾驶资格的； （三）知道或者应当知道驾驶人因饮酒、服用国家管制的精神药品或者麻醉药品，或者患有妨碍安全驾驶机动车的疾病等依法不能驾驶机动车的； （四）其它应当认定机动车所有人或者管理人有过错的。	（一）知道或者应当知道机动车存在缺陷，且该缺陷是交通事故发生原因之一的； （二）知道或者应当知道驾驶人无驾驶资格或者未取得相应驾驶资格的； （三）知道或者应当知道驾驶人因饮酒、服用国家管制的精神药品或者麻醉药品，或者患有妨碍安全驾驶机动车的疾病等依法不能驾驶机动车的； （四）其它应当认定机动车所有人或者管理人有过错的。
		《道路交通损害赔偿司法解释》(2012)第十八条 　　有下列情形之一导致第三人人身损害，当事人请求保险公司在交强险责任限额范围内予以赔偿，人民法院应予支持： 　　（一）驾驶人未取得驾驶资格或者未取得相应驾驶资格的；	《道路交通损害赔偿司法解释》(2020)第十五条 　　有下列情形之一导致第三人人身损害，当事人请求保险公司在交强险责任限额范围内予以赔偿，人民法院应予支持： 　　（一）驾驶人未取得驾驶资格或者未取得相应驾驶资格的；

续表

旧法	新法	旧司法解释	新司法解释
		（二）醉酒、服用国家管制的精神药品或者麻醉药品后驾驶机动车发生交通事故的； （三）驾驶人故意制造交通事故的。 保险公司在赔偿范围内向侵权人主张追偿权的，人民法院应予支持。追偿权的诉讼时效期间自保险公司实际赔偿之日起计算。	（二）醉酒、服用国家管制的精神药品或者麻醉药品后驾驶机动车发生交通事故的； （三）驾驶人故意制造交通事故的。 保险公司在赔偿范围内向侵权人主张追偿权的，人民法院应予支持。追偿权的诉讼时效期间自保险公司实际赔偿之日起计算。

【法律适用指引】

法律适用指引一
"执行工作任务"的理解

"因执行工作任务对他人造成损害"，是用人单位承担替代责任的前提条件和核心要素，如何理解"因执行工作任务"也就成为正确理解和适用《民法典》第一千一百九十一条的关键。有学者认为，判断工作人员的行为是否是执行工作任务，应依据下列条件来予以认定：（1）必须是用人单位的工作人员所为的行为。（2）必须是工作人员在执行职务的时间内所为的行为。（3）必须是工作人员在执行职务的地点所为的行为。（4）必须是工作人员在执行职务的时间和地点所为的执行职务的行为致人损害，用人单位才负责任。① 另有学者认为，执行职务的范围，应理解为不仅限于直接与用人单位目的有关的行为，此外还包括间接与目的实现有关的行为，以及在一般客观上的视为用人单位目的范围内的行为。判断是否执行职务的标准是：（1）是否以用人单位名义；（2）是否在外观上须足以被认为属于执行职务；（3）是否依社会共同经验足以认为与用人单位职务有相当关联。② 结合上述观点及司法实践，我们认为，在判断工作人员的侵权行为是否属于执行工作任务的范围时，除一般原则外，还必须考虑其他特殊因素，如行为的内容、时间、地点、场合、行为之名义（以用人单位名义或以个人名义）、行为的受益人（为用人单位受益或个人受益），以及是否与用人单位意志有关联等。例如，工作人员在执行职务中，以执行职务的方法，故意致害他人，以达到个人不法目的，虽然其内在动机是出于个人的目的，但其行为与职务有着内在联系，因此也应认为是执行职务的行为，属于用人单位侵权行为，应由用人单位承担侵权责任。

实践中还有以下两个问题值得研究：

1. 工作人员超越职权范围以用人单位名义实施的行为致人损害的，用人单位是否承担责任？一种观点认为，工作人员只有在职权范围内为用人单位的利益活动时致人损害的，才构成用人单位的行为，由用人单位承担责任；另一种观点认为，工作人员的行为即使超出职权范围，但只要从行为的客观形式上不能使受害人认识，仍构成用人单位的行为，用人单位应当承担责任。我们认为，从保护受害人利益的角度，并结合表见代理、表见代表制度考虑，第二种观点值得肯定。例如，某公司的采购员奉命去甲商场采购，途中听说乙商场的价格更便宜，遂驾车改道去乙商场，途中致伤他人。用人单位明确指示去甲商场，而采购员却去了乙商场，与用人单位的指示不一致，超越了职权范围，但从去乙商场的行为在外观上来看，仍然是去执行用人单位职务，所以其侵权行为仍应视为用人单位的侵权行为，由用人单位承担责任。

---

① 刘士国：《现代侵权损害赔偿研究》，法律出版社1998年版，第302~303页。
② 马俊驹、余延满：《民法原论》（上），法律出版社1998年版，第163页。

2. 工作人员以用人单位名义实施的行为超出用人单位经营范围致人损害的，用人单位是否承担责任？严格来说，用人单位只能在有关部门行政许可的经营范围内从事经营活动，超出该范围的经营活动，已不属于用人单位的合法活动。但是，这是从用人单位的行为是否合法来分析问题的，即只有在用人单位经营范围内从事的活动，才能为合法的行为，超出用人单位经营范围的活动，就不是合法行为，而侵权行为本身就是一种违法行为，不能以经营范围划定。因此，工作人员在以用人单位名义实施的经营范围外的活动时致人损害的，同样可构成用人单位的侵权行为，由用人单位承担侵权责任。

法律适用指引二
劳务派遣期间责任主体的特殊规定

（一）关于劳务派遣的理解

劳务派遣关系中的劳务派遣单位、劳务用工单位责任，是用人单位侵权责任的特殊形式，《民法典》第一千一百九十一条第二款对此加以特别规定。

劳务派遣是指劳务派遣机构受特定企业委托招聘员工，并与之签订劳动合同，将员工派遣到企业工作，其劳动过程由企业管理，其工资、福利、社会保险费等由企业提供给派遣机构，再由派遣机构支付给员工，并为员工办理社会保险登记和缴费等各项事务的一种特殊用工形式。[①] 劳务派遣的这种用工方式明显有别于传统的用工模式，因为传统的用工方式只涉及双方主体，即用人单位和劳动者，而劳务派遣却存在三方主体，包括劳务派遣单位即用人单位、实际用工单位和被派遣劳动者；存在两个合同关系，即劳务派遣单位与工作人员之间的劳动合同关系，以及劳务派遣单位与用工单位之间的劳务派遣合同关系。可见，在劳务派遣关系中的"用人"与"用工"发生了分离，被派遣的工作人员不与用工单

---

① 王全兴、侯玲玲：《劳动关系双层运行的法律思考——以我国的劳务派遣实践为例》，载《中国劳动》2004年第4期。

位签订劳动合同,不建立劳动关系,而是与劳务派遣单位存在劳动关系,但却被派遣至用工单位劳动,如此便产生了"有关系没劳动,有劳动没关系"的局面,这不仅是劳务派遣法律关系的显著特征,也在一定程度上增加了劳务派遣关系的复杂性。

(二)劳务派遣单位与劳务用工单位的侵权责任

劳务派遣在我国最早由《劳动合同法》作出专门性规定。[①]《劳动合同法》从保护被派遣劳动者的合法权益角度,规定了无论是劳务派遣单位还是实际用工单位对被派遣劳动者造成损害的,均应当承担连带赔偿责任,但是对于被派遣劳动者在工作中给他人造成损害的,劳务派遣单位和实际用工单位如何承担侵权责任,因其不属于《劳动合同法》的调整范围,故未予规定。对于被派遣劳动者在工作中给他人造成损害的侵权责任,《侵权责任法》第三十四条第二款并未沿用《劳动合同法》关于劳务派遣单位和实际用工单位承担连带责任的立法思路,而是根据侵权责任法原理并结合劳务派遣的特点,规定劳务派遣单位和用工单位分别承担不同的责任。根据《侵权责任法》第三十四条第二款规定,被派遣的工作人员因工作造成他人损害的,由用工单位承担侵权责任;劳务派遣单位有过错的,由劳务派遣单位承担补充责任。《民法典》侵权责任编基本沿用了《侵权责任法》第三十四条第二款的立法思路,但将劳务派遣单位的责任修改为"相应的责任",而不再是"补充责任"。

《民法典》第一千一百九十一条主要包含以下几层意思:

1. 从归责原则上看,劳务用工单位承担的是无过错责任,而劳务派遣单位承担的则是过错责任。立法规定由劳务用工单位承担无过错责任主要是基于以下考虑:劳务派遣单位将劳动者派至用工单位后,劳动过程是在用工单位的管理安排下进行,被派遣劳动者要根据用工单位的指挥监督从事生产工作,并要遵守用工单位的工作规则、规章制度,即用工单位对其工作人员的工作进行实际指挥控制。而实际指挥控制是各种用工形式中的稳定因素和共同的核心内容,也是判断侵权责任承担者的

---

① 详见《劳动合同法》第五章第五十七~六十七条规定;《劳动合同法实施条例》第四章第二十八~三十二条规定。

主要依据。劳务派遣单位将劳动者派至用工单位后，就不再对劳动者的具体活动进行指挥和监督，被派遣劳动者在用工单位的指挥监督下从事劳动，劳动者与用工单位之间的关系实质正是实际指挥控制与监督的关系。因此，用工单位应当承担被派遣劳动者职务活动中致人损害的无过错责任。

劳务派遣单位在归责原则上承担的是过错责任。劳务派遣单位的过错主要是指选任方面的过错。因劳务派遣"用人"和"用工"分离的先天属性，导致劳务派遣单位对被派遣劳动者失去了实际指挥控制和监督权，但劳务派遣单位如同用工单位的人事部门，负有对被派遣劳动者的选任责任，即在招聘、录用被派遣劳动者时，应当对该劳动者的健康状况、能力、资格以及对用工单位所任职务能否胜任进行详尽的考察。因此，劳务派遣单位对劳动者因执行工作任务致人损害承担的责任，是因劳务派遣单位对选任不当承担的相应的过错责任。

2. 在责任形态上，劳务用工单位责任与劳务派遣单位责任属于共同责任。需要注意的是，《侵权责任法》第三十四条第二款规定的劳务派遣单位责任是"相应的补充责任"，而《民法典》第一千一百九十一条规定的是"相应的责任"，删去了"补充"二字。在《民法典》侵权责任编编纂时，对劳务派遣中工作人员致人损害时劳务派遣单位与劳务用工单位的责任形态问题，曾存在较大争议：一种观点认为应坚持补充责任这种不真正连带关系，另一种观点认为劳务派遣单位与劳务用工单位之间应承担连带责任。我们认为，《民法典》第一千一百九十一条中"相应的责任"在文义上并没有清晰地表达这一责任的性质是什么，但从条文内容的前后变化来看，不宜再将劳务派遣单位的侵权责任理解为补充责任，理解为按份责任可能更为妥当，即劳务派遣单位根据其过错大小，承担与过错相应的按份责任。既然是按份责任，劳务派遣单位就不再是第二顺位的责任，而是第一顺位责任，但只是在劳务派遣单位存在过错的情况下才承担责任，如果其没有过错，则应由劳务用工单位承担全部侵权责任。

法律适用指引三
用人单位对工作人员行使追偿权

审判实践中要防止两种错误倾向：一是用人单位将经营风险转嫁给其有过错的工作人员；二是在用人单位有监督管理之过失情况下，让有过错的工作人员承担大部分责任。应根据具体行为人对损害发生的过错程度和行为性质来判断该工作人员应承担的责任。只有在工作人员有故意或者重大过失，该行为超出了法律赋予的职权或单位的授权范围，造成侵权时，用人单位才享有向该工作人员追偿的权利。

法律适用指引四
工作人员因执行工作任务遭受第三人侵害如何追偿

《民法典》侵权责任编对此仍没有作出规定。这实际上涉及长期困扰司法实践的第三人侵权与工伤事故竞合时的责任承担问题。而该问题在劳动争议司法解释和人身损害赔偿司法解释的制定过程中虽均被提及，[①]但仍未明确规定如何进行法律适用，只是在《人身损害赔偿司法解释》第三条第二款规定："因用人单位以外的第三人侵权造成劳动者人身损害，赔偿权利人请求第三人承担民事赔偿责任的，人民法院应予支持。"司法实践对此适用较为混乱。由于该问题涉及劳动法（工伤保险）和侵权法两大领域，对于如何协调解决须慎重，需要将来通过立法或制定司法解释来解决。现阶段，因第三人侵权所致的损害，原则上应由第三人承担民事赔偿责任，但劳动者的伤害是因执行工作任务而发生并构成工伤的，用人单位亦应按无过错责任的归责原则承担工伤赔付责任。

但同时，应赋予保险机构和用人单位对因第三人侵权引起工伤的侵

[①] 参见胡仕浩：《〈关于审理劳动争议案件适用法律若干问题的解释（二）〉的理解与适用》，载《人民司法》2006年第10期；最高人民法院民事审判第一庭编著：《最高人民法院人身损害赔偿司法解释的理解与适用》，人民法院出版社2004年版，第187~201页。

害人享有代位求偿权。用人单位和工伤保险经办机构不能要求工伤职工必须先向侵害人索赔后才能申请工伤保险待遇,也不能从工伤职工应享有的保险待遇中扣减其从侵害人处获得赔偿款项。但对于相同赔付项目是否要扣减,仍需要进一步调研。至于公务员、事业单位工作人员等不请求工伤保险和公务员抚恤待遇而直接向本单位请求人身损害赔偿,单位或医保部门报销后对因第三人侵权引起工伤的侵害人享有代位求偿权。

法律适用指引五
工作人员因执行工作任务而自己受到伤害如何追偿

《民法典》侵权责任编对此没有作出规定,实践中亦经常发生。有观点认为,用人单位应当依法为其工作人员缴纳社会保险(含工伤保险),当其工作人员在因执行工作任务而受到伤害时,该工作人员应当被认定为工伤,从而享受工伤保险待遇。因此受到伤害的该工作人员不能对用人单位提起民事损害赔偿诉讼,应当依照《工伤保险条例》的规定,向工伤保险机构请求工伤保险赔偿。[①] 我们认为,该观点仍有值得商榷的地方,应根据具体案情具体分析。在工作人员因工作而自己受到损害的场合,存在两种情况,法律适用各不相同。一种情况是用人单位无过错,工作人员发生工伤事故是其自身劳动保护意识不强或本身违反操作规程导致的,如劳动纪律松弛、安全意识淡薄、违法操作规程等,此时,劳动者只能按工伤保险待遇标准获得赔偿。按照《工伤保险条例》的规定,用人单位须对劳动者设立工伤保险,对用人单位而言,虽然这种保险是强制性社会保险,但其直接目的是为用人单位设立的责任保险,因此,工伤职工可以责任保险的受益人身份获得工伤保险赔付。用人单位虽在工伤事故中不存在过错,但工伤赔偿因遵循无过错归责原则,故工伤职工仍享有工伤赔偿的请求权。另一种情况是用人单位对工伤事故的造成存在重大过错,如管理不善、强迫加班等,此时,劳动者不仅构成工伤,

---

① 最高人民法院民事审判第一庭编著:《最高人民法院人身损害赔偿司法解释的理解与适用》,人民法院出版社 2004 年版,第 173 页。

而且用人单位对劳动者也构成一般民事侵权。这种情况下,劳动者既有获得工伤保险待遇的权利,也有获得民事赔偿的权利。当劳动者享受了工伤保险待遇后,用人单位不能因为保险赔付而免责,仍需承担民事损害赔偿责任。需要注意的是,因工伤赔偿与民事侵权系同一主体(用人单位),此种情况下应当贯彻工伤保险赔偿优先的原则,即劳动者应当优先请求工伤保险赔偿,然后再向用人单位主张工伤保险与民事赔偿差额部分的赔偿及要求给予精神损害赔偿等民事侵权责任。应当注意,劳动者不享有选择权,即劳动者不能先向用人单位主张民事侵权责任,然后再主张工伤保险赔偿。

法律适用指引六
所有人、管理人的归责原则和过错认定

机动车所有人或管理人本身就是使用人时,适用无过错责任自不待言。在两者因合法原因而分离时,《民法典》第一千二百零九条明确规定,所有人或管理人承担的是过错责任。这是因为在租赁、借用等基于合同原因,所有人、管理人与使用人分离的情形下,虽然此时所有人、管理人并非使用人,无法管控《道路交通安全法》规定的驾驶风险,无法控制驾驶人的注意义务,但作为所有人或管理人,其对发生交通事故仍可能存在过错。该过错主要体现在机动车适于道路行驶的管理义务及使用人选任的注意义务。关于所有人、管理人管理方面及选任方面的过错,《道路交通损害赔偿司法解释》第一条作出了列举性规定。

(一)关于所有人、管理人管理义务方面的过错

该方面的过错主要表现为知道或应当知道机动车存在缺陷,但疏于管理,放任机动车行驶,以至于该缺陷是交通事故发生或损害扩大的原因之一。比如,所有人或管理人知道汽车轮胎已经出现问题,未及时维修,若因该问题发生交通事故或扩大了交通事故的损害,其应根据原因力承担相应的责任。就这一方面,一种观点认为,即便机动车缺陷是造成交通事故的原因,但由于机动车所有人或管理人并非专业人士,不应

过分苛求其对该缺陷的过错责任。特别是，机动车所有人或管理人不同于机动车生产者或销售者。该观点具有一定合理性。《道路交通损害赔偿司法解释》规定的"缺陷"这一概念，来源于《产品质量法》。该法第四十六条规定，缺陷是指"产品存在危及人身、他人财产安全的不合理的危险；产品有保障人体健康和人身、财产安全的国家标准、行业标准的，是指不符合该标准"。当机动车所有人或管理人非生产者或销售者时，其对缺陷的了解并不具有专业知识，因此通常应以一般人的注意义务为判断其"知道或应当知道"的标准。在个案中，应当区分主体，除非有证据证明该所有人或管理人具备专业技能，应推定适用一般注意义务。当然，有些已经被披露的缺陷，应推定已经为一般人所知晓。比如，汽车存在被召回的安全缺陷，并已经公开发布。还有一种观点认为，只要对缺陷采取了预防措施或者就该缺陷告知了使用人，所有人或管理人不具有侵权的故意或过失，就可以免责。我们认为，该观点错误地将管理义务转移予使用人。作为负有管理义务的所有人、管理人，其应当确保机动车适合行驶。如果其未能及时维修，使该缺陷造成损害，明显具有过错，应当承担相应的赔偿责任。

（二）关于所有人、管理人选任方面的过错

该方面的过错包括知道或应当知道驾驶人无驾驶资格、未取得相应驾驶资格或者驾驶人有不能驾驶机动车的情形，比如饮酒、服用管制药品、患有妨碍安全驾驶的疾病等，仍同意驾驶人使用车辆的过错。首先，驾驶资格系《道路交通安全法》所明确规定的得以驾驶相应机动车的资格。缺乏该资格、资格被吊销、资格超过有效期或者不具备相应车型、特种车辆的驾驶资格，不得驾驶相应车辆，否则本身具有违法性，且可能给自身或社会公众造成危险。所有人、管理人知悉该情况，依然租赁、出借给该人使用机动车的，主观上具有放任风险发生的过错，客观上也增加了危害性，因此应承担相应责任。其次，《道路交通安全法》明确禁止"饮酒、服用国家管制的精神药品或者麻醉药品，或者患有妨碍安全驾驶机动车的疾病，或者过度疲劳影响安全驾驶"的人驾驶机动车。所有人、管理人知悉驾驶人存在上述影响安全驾驶行为的身体方面的原因，依然允许该人驾驶的,应当承担过错责任。

【类案裁判观点】

类案裁判观点一
用工单位和劳务派遣单位就其工作人员侵权行为的责任分配进行了约定的效力认定

审判实践中经常遇到劳务派遣单位与用工单位就工作人员侵权的责任承担进行了约定,对于该约定的效力如何认定需要明确。我们认为,劳务派遣单位与用工单位在劳务派遣协议中约定由一方单独承担或者由双方按比例对外承担侵权责任,该约定应当得到尊重,其效力应当得到认可,不能因约定内容与《民法典》第一千一百九十一条规定不同而随意反悔。因劳务派遣单位与用工单位之间基于劳务派遣协议所产生的是民事合同关系,根据民法意思自治原则,双方的约定只要不违反法律、行政法规的强制性规定,该约定当然有效。从现实角度而言,由于双方就其工作人员造成的外部侵权责任进行了约定,该约定能够更准确地反映某一具体劳务派遣关系中的实际情况,更能为双方当事人所接受,也更有利于纠纷的解决。当然,该约定的效力应当仅及于劳务派遣单位与用工单位之间,不得对抗受害人。实践中还应注意一点,除劳务派遣单位与用工单位事先在劳务派遣协议中就侵权责任分担进行约定外,在实际侵权行为发生后,如果劳务派遣单位与用工单位就侵权责任分担能够达成协议,对该协议的效力仍应予以确认。毕竟,对受害人而言,只要其损害能够获得相应赔偿,其并不关心具体赔偿人及赔偿比例。

五、医疗损害责任

【案例十六】

人身损害赔偿纠纷案件中社会医疗保险机构所支付医疗费的追偿方式[*]

一、基本案情

2013年6月6日,绿野公司职员刘某驾驶公司的汽车外出联系业务,行至一路口时,因刹车不及时将一名骑电动车的妇女张某撞翻在地。刘某将张某送进市第一医院。经诊断:张某左胫腓骨远端开放性骨折、左小腿皮肤挫裂伤、头部左肘部挫伤。伤愈后,伤者被鉴定为十级伤残。事后,交警部门认定刘某承担事故的全部责任。张某伤愈后索赔未果,遂将刘某、绿野公司以及为肇事车承保的保险公司一并诉上法庭,请求法院判决三被告承担医疗费8.4万元,以及营养费、住院伙食补助费、交通费、残疾赔偿金、精神损害抚慰金、护理费、车损、误工费等损失5万元。

刘某辩称,自己系绿野公司职工,在事故发生时,正从事职务行为,相关赔偿责任应由绿野公司承担。

绿野公司辩称,对发生交通事故的事实、后果及事故责任均无异议,但该公司的肇事车辆已在保险公司投保,而且车祸也发生在保险期内,应由保险公司与绿野公司一起承担赔偿责任。

保险公司辩称,张某出示的8.4万多元医疗费票据中,从其自己口

---

[*] 案例来源:最高人民法院民事审判第一庭编:《民事审判指导与参考》2014年第1辑(总第57辑)。

袋中掏出的仅4千元,其余均是市基本医疗保险基金大病统筹支付的。张某向绿野公司、保险公司索赔医疗费时,应先将医保中支出的费用剔除,即只应索赔其自费的4千元,否则按8.4万多元索赔,张某反而会因受伤而盈利,这有悖保险法的损失"填平"原则。

二、法院裁判情况

一审法院认为,社会医疗保险是国家通过立法强制实施的,不以营利为目的,由国家给予适当经济帮助和医疗服务的一种社会保障制度,属于政策性保险。医保的费用按规定由用人单位和职工个人共同缴纳。受害人因侵权行为受伤住院治疗,由社会保险机构为其支付部分医疗费用,是其履行缴纳保险费义务后才享有的权利,属于受害人投保后带来的收益。况且,医保提供的只是最基本的医疗保障,有一定的限额,该基金的使用会直接影响到受害人以后就医时的自付部分的比例,因此,医保支付的医疗费属于受害人的实际损失,不应从其主张的医疗费中扣除。遂判决:医疗费8.4万元由保险公司和绿野公司按比例承担;同时,法院还就伤者的营养费、住院伙食补助、残疾赔偿金、精神损害抚慰金等作出了赔偿判决。

绿野公司、保险公司提起上诉认为,伤者从医保中支出的医疗费,并不是自费产生的实际损失,不能向侵权人索赔,否则伤者获取双份医疗费便是不当得利,与《保险法》和《侵权责任法》的"填平原则"相悖。

二审法院认为,社会医疗保险事关公共利益,侵权人和被侵权人都不能从中获取额外的利益。《社会保险法》第三十条中规定,"医疗费用依法应当由第三人负担,第三人不支付或者无法确定第三人的,由基本医疗保险基金先行支付。基本医疗保险基金先行支付后,有权向第三人追偿。"依此规定,在第三人侵权的情形下,基本医疗保险基金在发挥其救助功能之后,即取得了向侵权人的追偿权。但本案一审时医保中心未参加诉讼,可能有损公共利益。因此,应将案件发回一审法院重审,通知社保中心可以参与诉讼并向侵权人追偿其垫付的医疗费。故以"一审法院审理中基本医疗保险基金管理机构未参加本案诉讼，其判决结果有可能影响基本医疗保险基金的利益"为由，撤销一审判决，发回重审。一审法院重审后，向社保中心通知了本案的诉讼情况，社保中心以具有独立请求权第三人的身份主张绿野公司、保险公司向其支付8万元。一审法院重审判决：医疗费8万元由保险公司和绿野公司向社保中心支付；绿野公司、保险公司向张某支付医疗费及营养费、住院伙食补助、残疾赔偿金、精神损害抚慰金共计5.4万元。该判决已经发生法律效力。

三、主要观点及理由

本案中涉及的争议焦点问题为，对于社会医疗保险已经垫付的医疗费用，受害人能否向侵权人主张赔偿。此争议焦点涉及的相关法律依据为《侵权责任法》和《社会保险法》。[①] 对于医疗损害责任纠纷案件，法院确定受害人在治疗期间实际发生的医疗费数额，并非难事，但对于患者通过社会医疗保险报销的部分医疗费是否属于侵权责任人应当赔偿的范围，却存在颇多争议，不同法院的处理结果也不尽相同。

第一种意见认为，该医疗费用受害人不能再行主张赔偿。因为人身损害赔偿是赔偿给受害人的损失，具有填补性质。当由侵权行为发生的一部分医药费从医保中已得到报销时，实际上已经减轻了受害人的损失，已减轻部分不能再要求被告承担，否则其得到双重赔偿，与损害赔偿的填补功能相悖，违反"任何人不能从侵害行为中获利"的原则。

第二种意见认为，该医疗费用受害人可向侵权人主张赔偿。因为受害人在治疗期间报销医疗费系基于其与社会医疗保险承保单位之间存在社会保险关系而发生的。此种法律关系与基于侵权所致的赔偿责任不属于同种债务，因此彼此之间不发生竞合，在确定被告赔偿医疗费数额时，不应将该部分予以核减。假如将张某治疗期间社会医疗保险报销部分医

---

① 《侵权责任法》第十六条规定："侵害他人造成人身损害的，应当赔偿医疗费、护理费、交通费等为治疗和康复支出的合理费用，以及因误工减少的收入。造成残疾的，还应当赔偿残疾生活辅助具费和残疾赔偿金。造成死亡的，还应当赔偿丧葬费和死亡赔偿金。"《社会保险法》第三十条规定："……医疗费用依法应当由第三人负担，第三人不支付或者无法确定第三人的，由基本医疗保险基金先行支付。基本医疗保险基金先行支付后，有权向第三人追偿。"

疗费予以核减的话，客观上就会减轻被告依法应承担的赔偿责任，进而导致侵权人行为的后果与受到的责任追究不相符。

第三种意见认为，处理医保支付医疗费的侵权案件，应明确两个原则，一是受害人对医保和侵权人的赔偿不能兼得；二是侵权人不能因受害人享有医保而减轻赔偿责任。根据损失填平原则，人身损害赔偿的是受害人的实际损失，是补偿性赔偿，如受害人因受伤害得到额外利益，容易诱发故意受伤和骗保等恶性事件；社会医疗保险的目的是保障公民患病时能得到应有的医疗救治，而非减轻有过错侵权人的赔偿责任。

我们认为，第一种观点认为直接扣除由社会保险支付的医疗费用，有一定合理性，由此可避免受害人取得双重赔偿。但仅仅考虑受害人，却导致了侵权人没有法定事由减轻责任的现象，颇具顾此失彼之嫌。同时，根据《侵权责任法》与《社会保险法》的规定，在社会保险进行支付相关费用后并未排除侵权人的责任。相反，社会保险法保留了基本医疗保险向第三人的追偿权。因此，第一种观点是不恰当的。第二种观点弥补了第一种观点的缺陷。由于在实践中，侵权案件发生后，受害人往往直接被送入医院进行治疗。当侵权人未支付费用或未足额支付费用之时，治疗过程中采用社保方式支付医疗费用符合常理，也非常多见。如人为将社保支付的医疗费在侵权责任的赔偿范围内予以扣除，则会产生严重负面社会效果。一方面侵权人赔偿责任减轻，致使民事判决的社会行为指引效果失去意义；另一方面加重了国家财政的负担，因为社会医疗保险属于国家福利性质，侵权人因为自己过错导致国家财政额外支出，与立法本意严重相违。但是，此观点也有不足之处，即未考虑社会资源的浪费。社会保险与商业保险不同，其是不以营利为目的，保障公民在年老、疾病、工伤、失业、生育等特殊情况下能够依法从国家和社会获得物质帮助的社会资源。在受害人能够得到侵权人的赔偿时，还利用社会保险，就会导致社会资源的流失与浪费。

第三种观点既考虑到受害人的双重赔偿问题，又考虑到侵权人的责任，并符合我国法律的相关规定，应该是目前来看最合理的。理由是，因侵权行为导致人身损害的案件，涉及三个法律主体，被侵权人、侵权人与社保部门。被侵权人因侵权人的侵权行为主张赔偿医疗费属于侵权法调整的范畴,而被侵权人在治疗期间基于与社保部门存续医疗保险关系而报销医疗费属于社会保险法调整的范畴,二者分属不同部门法,系从不同角度对同一法律事实作出规制,具有不同的立法目的。就侵权关系而言,其目的在于保护民事主体的合法权益,明确侵权责任,预防并制裁侵权行为,促进社会和谐稳定。就社会保险而言,其目的在于保障劳动者在年老、失业、患病、工伤、生育等情况下获得帮助和补偿,是社会福利制度的一部分。两者在效力上不存在竞合冲突。因此三者建立的是不同的法律关系,并不存在竞合问题。医疗保险垫付的医疗费用不能从损害赔偿中直接扣减,也不能将此部分费用由侵权人赔偿给被侵权人。在社保中心没有参加诉讼的情况下,通知社保中心由其作为有独立请求权的第三人参加诉讼,直接判令其向侵权人追偿垫付的医药费,有利于使社会保险发挥更大的作用。但是,此做法也存在遗憾:许多侵权纠纷不一定都诉诸法院。比如当事人达成赔偿和解协议,如果受害人恶意侵吞医保基金,医保中心由于信息不畅,根本无从知晓,从而使法定追偿权"悬空"。

追偿制度缺失致社会保险基金大量流失问题应予重视。本案为我们提供了部分思考,即由人民法院依职权告知社会保险机构,以便于社会保险机构维护保险基金数额。但是,由于我国社保制度本身存在的制度设计漏洞,也亟待有关政策和法律的修正。

四、最高人民法院民一庭裁判观点

在人身损害赔偿纠纷案件中,社会保险制度不能减轻侵权人的责任,而被侵权人也不能因侵权人的违法行为而获利。如果已经支付了医疗费的社会医疗保险机构没有参加该案诉讼,人民法院应当向其通知本案的诉讼情况,支持其行使追偿权。

【新旧法律依据对照】

旧法	新法
《侵权责任法》 第十六条 　　侵害他人造成人身损害的，应当赔偿医疗费、护理费、交通费等为治疗和康复支出的合理费用，以及因误工减少的收入。造成残疾的，还应当赔偿残疾生活辅助具费和残疾赔偿金。造成死亡的，还应当赔偿丧葬费和死亡赔偿金。	《民法典》 第一千一百七十九条 　　侵害他人造成人身损害的，应当赔偿医疗费、护理费、交通费、营养费、住院伙食补助费等为治疗和康复支出的合理费用，以及因误工减少的收入。造成残疾的，还应当赔偿辅助器具费和残疾赔偿金；造成死亡的，还应当赔偿丧葬费和死亡赔偿金。

【法律适用指引】

法律适用指引
造成他人人身损害的一般赔偿范围

　　依据《民法典》第一千一百七十九条规定，侵害他人造成人身损害的，应当赔偿医疗费、护理费、交通费、营养费、住院伙食补助费等为治疗和康复支出的合理费用，以及因误工减少的收入。这些损失通常被称为具体损失，是受害人实际支出的费用或者实际减少的收入等可以用交换价值计算的损失。在此需要注意的是，《民法典》第一千一百七十九条所列举的一般赔偿范围内的赔偿项目仅是几种比较典型的费用支出，实践中并不仅限于这些赔偿项目，只要是因为治疗和康复所支出的所有合理费用，都可以纳入一般赔偿的范围，如营养费、住院费等费用。

　　依据《民法典》第一千一百七十九条及《人身损害赔偿司法解释》

的相关规定,上述赔偿项目的具体计算标准是:

1. 关于医疗费的计算问题。医疗费根据医疗机构出具的医药费、住院费等收款凭证,结合病历和诊断证明等相关证据确定。赔偿义务人对治疗的必要性和合理性有异议的,应当承担相应的举证责任。医疗费的赔偿数额,按照一审法庭辩论终结前实际发生的数额确定。器官功能恢复训练所必要的康复费、适当的整容费以及其他后续治疗费,赔偿权利人可以待实际发生后另行起诉。但根据医疗证明或者鉴定意见确定必然发生的费用,可以与已经发生的医疗费一并予以赔偿。

2. 关于误工费的计算问题。误工费根据受害人的误工时间和收入状况确定。误工时间根据受害人接受治疗的医疗机构出具的证明确定。受害人因伤致残持续误工的,误工时间可以计算至定残日前一天。受害人有固定收入的,误工费按照实际减少的收入计算。受害人无固定收入的,按照其最近3年的平均收入计算;受害人不能举证证明其最近3年的平均收入状况的,可以参照受诉法院所在地相同或者相近行业上一年度职工的平均工资计算。

3. 关于护理费的计算问题。护理费根据护理人员的收入状况和护理人数、护理期限确定。护理人员有收入的,参照误工费的规定计算;护理人员没有收入或者雇佣护工的,参照当地护工从事同等级别护理的劳务报酬标准计算。护理人员原则上为一人,但医疗机构或者鉴定机构有明确意见的,可以参照确定护理人员人数。护理期限应计算至受害人恢复生活自理能力时止。受害人因残疾不能恢复生活自理能力的,可以根据其年龄、健康状况等因素确定合理的护理期限,但最长不超过20年。受害人定残后的护理,应当根据其护理依赖程度并结合配制残疾辅助器具的情况确定护理级别。

4. 关于交通费的计算问题。交通费根据受害人及其必要的陪护人员因就医或者转院治疗实际发生的费用计算。交通费应当以正式票据为凭;有关凭据应当与就医地点、时间、人数、次数相符合。

5. 关于其他费用的计算问题。住院伙食补助费可以参照当地国家机关一般工作人员的出差伙食补助标准予以确定。受害人确有必要到外地治疗，因客观原因不能住院，受害人本人及其陪护人员实际发生的住宿费和伙食费，其合理部分应予赔偿。营养费根据受害人伤残情况参照医疗机构的意见确定。

六、高度危险责任

六、高裂隙含沙量

【案例十七】

受害人从事违法行为触电造成损害，供电企业能否免责*

一、案情简介

一审法院查明：2010年9月，王某受张某雇佣，在某地隧道旁为张某修建房屋。王某在修建房屋的过程中，到房顶作业，触碰到房顶上方10千伏高压线，被电击伤后坠地，经医院诊断为"1. 电击伤；2. 原发性脑干损伤；3. 外伤性蛛网膜下腔出血；4. 双手及双足三度烧伤；5. 头皮裂伤；6. 双眼屈光不正"，司法鉴定中心鉴定其"伤残等级为二级"。王某将雇主张某和架设高压线的宏达电力公司起诉至县人民法院，请求判令由二被告赔偿原告误工费、营养费、住院伙食补助费、住院期间护理费、后续护理费、残疾赔偿金、精神损害抚慰金、残疾用具费、鉴定费、住宿费、交通费等费用共计316994.70元，由二被告承担本案诉讼费。一审法院还查明，宏大电力公司在事发地区多次进行了电力设施保护宣传，还要求张某停止在高压线下违法建房，在张某和王某不听劝告执意继续施工时，宏大电力公司曾到当地派出所报案请求公安部门阻止违法施工行为，但派出所没有作为。

王某诉称：原告与张某之间存在劳务关系，原告在为张某提供劳务的过程中受伤，而击伤原告的高压线为宏大电力公司所有、管理，因此

---

* 案例来源：最高人民法院民事审判第一庭编：《民事审判指导与参考》2013年第2辑（总第54辑）。

二被告应对原告的损害后果承担连带赔偿责任。

张某辩称：原告受伤是因为触碰到宏大电力公司架设的高压线造成，与张某行为没有因果关系，且张某已垫付了部分医疗费。宏大电力公司系涉案高压线路的管理者，应承担无过错责任，系原告损害的最终赔偿义务人，应对原告的损害承担民事赔偿责任。张某垫付的费用亦应由宏大电力公司赔偿。

宏大电力公司辩称：2010年3月，宏大电力公司工作人员对张某的违法建房行为进行了阻止，并向其送达《安全隐患整改通知书》，要求其停止施工，但张某和王某不听劝阻，仍然违法建房。此后，答辩人多次口头和书面告知张某不得违法建房，要求其停止施工，已尽到告知和警示义务，二人不听劝阻仍违法施工，造成原告受伤的后果，宏大电力公司不应承担赔偿责任。

二、法院裁判情况

一审法院认为：公民的生命健康权受法律保护，因侵权致人损害的，应承担相应的民事赔偿责任。本案中，王某受张某雇佣在宏大电力公司架设的高压线下建房被高压电击伤。按照法律规定，从事高空、高压、地下挖掘活动或者使用高速轨道运输工具造成他人损害的，经营者应当承担责任，被侵权人对损害的发生有过失的，可以减轻经营者的责任。宏大电力公司系电力经营者，在张某建房时，仅对张某、王某履行告知义务，未采取有效的制止措施，故不能免除其民事赔偿责任，但可适当予以减轻，故其应对王某的损伤承担30%的民事赔偿责任。因高压线具有高度危险性，张某应该知道在高压电线下修建房屋存在安全隐患，其不听劝阻雇佣王某等人在高压线下从事修建造成原告受伤，有重大过错，应对原告王某的损伤承担50%的民事赔偿责任。王某是具有完全民事行为能力的人，应该知道在高压线下从事修建劳动存在安全隐患，因此就其损伤亦存在过错，应承担20%的民事责任。王某受伤的后果系宏大电力公司和张某以及王某的行为间接结合造成的，故应在各自的责任限额内承担民事责任。原告要求二被告承担连带赔偿责任的诉讼请求，不符合法律规定，不予支持。

一审法院判决：（1）王某的损失共计 316994.70 元，由张某承担赔偿 50%，即 158497.35 元，由宏大电力公司承担赔偿 30%，即 95098.41 元；（2）驳回王某的其他诉讼请求。

宏大电力公司不服一审判决，以其已履行了警示、劝阻义务为由提起上诉，请求判决其不承担赔偿责任。二审法院认为宏大电力公司的上诉理由不符合《侵权责任法》第七十三条规定的免责事由，即本案不存在被害人故意或不可抗力的事由，因此，宏大电力公司不能免责。考虑到宏大电力公司已经向王某和张某履行了警示义务，并请求公安机关予以协助制止违法行为，故可减轻宏大电力公司的赔偿责任，由于张某作为房主不听劝阻，仍然指挥违法施工，故应承担主要责任。王某对其损害结果亦有过错，应承担相应的责任。一审判决认定事实清楚，适用法律正确。判决：驳回上诉。维持原判。

三、主要观点及理由

本案审理过程中，存在两种观点。

第一种观点认为，宏大电力公司应当免责，理由是，《电力设施保护条例》第十条规定，架空电力线路保护区为导线边线向外侧水平延伸并垂直于地面所形成的两平行面内的区域，在一般地区 10 千伏电压导线的边线延伸距离为 5 米。王某和张某修建房屋的行为是发生在 10 千伏高压线下方，即发生在电力设施保护区内。《电力设施保护条例》第十五条规定，任何单位或个人在架空电力线路保护区内，必须遵守下列规定：其中第三项规定是：不得兴建建筑物、构筑物。因此张某和王某在高压线下方修建房屋是法律所禁止的行为。《侵权责任法》第七十六条规定，"未经许可进入高度危险活动区域或者高度危险物存放区域受到损害，管理人已经采取安全措施并尽到警示义务的，可以减轻或者不承担责任。"本案中，宏大电力公司作为管理人，向张某送达了《安全隐患整改通知书》，告知张某和王某建房行为的安全风险，要求其停止违法建房行为，应视为宏大电力公司已经采取安全措施并尽到警示义务，造成损害结果的根本原因是张某和王某未经许可在高度危险区域内施工的违法行为所致，宏大电力公司已经采取了劝阻其施工及警示的措施，不应承担责任。

第二种观点认为，宏大电力公司应当承担赔偿责任，但根据受害人的过错程度较大的实际情况，可由宏大电力公司承担较小的赔偿责任。理由是，关于高压电线造成的触电伤害应适用《侵权责任法》第七十三条的规定，即"从事高空、高压、地下挖掘活动或者使用高速轨道运输工具造成他人损害的，经营者应当承担侵权责任，但能够证明损害是因受害人故意或者不可抗力造成的，不承担责任。"依此规定，高压触电的损害责任是无过错责任或称严格责任。即无论高压电线的管理者是否有过错都应承担侵权责任。高压电线的管理者的免责事项只有受害人故意或者不可抗力两种情形。而已经废止的《最高人民法院关于审理触电人身损害赔偿案件若干问题的解释》第三条规定，因高压电造成他人人身损害有下列情形之一的，电力设施产权人不承担民事责任：其中第四项情形是，受害人在电力设施保护区从事法律、行政法规所禁止的行为。《侵权责任法》对免责事由的规定与司法解释有了很大的不同。本案中由于不存在受害人故意或者不可抗力的情形，因此宏大电力公司不能免责。但根据《侵权责任法》第二十六条的规定，被侵权人对损害的发生也有过错的，可以减轻侵权人的责任。该条款是过失相抵原则在侵权责任中的适用，该原则同样适用于无过错责任的情形。由于张某和王某对损害结果的发生过错较大，故应在较大程度上减轻宏大电力公司的赔偿责任。

我们同意第二种观点，理由如下：

本案不适用《侵权责任法》第七十六条的规定。《侵权责任法》第九章对不同类型的高度危险活动根据其危险程度的大小在不同的条文中作出了相应的规定，对于高压输电造成的损害规定于第七十三条，而第七十六条规定的是高度危险活动区域和高度危险物存放区域。这些区域的区分特征一般是与公众活动的区域有严格的隔离方式，如有栅栏、围墙等防护设施，同时还要有明显的禁入标志，这表明这一区域的危险程度很高，普通人很容易能够认知其危险程度，如果擅自进入其过错程度几近故意，故该条对已尽义务的管理人的责任减轻程度可达免责。而高压输电的危险程度不及第七十六条规定的情形,其防护措施也不及高度危险活动区域和高度危险物存放区域严格。《侵权责任法》把两种危险责任规定于不同的条文,是有其不同的适用条件。因此,本案应适用《侵权责任法》第七十三条的规定。

《侵权责任法》第七十三条规定了电力经营者的免责事由为不可抗力和受害人故意两种情形,本案中涉及被害人的违法行为是否构成故意的问题,从案情看,张某和王某在宏大电力公司多次的警示和劝阻下仍执意施工,从其行为判断,其主观过错程度较大。但依据《侵权责任法》第七十三条规定,只有在受害人故意的情形下,电力经营者才能免责。这里的受害人"故意"应理解为,受害人的主观状态是积极地追求损害结果的发生,这种主观状态不能仅仅根据受害人行为违法的严重程度来判断。本案中,王某的行为虽然违法程度较大,但其主观目的显然不是追求损害结果的发生,因此,宏大电力公司不能免责。

《侵权责任法》实施后,最高人民法院废止了《最高人民法院关于审理触电人身损害赔偿案件若干问题的解释》,其中最主要的原因是该司法解释中高压输电管理者的免责事由与《侵权责任法》第七十三条的规定不一致。审判实际中应注意这一变化,正确地适用法律。

四、最高人民法院民一庭裁判观点

因高压触电引发的人身损害赔偿纠纷,应依据《侵权责任法》第七十三条的规定认定高压供电企业的侵权责任。如果供电企业已经履行了法律、法规规定的警示、告知义务,可根据受害人的过错程度减轻供电企业的侵权责任。

【新旧法律依据对照】

旧法	新法	旧司法解释	新司法解释
《侵权责任法》第七十六条 　　未经许可进入高度危险活动区域或者高度危险物存放区域受到损害，管理人已经采取安全措施并尽到警示义务的，可以减轻或者不承担责任。	《民法典》第一千一百七十六条 　　自愿参加具有一定风险的文体活动，因其他参加者的行为受到损害的，受害人不得请求其他参加者承担侵权责任；但是，其他参加者对损害的发生有故意或者重大过失的除外。 　　活动组织者的责任适用本法第一千一百九十八条至第一千二百零一条的规定。		《时间效力规定》第十六条 　　民法典施行前，受害人自愿参加具有一定风险的文体活动受到损害引起的民事纠纷案件，适用民法典第一千一百七十六条的规定。
《侵权责任法》第二十六条 　　被侵权人对损害的发生也有过错的，可以减轻侵权人的责任。	《民法典》第一千一百七十三条 　　被侵权人对同一损害的发生或者扩大有过错的，可以减轻侵权人的责任。		

续表

旧法	新法	旧司法解释	新司法解释
《侵权责任法》第七十三条 　　从事高空、高压、地下挖掘活动或者使用高速轨道运输工具造成他人损害的，经营者应当承担侵权责任，但能够证明损害是因受害人故意或者不可抗力造成的，不承担责任。被侵权人对损害的发生有过失的，可以减轻经营者的责任。	《民法典》第一千二百四十条 　　从事高空、高压、地下挖掘活动或者使用高速轨道运输工具造成他人损害的，经营者应当承担侵权责任；但是，能够证明损害是因受害人故意或者不可抗力造成的，不承担责任。被侵权人对损害的发生有重大过失的，可以减轻经营者的责任。		

【法律适用指引】

法律适用指引一

自甘冒险规则在审判实践中的适用

近年来的审判实践对于适用自甘冒险的规则积累了较为丰富的经验，这无论在裁判规范还是行为导向上都具有积极意义。在参加体育运动或其他带有风险性的活动过程中的损害，如行为人不存在因故意和过失导致严重违反规则的情形，则不承担或者减轻损害赔偿责任。比如在一个案例中，原告和被告系某中学同学，某日他们利用午休时间与其他数名同学在学校操场上踢足球。原告作守门员，被告射门，足球经过原告的手挡之后，打在原告左眼，造成伤害。经医院诊断为左外伤性视网膜脱离，经行左网膜复位术，网膜复位，黄斑区前膜增殖，鉴定为十级伤残，原告以被告和所在学校为共同被告起诉，请求人身损害赔偿。法院认定，足球运动具有群体性、对抗性及人身危险性，出现人身伤害事件属于正常现象，应在意料之中，参与者无一例外地处于潜在的危险之中，既是危险的潜在制造者，又是危险的潜在承担者。足球运动中出现的正当危险后果是被允许的，参与者有可能成为危险后果的实际承担者，而正当危险的制造者不应为此付出代价。被告的行为不违反运动规则，不存在过失，不属侵权行为，此外，学校对原告的伤害发生没有过错。最后法院依法驳回了原告的诉讼请求。

在其他领域中，比如户外活动中，特别是一些类似于探险的活动中，也有适用自甘冒险的案例。在这里需要专门说一下近来发生的一起典型案例——吴某近亲属诉广州市花都区某村违反安全保障义务责任纠纷案，即"擅自上树摘杨梅坠亡案"。在本案中，广州市花都区某村是国家AAA级旅游景区，村委会在河道旁种植了杨梅树。2017年5月19日，该村村民吴某私自上树采摘杨梅，不慎跌落受伤，经抢救无效死亡。其近亲属以村委会未采取安全风险防范措施、未及时救助为由，将村委会诉至花都区人民法院。一审、二审认为吴某与村委会均有过错，酌定村委会承担5%的赔偿责任，判令向吴某的亲属赔偿4.5万余元。广州中院经审查，依法裁定对该案进行再审。再审认为，村委会作为该村景区的管理人，虽负有保障游客免遭损害的义务，但义务的确定应限于景区管理人的管理和控制能力范围之内。村委会并未向村民或游客提供免费采摘杨梅的活动，杨梅树本身并无安全隐患，不能要求村委会对景区内的所有树木加以围蔽、设置警示标志。吴某作为具有完全民事行为能力的成年人，应当充分预见攀爬杨梅树采摘杨梅的危险性。该村村规民约明文规定，村民要自觉维护村集体的各项财产利益，包括公共设施和绿化树木等，吴某私自上树采摘杨梅的行为，违反了村规民约，损害了集体利益，导致了损害后果的发生。吴某跌落受伤后，村委会主任及时拨打了急救电话，另有村民在救护车抵达前已将吴某送往医院救治，村委会不存在过错。再审法院认为，吴某因私自爬树采摘杨梅跌落坠亡，后果令人痛惜，但行为有违村规民约和公序良俗，且村委会并未违反安全保障义务，不应承担赔偿责任。原审判决认定事实清楚，但适用法律错误，处理结果不当，应予以撤销。2020年1月20日，广州中院对该案再审宣判，撤销原审判决，驳回吴某近亲属要求村委会承担赔偿责任的请求。

从上述案例中可以看出，审判实践中对于自甘冒险制度在体育活动、户外探险以及其他有一定危险性的活动中都有适用。在这里要注意的是，自甘冒险的适用，确实更多的在体育活动当中存在。换言之，"具有一定风险的文体活动"在实践中有其典型适用的领域，但也有进一步具体解释甚至扩大适用的空间，这里面需要有相关价值判断和利益衡量的考虑，比如在最后一个案件中，就体现了法律应是公序良俗的"兜底条款"，司法绝不允许守法者为"小恶"买单，法律和司法维护社会道德、守护社会底线的立场。这是一种基于维护公序良俗，倡导法治精神，弘扬社会主义核心价值观的法政策判断而得出的结论。

法律适用指引二
自甘冒险的具体法律适用

《民法典》第一千一百七十六条规定分为两款，第一款规定的就是自甘冒险免责或者减责的情形，第二款则是对有关活动组织者、学校及幼儿园等承担相应责任的规定。现分述如下：

一、自甘冒险适用的条件

依学理解释，自甘冒险的构成一般具备基础关系要件和冒险行为要件。所谓基础关系要件，是指自甘冒险行为人与相对人之间存在某种法律关系，使得行为人得以从事自甘冒险的危险行为。这种基础法律关系可以表现为合同关系也可以是单方法律行为。而行为人与相对人也都遵守这种法律关系所衍生的义务。[1] 如体育比赛，运动员根据规则即处于身体碰撞的危险之中。所谓冒险行为要件，则包括：（1）所从事的行为具

---

[1] 最高人民法院侵权责任法研究小组编著：《〈中华人民共和国侵权责任法〉条文理解与适用》，人民法院出版社2010年版，第211页。

有不确定的危险，即从事的行为具有导致冒险行为人遭受损害的可能性。（2）冒险行为人对于危险和可能的损害有预见或认知。这种认知既包括对于其行为的性质、条件的认知，也包括对其行为所面临的危险和可能发生的损害的认知。这种危险应当是一种具体的现实的危险，而损害则是一种非必然发生的、可以避免的损害。（3）行为人默示同意，即行为人对于可能发生但不确定发生之损害，表示有意一赌其不发生，并于损害不幸发生时，愿意承受其不利益。（4）行为人自甘冒险行为，并非出于尽法律或者道德上的义务。（5）行为人自甘冒险是为了获得如无偿、重赏或特殊期待等非常规利益。[1] 在这里要注意的是，自甘冒险的适用范围应当限定在活动的参与者当中，这时也要依相应的社会日常生活经验法则来判断，如在体育活动中，发生在运动员、裁判员等参加者之间的损害可以不承担侵权责任，但对观众造成的损害不宜包括在内。同参加者相比，观众的目的是娱乐，观众一般都远离比赛场地，也就是说不能认为观众观看比赛具有危险性，也不能认定他们已经预见到风险并愿意承担此风险。

与过失相抵原则类似，自甘冒险的抗辩事由也适用于过错责任原则的一般侵权领域和无过错责任的特殊侵权领域。但对于加害人故意或者重大过失侵权的，侵权人同样不能适用自甘冒险进行抗辩。

从法理上讲，权利人有权处分自己的权利。只要不违反法律和公序良俗，权利人就有权自行处置自己的权利。在受害人同意与自愿承担风险时，加害人的行为不具有违法性，无论其是否具有过错，均不承担侵权责任。当然，若加害行为超出受害人同意范围，或受害人同意的内容违反法律规定或公序良俗，则不发生免责效果。鉴于实践中，情形复杂，在受害人自愿或者自甘风险的情况下，不能一律认定构成自甘冒险就不承担责任，故《民法典》第一千一百七十六条在适用中需要将此作为免除或减轻责任的情形来对待。对此，要注意与《民法典》第一千一百七十六条第一款但书内容"其他参加者对损害的发生有故意或者重大过失的除外"的衔接。

---

[1] 曾世雄：《损害赔偿法原理》，中国政法大学出版社2001年版，第90~91页。

首先，这一内容无疑是有关其他参加者承担责任的规定，也就是其他参加者以对损害的发生有"故意"或者"重大过失"为限，方可承担责任。从文义上讲，其他参加者的责任仅限于此，不包括一般的过错行为造成损害发生的情形。其次，这里的因重大过失或者故意而承担责任的人仅限于活动的参加者，而不包括组织者、管理者。组织者、管理者承担责任应当适用《民法典》第一千一百七十六条第二款的规定，也就是说不能限定在他们只有故意或者重大过失时才承担侵权责任，其具有一般过错时也要承担侵权责任，而且这仅是限于直接责任而言，至于承担补充责任的情形，则不再强调其是否有过错的问题。再次，这里的受害人"自愿参加"在主观过错上应当属于"明知"而为的故意情形，如果此时在主观过错上为过失，则不能适用《民法典》第一千一百七十六条第二款规定。最后，从解释论上讲，其他参加者对损害的扩大有"故意"或者"重大过失"的也要承担责任。但是其他参加者对于损害的扩大仅有一般过错时是否承担责任，则存有争议，我们认为结合《民法典》第一千一百七十六条规定的文义以及体系上《民法典》第一千一百七十三条对于《侵权责任法》第二十六条的修改（专门增加了被侵权人对损害的扩大有过错这一情形），考虑到侵权法作为救济法的本质属性，从依法救济受害人，倡导救死扶伤的角度，在损害发生之后作为共同的活动参与者，这时应当有相应的救助义务，其如果对损害的扩大有过错，也应当承担相应的侵权责任。此不可与"损害的发生"同日而语。

在此需要强调的是，受害人明知某具体危险状态的存在，如明知他人无驾照或无法确保车辆安全而搭乘其车，而甘愿冒险为之，可视为其属自甘冒险行为，自甘冒险应通过过失相抵制度对赔偿义务人的赔偿责任进行相应的减轻甚至免除，自甘冒险界定为受害人的一种过错行为。比如在一个案例中，原告周某邀被告曹某出去游玩，并乘坐被告曹某驾驶的两轮摩托车，原告周某应当核实被告曹某的驾驶资格及车辆情况，原告周某未尽到谨慎注意义务而搭乘其车，属自甘冒险行为，系对自身安全的放任，应通过过失相抵制度对赔偿义务人的赔偿责任进行相应减轻，原告周某应自负次要责任。被告曹某许可原告周某乘坐其车辆，就负有承担保障原告在乘车过程中生命、财产安全的义务。被告曹某驾驶与准驾车型不符且未登记车辆，未能尽到安全行驶义务，致使原告的身体健康受到损害，应负担主要责任。

二、关于《民法典》第一千一百七十六条第二款的适用

《民法典》第一千一百七十六条第二款系指引性规定，语言简练，但是内涵丰富。曾有意见认为本款实际上是规定了安全保障义务人和学校、幼儿园等承担补充责任的规定，实际上不尽然，因为依据《民法典》第一千一百九十八条至第一千二百零一条①的规定，这里既有上述有关主体的直接责任的内容，也有符合相应条件时承担补充责任的规定。

至于《民法典》第一千一百九十八条至第一千二百零一条的具体适用问题，在这里不作过多论述，符合相应情形的，直接适用上述规定即可。在这里专门强调三点：

1. 关于直接责任的适用。从法理上讲，活动组织者、管理者承担责任的规则适用安全保障义务及学校责任的规则也有必要再作细化研究。理由在于，自甘冒险应属于免责事由，如果扩大活动组织者依照有关安全保障义务、学校责任的条款来承担的相应责任，一者与自甘冒险作为免责事由不符，二者也不利于鼓励这些活动组织者积极开展体育运动。从条文规范上看，安全保障义务人以及有关学校、幼儿园及其他教育机构这类主体承担责任都与他们是否尽到安全保障义务或者教育、管理职责直接相关，而这实际上就是关于客观过错的表述形式。换言之，在活

---

① 《民法典》第一千一百九十八条规定："宾馆、商场、银行、车站、机场、体育场馆、娱乐场所等经营场所、公共场所的经营者、管理者或者群众性活动的组织者，未尽到安全保障义务，造成他人损害的，应当承担侵权责任。因第三人的行为造成他人损害的，由第三人承担侵权责任；经营者、管理者或者组织者未尽到安全保障义务的，承担相应的补充责任。经营者、管理者或者组织者承担补充责任后，可以向第三人追偿。"第一千一百九十九条规定："无民事行为能力人在幼儿园、学校或者其他教育机构学习、生活期间受到人身损害的，幼儿园、学校或者其他教育机构应当承担侵权责任；但是，能够证明尽到教育、管理职责的，不承担侵权责任。"第一千二百条规定："限制民事行为能力人在学校或者其他教育机构学习、生活期间受到人身损害，学校或者其他教育机构未尽到教育、管理职责的，应当承担侵权责任。"第一千二百零一条规定："无民事行为能力人或者限制民事行为能力人在幼儿园、学校或者其他教育机构学习、生活期间，受到幼儿园、学校或者其他教育机构以外的第三人人身损害的，由第三人承担侵权责任；幼儿园、学校或者其他教育机构未尽到管理职责的，承担相应的补充责任。幼儿园、学校或者其他教育机构承担补充责任后，可以向第三人追偿。"

动组织者没有这些客观过错的情况下就不承担责任。在具体判断时，就要结合案件具体情况来判断，尤其是其管理、保护措施是否符合相应的法律、法规规定或者行业自律要求等，如果符合相应要求，即使出现受害人遭受损害的情形，活动组织者也不应承担责任。实务中有必要采取适当从严认定上述主体责任构成的态度，从法律适用的角度要切忌"和稀泥"，以利于推动上述主体积极组织相应活动，这也符合自甘冒险制度的初衷。当然，如果组织者、管理者从事的是营利性活动，其要尽到的保护、管理等义务原则上要高于非营利性的组织活动。

2. 关于补充责任的适用问题。自甘冒险导致的损害后果是第三人原因造成的，这种情况虽然实践中不多见，但也存在，这时有关学校、幼儿园及其他教育机构要承担补充责任。若无第三人的情形，则不存在适用补充责任的可能。而且这里补充责任的适用仅限于活动组织者、管理者、经营者以及有关学校、幼儿园及其他教育机构这类主体。这里涉及第三人的范围问题，我们认为，这也要结合具体案件来分析。原则上，该第三人应当属于活动参与者以外的人，如果是活动参与者当中的人，则存有一定争议。我们认为，在符合《民法典》第一千一百七十六条第一款规定的情形下，即在其他参加者对损害的发生有故意或者重大过失符合侵权责任构成的情况下，其行为构成侵权行为，这时活动组织者、管理者有过错的，也应当承担补充责任。如果某参加者对于损害的发生仅有一般过错，这时其行为不构成侵权，即其并非侵权行为人，这时应不存在活动组织者、管理者代其承担"补充责任"的可能。这种情况下活动组织者、管理者是否承担责任，应当从其自身是否尽到相应的安全保障义务或者是否尽到教育、管理职责来判断，即仍应回到其自身是否有过错来判断是否应当承担直接责任的问题。

3. 有关举证责任问题。《民法典》第一千一百七十六条第二款规定，也包括上一款规定的责任减免或者责任承担的规则，应当遵循举证责任分配的一般规则，即《民事诉讼法司法解释》第九十一条的规定。通常而言，应遵循"谁主张、谁举证"的规则，比如受害人一方主张活动组织者、管理者承担相应责任，则要对他们未尽到安全保障义务承担举证责任；主张其他参加者承担相应责任，则要对其存在故意或者重大过失承担举证责任。

法律适用指引三
自甘冒险与受害人同意

所谓受害人同意，是指受害人通过明示或默示的方式，对某种特定的损害作出同意，而在自甘冒险的情形下，受害人只是对某种风险的同意，此种风险是不确定的，它可能产生财产损害，也可能产生人身损害。自甘冒险与受害人同意最明显的区别在于：在自甘冒险的情形下，受害人并没有明确地同意承受因危险而产生的损害，该损害的发生与受害人的意愿是相违背的，但是，在受害人同意的情况下，损害的发生是符合受害人的意愿的。显然，自甘冒险不是一种明示的同意。但问题在于，受害人自甘冒险是否当然构成默示同意。有人认为，自甘冒险等同于默示同意。如果一个人自愿参加某种特殊的或者典型的危险活动，如足球、拳击、射击或者观看摩托车大赛，就应认为此人默示地免除了相对方的责任。我们认为，自甘冒险行为不完全等同于默示同意，尽管受害人参与一些危险活动有可能表明受害人自愿承担危险活动造成的后果，但也并不意味着受害人就默示同意其他参与者可以对其实施伤害行为。例如受害人从事踢球等活动，而某个踢球者违反规则故意伤害受害人，也不能完全免除行为人的责任。再如组织从事某种危险活动的人在组织过程中存在过错，也应当分担受害人所遭受的损失。将自甘冒险等同于默示同意使得加害人完全免责，也不利于强化对受害人的保护。[①]

---

① 王利明：《侵权责任法研究》（第二版）（上卷），中国人民大学出版社 2010 年版，第 419 页。

法律适用指引四
自甘冒险与过失相抵规则

  自甘冒险与过失相抵虽然十分相似，但二者作为减轻或者免除加害人责任的不同抗辩事由，仍然是有区别的。其一，对于受害人的注意义务和程度要求不同。自甘冒险中受害人对于他所愿意去承担的危险有清楚、明确的认知，这种认知不仅要求受害人意识到潜在风险的存在，更应当包括潜在危险的性质、程度、范围以及可能后果和责任的认知。而过失相抵对于受害人的注意程度并非出于注意义务角度考虑，受害人单纯的不注意也可能构成过失相抵的适用。其二，自甘冒险体现为受害人以基础法律关系中的同意表现出自愿承担危险意思，而过失相抵中不存在基础法律关系，受害人即使出于故意，也并非通过民事行为表示主动去承担风险的意思。[①] 比如，《道路交通损害赔偿司法解释》第七条第二款规定："依法不得进入高速公路的车辆、行人，进入高速公路发生交通事故造成自身损害，当事人请求高速公路管理者承担赔偿责任的，适用民法典第一千二百四十三条的规定。"即未经许可进入高度危险活动区域或者高度危险物存放区域受到损害，管理人已经采取安全措施并尽到警示义务的，可以减轻或者不承担责任。就高速公路管理者而言，其减轻或者不承担责任的前提是当事人非法擅自进入高速公路，受害人对于遭受的损害有过错。但是如果拖拉机、轮式专用机械车、铰接式客车、全挂拖斗车以及其他设计最高时速低于 70 公里的机动车，得到高速公路管理者许可进入高速公路，则不属于擅自进入，由此发生交通事故导致其自身损害，高速公路管理者不能以受害人自甘冒险为由免除其自身责任。违法进入高速公路的车辆以平常的方式进入高速公路，往往意味着高速公路管理者或者未尽警示义务，或者采取的安全措施不够充分，尽管可

---

  ① 最高人民法院侵权责任法研究小组编著：《〈中华人民共和国侵权责任法〉条文理解与适用》，人民法院出版社 2010 年版，第 212 页。

以减轻高速公路管理者的责任，但不能免除其责任。[1]

法律适用指引五
过失相抵的适用范围

在理论和实践中，有关过失相抵的适用范围曾有一定争议。但从既往立法以及审判实务的做法，特别是上面介绍的《民法典》第一千一百七十三条对于被侵权人过错的表述上可以得出的结论是过失相抵原则不仅可以适用于过错责任原则的侵权行为类型，也可以适用于无过错责任原则的侵权行为类型。从国外的立法来看，《俄罗斯民法典》第1083条第3款规定：受害人有重大过失而致害人无过错，且其责任不以过错为必要时，应减少致害人赔偿的数额或者免除其赔偿损害，但法律另有规定的除外。对公民生命或健康造成的损害，不得免除赔偿损害。具体到《民法典》第一千一百七十三条的适用范围，需要注意以下几个问题。

（一）过失相抵原则对于适用过错责任原则的侵权行为类型普遍适用

受害人本人对于同一损害的发生或者扩大有过失的，应当适用过失相抵，可以减轻侵权人的赔偿责任。在此需要注意的是，对于与受害人有特定关系的第三人对于损害的发生或者扩大有过失时，能否适用过失相抵，《民法典》第一千一百七十三条并未规定。就《民法典》第一千一百七十三条规定而言，从文字解释出发，《民法典》第一千一百七十三条规定确实限定为被侵权人本身对于损害的发生及扩大有过失时，才能减轻侵权人的赔偿责任。"就原则言，此种限制甚为合理。盖各人自为权利义务之主体，对自己之故意或过失行为虽应负责，但他人之故意过失，在被害人言，不过为一种事变，对之实无何责任可言。第三人与被害人无任何关系时，固无论矣，纵被害人为该第三人之近亲至友，亦无当然承担其过失之理。惟如贯彻此思想，在实际上难免有失公平之处，因此，

---

[1] 最高人民法院民事审判第一庭编著：《最高人民法院关于道路交通损害赔偿司法解释理解与适用》，人民法院出版社2015年版，第125页。

于若干特殊情形，宜权衡当事人之利益状态，使被害人对当事人之与有过失负责。显然的，此时在被害人与该当事人之间必须有某种关系存在，此种归责，始属合理。"① 应该说，从法理上讲，在第三人与有过失的情形下，仍然可能存在过失相抵的适用。只是此时的第三人须具备特定的情形，使过失"得视为被害人自己过失"。② 受害人基于与第三人的特定关系而对第三人的过失承担责任，依过失相抵减轻加害人赔偿责任。具体而言，须注意以下几点：

1. 监护人有过失的情形。监护人对于无民事行为能力人或者限制民事行为能力人具有法定的监督、保护和照顾的义务。监护人疏于履行监护职责，致使被监护人受到损害的，基于监护人与受害人的监护关系，应当适用过失相抵原则，减轻加害人的赔偿责任。"法定代理人与有过失，赔偿义务人得为主张过失相抵，良以监督人疏忽、实难辞其咎。如仍认赔偿义务人负完全之损害赔偿责任，显失公平，故与其牺牲加害人利益，毋宁以监督义务人之过失而牺牲被害人之利益较为妥当。且监督义务人举其所有过失责任，归加害人负担，而己逍遥法外，亦非法之所许。此场合，采用过失相抵规则反有督促监督义务人妥善保护被害人的功能。"③

2. 工作人员有过失的情形。依法理，雇员在执行职务时，其主观意志及行为均受雇主支配，雇员在执行职务过程中因他人的侵权行为造成雇主财产损失的，如果雇员对损害的发生或者扩大存在过失，其过失视为雇主的过失，可以适用过失相抵，减轻侵权人的赔偿责任。"受害人将自己法益，委托他人照顾，则对该人之过失，应与自己之过失同视再者，受害人利用他人而扩大其活动，其责任范围亦应随之扩大。其使用人之过失倘不予斟酌，则加害人事实上不能向该使用人求偿时，势必承担其

---

① 王泽鉴：《民法学说与判例研究》（第一册），中国政法大学出版社1998年版，第72页。
② 梅仲协：《民法要义》，中国政法大学出版社2000年版，第164页。
③ 程啸：《论侵权行为法上的过失相抵制度》，载《清华法学》2005年第2期。

过失，其不合情理，甚为显然。"①

（二）过失相抵原则在适用无过错责任原则侵权行为类型中的适用

就立法层面而言，我国《道路交通安全法》第一次在立法上承认无过错责任领域过失相抵原则的适用。该法第七十六条规定："机动车发生交通事故造成人身伤亡、财产损失的，由保险公司在机动车第三者责任强制保险责任限额范围内予以赔偿；不足的部分，按照下列规定承担赔偿责任：（一）机动车之间发生交通事故的，由有过错的一方承担赔偿责任；双方都有过错的，按照各自过错的比例分担责任。（二）机动车与非机动车驾驶人、行人之间发生交通事故，非机动车驾驶人、行人没有过错的，由机动车一方承担赔偿责任；有证据证明非机动车驾驶人、行人有过错的，根据过错程度适当减轻机动车一方的赔偿责任；机动车一方没有过错的，承担不超过百分之十的赔偿责任。交通事故的损失是由非机动车驾驶人、行人故意碰撞机动车造成的，机动车一方不承担赔偿责任。"

《民法典》第一千一百七十三条规定延续了原有立法的思路并肯定了审判实践经验，适用过错责任的一般侵权行为和适用无过错责任的特殊侵权行为均可依据《民法典》第一千一百七十三条规定适用过失相抵。有时对于特殊侵权行为类型，法律会专门规定受害人过失可以作为免责事由，比如按照《民用航空法》第一百五十七条和第一百六十一条的规定，飞行中的民用航空器或者从飞行中的民用航空器落下的人或者物，造成地面上的人身伤亡或者财产损害的，民用航空器的经营人能够证明损害是部分由于受害人的过错造成的，相应减轻其赔偿责任。但有些法律规定在减责或者免责事由方面排除了过失相抵的适用规定。比如，依照《民法典》第一千二百三十七条的规定，民用核设施的营运单位在发生核事故的情况下造成他人损害的，只有能够证明损害是因战争等情形或者受害人故意造成的前提下，才能免除责任。如果损害是由受害人的

---

① 王泽鉴：《民法学说与判例研究》（第一册），中国政法大学出版社1998年版，第75~76页。转引自最高人民法院侵权责任法研究小组编著：《〈中华人民共和国侵权责任法〉条文理解与适用》，人民法院出版社2010年版，第203~204页。

过失，即使是重大过失造成的，也不能减轻民用核设施经营人的责任。此外，还有一种情况是法律明确规定了只能以受害人的重大过失作为减轻责任的理由。承担无过错责任的主体只有在能够证明受害人对于损害的发生有重大过失的前提下，才能对受害人进行抗辩，即要求减轻自己的责任。比如，按照《民法典》第一千二百三十九条规定，占有或者使用易燃、易爆、剧毒、放射性等高度危险物的占有人、使用人造成他人损害的，只有能够证明被侵权人对损害的发生有重大过失的，才可以减轻占有人或者使用人的责任。再比如按照《水污染防治法》第九十六条第三款规定，水污染损害是由受害人重大过失造成的，可以减轻排污方的赔偿责任。

法律适用指引六
####　　过失相抵的适用规则

　　过失相抵在本质上就是由于受害人对于损害的发生或者扩大也有过错，基于该过错行为与损害后果之间原因力的大小来适当减轻侵权人的责任。也就是说，适用过失相抵规则要与原因力规则密切结合。在过失相抵的场合由于受害人的过失也都是通过其行为来体现，而其行为与损害后果之间又会存在因果关系，那么在这种情况下，确定侵权人与受害人过错程度和比重，从某种程度上讲，与对因果关系的程度的衡量就存在一定程度的重合。而且，过错一般又是作为与损害有着因果关系的过错，这就使得过错比重与原因力大小的标准不可能截然分开。可以说，损害结果的同一与原因力竞合，是过失相抵客观方面必须同时具备的必要条件。①

　　作为减责规则的原因力规则，是在对于受害人的损害结果，若是由侵权人和受害人双方的行为共同造成的，即侵权人的行为和受害人的行为对损害事实都具有原因力的情形下运用的。在此应当注意，对于适用

---

① 参见最高人民法院侵权责任法研究小组编著：《〈中华人民共和国侵权责任法〉条文理解与适用》，人民法院出版社 2010 年版，第 207~209 页。

过错责任的场合，比较原因力的大小，对于侵权人责任承担的多少不能具有绝对的决定作用，这时确定责任范围的主要标准，仍是双方当事人过错程度的轻重，双方行为的原因力大小，要受双方过错程度的约束。具体而言，在过错责任的场合运用原因力规则，应当把握以下几个方面：第一，在当事人双方的过错程度无法确定时，应以各自行为的原因力大小，确定各自责任的比例。难以确定双方当事人过错程度比例时，也可依双方行为原因力大小的比例，确定责任范围。第二，在当事人双方的过错程度相等时，各自行为的原因力大小对赔偿责任起"微调"作用。双方原因力相等或相差不悬殊的，双方仍承担同等责任；双方原因力相差悬殊的，应当适当调整责任范围，赔偿责任可以在同等责任的基础上适当增加或减少，成为不同等的责任，但幅度不应过大。第三，当加害人依其过错应承担主要责任或次要责任时，双方当事人行为的原因力起"微调"作用。原因力相等的，依过错比例确定赔偿责任；原因力不等的，依原因力的大小相应调整主要责任或次要责任的责任比例，确定赔偿责任。①

法律适用指引七

活动组织者承担责任的规则

《民法典》第一千一百七十六条第二款系指引性规定，明确了有关活动组织者的责任适用《民法典》第一千一百九十八条至第一千二百零一条的规定。这些规定不是免责事由，而是关于安全保障义务人和学校、幼儿园等承担具体责任的规定，这里既有活动组织者承担直接责任的内容，也有依法承担补充责任的内容。对此，要注意与第第一千一百七十六条第一款明确的自甘冒险作为免责事由的衔接适用问题。我们认为，如果过于强调活动组织者依照有关安全保障义务、学校责任的条款来承担相应责任，会与自甘冒险作为免责事由的出发点不符，也不利于鼓励

---

① 杨立新：《侵权法论》（第五版），人民法院出版社2013年版，第257页。

这些活动组织者积极开展体育运动。从条文规范上看，安全保障义务人以及有关学校、幼儿园及其他教育机构这类主体承担责任都与他们是否尽到安全保障义务或者教育、管理职责直接相关，而这实际上是关于客观过错的表述形式。换言之，在活动组织者没有这些客观过错的情况下就不承担责任。在具体判断时，要结合上述主体的管理、保护措施是否符合相应的法律、法规规定或者行业自律要求等。如果符合相应要求，即使出现受害人遭受损害的情形，活动组织者也不应承担责任。对此，有必要采取适当从严认定的态度，不宜加重活动组织者的责任，在法律适用上要切忌"和稀泥"，以有利于推动有关主体积极组织相应活动，这也符合自甘冒险制度的立法初衷。

法律适用指引八

从事高空、高压、地下挖掘活动或者使用高速轨道运输工具致害责任中"受害人故意"的判定

《民法典》第一千二百四十条规定免责事由为"不可抗力"和"受害人故意"。受害人故意包括直接故意和间接故意两种情形。直接故意即受害人明知其行为会导致损害后果，而追求或者希望损害结果的发生；间接故意即受害人明知其行为会导致损害后果，而放任这种后果的发生。实践中受害人故意通常包括：（1）自杀或者自伤，行为人利用高度危险作业实施自杀或者自伤行为；（2）从事与高度危险作业有关的犯罪活动，盗窃或者破坏高度危险作业的设施。需要特别说明的是，第三人过错不能成为经营者免责的条件。

七、其 他

七、其 他

【案例十八】

江苏省消费者权益保护委员会诉乐融致新电子科技（天津）有限公司消费民事公益诉讼案[*]

【裁判摘要】

智能电视开启时开机广告自动播放，如果智能电视生产者同时也是开机广告的经营者，其有义务明确提示消费者产品含有开机广告内容，并告知能否一键关闭。智能电视生产者对其生产销售的智能电视未提供即时一键关闭功能，消费者权益保护组织为维护众多不特定消费者合法权益，提起民事公益诉讼要求智能电视生产者提供开机广告一键关闭功能的，人民法院应予支持。

原告：江苏省消费者权益保护委员会，住所地：江苏省南京市鼓楼区北京西路。

法定代表人：陆某春，该委员会秘书长。

被告：乐融致新电子科技（天津）有限公司，住所地：天津市天津生态城动漫中路。

法定代表人：毛某龙，该公司经理。

原告江苏省消费者权益保护委员会（以下简称江苏省消保委）因与被告乐融致新电子科技（天津）有限公司（以下简称乐融致新公司）发生消费民事公益诉讼纠纷，向南京市中级人民法院提起诉讼。

原告江苏省消保委诉称：根据消费者的投诉，原告调查发现被告乐

---

[*] 案例来源：《最高人民法院公报案例》2022 年第 8 期（总第 312 期）。

融致新公司在其销售的品牌智能电视产品中加载了开机广告功能。消费者打开智能电视后，会自动播放15秒左右的开机广告，但被告在销售相关产品时并未向消费者提示，相关广告也不能关闭。消费者普遍反映，相关开机广告降低了观看电视的体验。针对消费者的投诉，原告进行了问卷调查，根据调查结果向被告发送了整改通知，并集中约谈了包括被告在内的智能电视经营者。经过集中约谈，多数智能电视经营者能够整改，但是被告并未积极整改。被告未经消费者同意，通过互联网智能电视发送广告，且未提供一键关闭功能，违反了《中华人民共和国广告法》第四十三条、第四十四条规定和《中华人民共和国消费者权益保护法》第八条、第九条、第十条规定，侵害了消费者的知情权、选择权和公平交易权。原告作为消费者权益保护组织依法提起公益诉讼，请求判令：1. 被告在销售带有开机广告功能的智能电视时以显著的方式提示或告知消费者其产品存在开机广告；2. 被告为其销售的带有开机广告功能的智能电视提供一键关闭开机广告的功能；3. 被告承担本案诉讼费。

  被告乐融致新公司辩称：1. 关于售前告知义务。原告江苏省消保委约谈后，被告在包括但不限于京东等线上销售的商品介绍页面，乐视各型号智能电视均有明确告知存在开机广告。消费者在购买前享有充分的知情权，产品销售详情页面上即标注提示"此电视含开关机广告，但您可以上传自定义开机视频，详细步骤咨询客服。"产品说明书上售后服务支持页上也会明确告知，乐视商城网站购买协议上明确告知，在产品外包装上也明确告知，保证消费者在购买时可以知晓。2. 关于保障消费者选择权。自约谈整改后，被告已提供视频定制化功能，为客户需求提供差异化服务。3. 关于开机广告的一键关闭功能，被告已完成整改。被告已经研发出了一键关闭功能，并处在调试各机型软硬件适配稳定性的阶段。4. 关于开机广告显示问题。被告的电视产品符合国家标准及行业标准，为优化枯燥的开机等待时间，用户可以观看精美广告或联系被告客服自定义开机视频，这些开机画面并未影响用户正常使用产品，也未占用用户的有效时间。《中华人民共和国广告法》第四十四条立法目的旨在"不得影响用户正常使用网络"，该立法并未禁止所有互联网广告。综上，由于技术原因,被告销售产品存在一定的开机等待时间,利用该时间播放的广告未侵害消费者的权益,在销售时给予了充分的告知,并且消费者可以对开机广告进行定制化更改,充分保障了消费者的知情权和选择权。法律并没有强制性规定取消开机广告,但被告仍然做了整改,希望能和原告达成和解,创造良好的营商环境。被告承诺对生产的内含开机广告的电视设置一键关闭功能,符合法律法规规章的规定,执行标准不低于市场上主流机型。尽管做了整改,但并不意味着被告存在违法,如未能达成和解,恳请法院依法驳回起诉,维护被告合法利益。

南京市中级人民法院一审查明:

被告乐融致新公司是"乐视 TV""Letv""Letv 超级电视"等品牌智能电视的经营者。2019 年 3 月 16 日,原告江苏省消保委接到南京市一名消费者的投诉,反映被告销售的智能电视存在开机广告且不能关闭。

原告江苏省消保委接到消费者投诉后,履行了下列公益性职责:1. 受理投诉并进行调查。调查中,原告发现被告乐融致新公司销售的智能电视开机时会自动播放 15 秒左右的开机广告,未在销售时以显著的方式向消费者提示或告知存在开机广告,相关广告也不能关闭。针对消费者的投诉,原告进行了问卷调查。消费者纷纷留言表示不能接受智能电视开机广告,智能电视开机广告侵害了消费者的权益。2. 根据调查结果,集中约谈了包括被告在内的智能电视经营者,并向被告发送了整改通知。2019 年 9 月 4 日,原告向包括被告在内的智能电视经营者发送了《智能电视开机广告侵犯消费者权益问题的约谈函》。2019 年 10 月 10 日,原告集中约谈了包括被告在内的七家市场占有率较高的品牌智能电视经营者,集中告知其智能电视开机广告侵害了消费者的知情权、选择权和公平交易权。同日,原告向被告发送了《企业告知书》,要求被告在销售智能电视时向消费者告知其产品存在开机广告,并且为消费者提供一键关闭开机广告功能,履行保护消费者知情权、选择权、公平交易权、健全投诉处理机制等法律义务。3. 提起本案公益诉讼。经过集中约谈,多数智能电视生产厂商先后向原告发送整改情况回复函,原告认为此部分厂商已经通过技术手段解决了一键关闭开机广告的问题。被告于 2019 年 9 月 20

日致函原告，对约谈函中提出的问题进行回复，于2019年10月21日再次致函原告，对电视开机服务进行承诺及保障。原告认为，多数智能电视经营者能够整改，但是被告并未积极整改。原告作为依法成立的消费者权益保护组织，依据《中华人民共和国民事诉讼法》第五十五条规定，提起公益诉讼，以维护众多不特定消费者的合法权益。

一审庭审中，被告乐融致新公司辩称，电视在开机热机阶段完全无法播放电视内容，如果没有广告就是黑屏状态，因此待机期间的广告或其他用户自定义视频并未影响用户观看电视。

原告江苏省消保委为证明开机广告并非智能电视必须具备的功能，提交了《测试报告》，并申请具有专门知识的人员孙国梓出庭，以证明智能电视开机时，技术上可以在播放广告同时实现一键关闭。孙国梓出具《专家意见》并陈述：1. 开机时播放广告不是智能电视开机的必要程序。2. 播放开机广告延长了开机时间，增加了消费者的等待时间。3. 智能电视开机广告需要利用因特网下载更新内容。4. 从技术可行性角度看，在播放开机广告同时可以提供一键关闭功能，消费者操作关闭广告的按键后，能够立即关闭广告。

关于提供一键关闭开机广告具体时间，被告乐融致新公司陈述其已经提供开机广告一键关闭功能，是在15秒开机广告剩余5秒的时候出现一键关闭窗口。原告江苏省消保委主张其诉讼请求是要求被告在智能电视开机广告播放同时提供一键关闭广告功能，即在开机广告播放时可以立即关闭、随时关闭。

另查明，原告江苏省消保委经江苏省人民政府批准，于2017年9月13日依法成立，代替原"江苏省消费者协会"履行《中华人民共和国消费者权益保护法》赋予的公益性职责。一审法院于2020年1月2日受理本案后，对本案受理情况进行了公告，但直至开庭前，无任何有权机关或社会组织申请参与本案诉讼。

再查明，一审期间，被告乐融致新公司对其生产的智能电视的开机广告实施了整改，在外包装上就开机广告业务进行提示，增大提示字体。

南京市中级人民法院一审认为，本案的争议焦点为：被告乐融致新公司是否应为其销售的智能电视在播放开机广告同时提供一键关闭功能,是否侵害了消费者的知情选择权等合法权益,是否应承担相应民事责任。

消费者享有自主选择商品或者服务的权利。消费者享有公平交易的权利。《中华人民共和国广告法》第四十三条第一款规定:"任何单位或者个人未经当事人同意或者请求,不得向其住宅、交通工具等发送广告,也不得以电子信息方式向其发送广告。"第四十四条规定:"利用互联网从事广告活动,适用本法的各项规定。利用互联网发布、发送广告,不得影响用户正常使用网络。在互联网页面以弹出等形式发布的广告,应当显著标明关闭标志,确保一键关闭。"本案中,原告江苏省消保委作为依法设立的组织,履行消费者协会的职责,开展对商品和服务的社会监督,受理消费者投诉,保护消费者合法权益,根据《中华人民共和国民事诉讼法》第五十五条、《中华人民共和国消费者权益保护法》第四十七条、《最高人民法院关于审理消费民事公益诉讼案件适用法律若干问题的解释》第一条规定,有权提起本案诉讼。被告乐融致新公司生产和销售的"乐视 TV""Letv""Letv 超级电视"等品牌智能电视加载了开机广告,并通过互联网不断更新广告内容,消费者开机后会自动播放 15 秒左右的开机广告,且该广告直到播放最后 5 秒时才弹出一键关闭窗口,消费者才能选择关闭开机广告,侵害了消费者的选择权,降低了消费者观看电视的体验,侵害了众多不特定消费者的合法权益。而且,从技术角度看,智能电视在开机期间播放广告,完全可以做到播放广告同时提供一键关闭功能。被告抗辩认为电视开机时需要热机等待,如不播放广告会出现黑屏,与事实不符,不予采信。原告要求被告为其销售的带有开机广告的智能电视在播放开机广告同时提供一键关闭广告功能,具有事实和法律依据,予以支持。考虑到被告以前销售的老旧机型,受软硬件技术限制以及功能修改量大,对其已经出售的智能电视机不作整改时间限制。被告应于本案判决生效之日起为其销售的带有开机广告功能的智能电视机在开机广告播放的同时提供一键关闭广告功能。

关于原告江苏省消保委要求被告乐融致新公司在销售智能电视时以显著方式提示或告知消费者其产品存在开机广告的诉讼请求,因被告已经进行了整改，在产品销售页面、产品说明书、乐视商城网站的购买协议均有相应告知，且在外包装上就开机广告进行了提示，增大了提示字体。被告在销售智能电视时对其存在开机广告事项基本履行了向消费者的告知义务，对原告的此项诉讼请求，不予支持。综上所述，原告的部分诉讼请求有事实和法律依据，予以支持。

据此，南京市中级人民法院依照《中华人民共和国消费者权益保护法》第九条、第十条、第四十七条，《中华人民共和国广告法》第四十三条第一款、第四十四条，《最高人民法院关于审理消费民事公益诉讼案件适用法律若干问题的解释》第一条、第四条、第十三条第一款，《中华人民共和国民事诉讼法》第五十五条之规定，于2020年11月10日作出判决：

一、被告乐融致新电子科技（天津）有限公司于本判决生效之日起为其销售的带有开机广告的智能电视机在开机广告播放的同时提供一键关闭功能；

二、驳回原告江苏省消费者权益保护委员会的其他诉讼请求。

一审宣判后，乐融致新公司不服一审判决，向江苏省高级人民法院提起上诉。

乐融致新公司上诉称：1. 乐融致新公司为消费者提供了可选择设置全家福、旅游照片等作为开机视频或观看电视广告的功能，且提供了一键关闭功能，已经充分保护了消费者的选择权，一审法院对此未予回应并以设置一键关闭功能的可行性为由认定乐融致新公司侵犯消费者权益错误；2.《中华人民共和国广告法》第四十三条明显落后于社会生活实际情况，一审法院无视智能电视产业的发展现状和客观情况，适用该规定处理本案对乐融致新公司过于苛刻，导致利益严重失衡，系适用法律错误。综上，请求撤销一审判决，驳回被上诉人江苏省消保委的全部诉讼请求。

被上诉人江苏省消保委辩称：1. 开机广告不是电视必须具备的功能，依据《中华人民共和国广告法》第四十四条的规定，上诉人乐融致新公司有义务为其销售的智能电视在开机广告播放的同时提供一键关闭的功能,确保消费者选择观看或者不观看广告的权利;2. 江苏省消保委的诉讼请求是乐融致新公司在其销售的电视机上设置一键关闭而非其他功能,一审法院对上传照片、视频功能问题无需进行调查和回应;3. 设置一键关闭功能是为了保护消费者的选择权,并非不允许播放开机广告,也不损害乐融致新公司的经营利益。综上,一审法院认定事实清楚,适用法律正确。请求驳回乐融致新公司的上诉请求。

江苏省高级人民法院经二审,确认了一审查明的事实。

江苏省高级人民法院二审认为,本案二审的争议焦点为:1. 上诉人乐融致新公司销售的智能电视在播放开机广告时为消费者提供的可供选择的服务是否限制了消费者的选择权;2. 乐融致新公司提供的一键关闭的功能是否符合《中华人民共和国广告法》等法律规定。

法院认为,开机广告是智能电视的生产者通过智能电视的内置程序,利用因特网下载更新内容,并在用户开机时自动播放的广告。智能电视生产者对开机广告内容和播放模式具有决定权。因此,智能电视的生产者同时也是开机广告的经营者。本案系因消费者购买上诉人乐融致新公司生产的电视机出现开机广告问题引发的纠纷。消费者的自主选择权是指消费者有权根据自己的意愿自主选择或拒绝特定商品和服务的权利。鉴于乐融致新公司的双重身份,相较于传统消费纠纷,本案消费者的自主选择权具有更加丰富的内涵,自主选择权是否受到侵害应分为两个层面讨论。第一层面为乐融致新公司在消费者购买电视机时是否全面告知开机广告的有关情况,以此让消费者能够充分了解相关信息并自主选择购买或不购买电视机;第二层面为涉案电视机在播放开机广告时,是否按照法律规定设置了一键关闭功能,确保消费者享有拒绝接收开机广告的权利。

(一)关于上诉人乐融致新公司是否侵害消费者购买电视机的选择权问题

根据一审查明的事实,上诉人乐融致新公司整改后,在产品销售页面、产品说明书、乐视商城网站的购买协议和产品外包装上就开机广告进行了提示,增大了提示字体。从提示的内容来看,乐融致新公司已经表明开机时会出现开机广告,部分机型包装上还载明了可以通过设置照片、视频等方式替代开机广告。在一般情况下,尚不至于使消费者产生误解,从而可以保障消费者购买电视机的选择权。然而,需要指出的是,乐融致新公司在相关提示中关于消费者是否可一键关闭开机广告的表述还不够清晰,仍有继续改进的空间。综合考虑本案情况,一审认为乐融致新公司在销售智能电视时对其存在开机广告事项基本履行了向消费者的告知义务正确,予以支持。

(二)关于上诉人乐融致新公司是否侵害消费者观看开机广告的选择权问题

《中华人民共和国消费者权益保护法》第二十九条第三款规定"经营者未经消费者同意或者请求,或者消费者明确表示拒绝的,不得向其发送商业性信息。"《中华人民共和国广告法》第四十四条第二款规定:"利用互联网发布、发送广告,不得影响用户正常使用网络。在互联网页面以弹出等形式发布的广告,应当显著标明关闭标志,确保一键关闭。"可见,法律并不禁止广告经营者通过互联网等方式向消费者推送广告或者其他商业信息,但应当保证消费者的拒绝权(选择权)。上述规定已经充分考虑互联网的特点,平衡了广告经营者的商业利益、信息流通利益和消费者权益。消费者是否接收商业信息的选择权是基于自身意愿产生的无需说明理由的权利,通过显著方式设置一键关闭窗口是保证该权利实现的法定形式,也是经营者应承担的无条件的法定义务。该法定义务应当是即时和彻底的,关闭窗口只有与互联网广告同时出现且能够彻底关闭广告才能充分保护消费者的选择权,才能实现法律规定的"确保一键关闭""不影响用户正常使用网络"的规范目的。

本案中,上诉人乐融致新公司销售的智能电视为消费者提供了设置开机照片、视频的功能,但该功能只赋予了消费者选择看开机照片、视频或是开机广告的权利,并未赋予消费者拒绝观看开机广告或其他开机照片、视频的权利,不当限缩了消费者选择权的范围。因此该功能不能免除或替代经营者的法定义务。而被上诉人江苏省消保委提交的《测试报告》和《专家意见》已经证明,播放开机广告延长了开机时间,增加了消费者的等待时间,且在播放开机广告的同时设置一键关闭功能在技术上并无障碍。因此,即使乐融致新公司所称基于技术原因,电视开机时需要热机等待,如不播放广告会出现黑屏的事实成立,也不能作为其拒绝设置一键关闭窗口的理由。乐融致新公司生产和销售的"乐视TV""Letv""Letv超级电视"等品牌智能电视加载的开机广告,在直到播放最后5秒时才弹出一键关闭窗口,消费者才能选择关闭开机广告,明显降低了消费者观看电视的体验,侵害了消费者的选择权。

二审中,上诉人乐融致新公司辩称其销售的智能电视机设置开机广告符合行业规范的要求,设置的一键关闭功能也遵循广告法的规定,赋予了消费者选择权。对此,法院认为,《智能电视开机广告服务规范》未就开机广告应如何设置一键关闭功能以确保实现消费者的选择权作出明确规定,并不代表经营者可以自由设置一键关闭功能。行业协会对开机广告制定行业规范,非法律所禁止,但行业标准不能低于法定标准,经营行为符合行业规范的基础上亦应当符合法律规定和社会广大消费者的普遍认知。现有证据表明,乐融致新公司设置的一键关闭不符合广告法的要求,不具有即时性。乐融致新公司的抗辩法院不予支持。一审认定乐融致新公司侵害了众多不特定消费者的合法权益,具有事实和法律依据,予以支持。

上诉人乐融致新公司自2019年10月21日致函被上诉人江苏省消保委至本案二审开庭,已一年有余,其向江苏省消保委承诺改进开机广告,设置一键关闭窗口事实上并无实质性进展。一审考虑到乐融致新公司以前销售的老旧机型,受软硬件技术限制以及功能修改量大等原因,对其已经出售的智能电视机不作整改时间限制,仅判令乐融致新公司于本判决生效之日起为其销售的带有开机广告的智能电视机在开机广告播放的同时提供一键关闭功能,已充分考虑了乐融致新公司的利益,体现了对市场主体的尊重和宽容,亦予以支持。

综上,上诉人乐融致新公司的上诉请求和理由均不能成立,不予支持。江苏省高级人民法院依照《中华人民共和国消费者权益保护法》第二十九条第三款,《中华人民共和国广告法》第四十四条第二款,《中华人民共和国民事诉讼法》第一百七十条第一款第一项之规定，于 2021 年 3 月 23 日作出判决：

驳回上诉，维持原判。

本判决为终审判决。

【新旧法律依据对照】

旧法	新法
《民事诉讼法》（2017 年 6 月 27 日第三次修正） 第五十五条 　　对污染环境、侵害众多消费者合法权益等损害社会公共利益的行为，法律规定的机关和有关组织可以向人民法院提起诉讼。 　　人民检察院在履行职责中发现破坏生态环境和资源保护、食品药品安全领域侵害众多消费者合法权益等损害社会公共利益的行为，在没有前款规定的机关和组织或者前款规定的机关和组织不提起诉讼的情况下，可以向人民法院提起诉讼。前款规定的机关或者组织提起诉讼的，人民检察院可以支持起诉。	《民事诉讼法》（2021 年 12 月 24 日第四次修正） 第五十八条 　　对污染环境、侵害众多消费者合法权益等损害社会公共利益的行为，法律规定的机关和有关组织可以向人民法院提起诉讼。 　　人民检察院在履行职责中发现破坏生态环境和资源保护、食品药品安全领域侵害众多消费者合法权益等损害社会公共利益的行为，在没有前款规定的机关和组织或者前款规定的机关和组织不提起诉讼的情况下，可以向人民法院提起诉讼。前款规定的机关或者组织提起诉讼的，人民检察院可以支持起诉。

【法律适用指引】

法律适用指引一

公益诉讼与人民检察院提起的公诉

1. 公益诉讼既可以由特定的国家机关提起，也可以由法律规定的有关组织提起。其本质上是一种民事救济方式。

2. 公诉则是人民检察院针对犯罪嫌疑人的犯罪行为向人民法院提出控告，要求人民法院定罪处刑的诉讼活动。其本质上是一种公权力行为，不属于民事救济方式。

法律适用指引二
公益诉讼与普通民事诉讼（私益诉讼）[①]

---

1. 诉讼目的不完全相同。公益诉讼的主要目的是维护公共利益；而私益诉讼是民事主体之间的纠纷，直接目的是维护个体利益。

2. 保护利益的特点不同。公益诉讼所保护的公共利益既是私益的集合体，与私益相关联，但又不同于私益，有时具有宏观性、抽象性等特点；而私益诉讼直接保护的是个体利益，具有具体性、微观性等特点。[②]

3. 对诉讼当事人的要求不同。公益诉讼的原告不要求一定与纠纷有法律上的直接利害关系；而私益诉讼则要求原告必须与案件有法律上的直接利害关系，否则人民法院将不予受理或者驳回起诉。

4. 损害范围的界定方面不同。公益诉讼纠纷所涉及的损害往往具有广泛性、严重性和长期性，特别是涉及环境污染侵权的公益诉讼，损害可能是隐形的，要经过几年甚至几十年才慢慢呈现出来，因此评估鉴定在公益诉讼中运用广泛；而私益诉讼的损害范围则比较容易界定。

5. 管辖法院不同。公益诉讼案件原则上由侵权行为地或者被告住所地中级人民法院管辖；而私益诉讼则适用普通的管辖标准。

[①] 王胜明主编：《中华人民共和国民事诉讼法释义》（最新修正版），法律出版社2012年版，第102~103页。

[②] 虽然私益诉讼通过纠纷解决、定分止争，也有利于维护社会秩序，但相较于公益诉讼，私益诉讼的直接目的仍然是保护个体利益。

法律适用指引三
消费民事公益诉讼中诉的类别

《最高人民法院关于审理消费民事公益诉讼案件适用法律若干问题的解释》第十三条第一款是对消费民事公益诉讼中给付型请求权的规定，在诉的类别上属于给付之诉。停止侵害、赔礼道歉等均是给付之诉的诉讼请求类型。第二款是对消费民事公益诉讼中确认和形成型请求权的规定，在诉的类别上属于确认之诉和形成之诉。消费民事公益诉讼中确认和形成之诉主要针对消费领域的不公平格式条款。

按照原告诉讼请求的目的和内容不同，诉可以分为三类：给付之诉、确认之诉、形成之诉。给付之诉，是指原告请求法院判令被告向其履行特定给付义务的诉讼。当事人提起给付之诉的目的在于请求法院判令对方当事人履行一定的民事义务。在给付之诉中，原告要求被告履行的给付义务既包括给付一定数额的货币或财产，也包括为或不为某种特定的行为，如请求被告停止侵害、消除危险等。按照请求给付的内容不同：可以分为特定物给付之诉，种类物给付之诉和特定行为给付之诉。所谓特定物给付之诉，就是请求对方交付某个不能代替的特定的物品。所谓种类物给付之诉，就是要求对方交付具有共同物理性能和经济意义的、可以互相代替的、能够用度量衡计算的实物。所谓特定行为给付之诉，就是要求义务人为一定的行为或者不为一定的行为。给付之诉的特点在于法院的判决具有执行力，被告不履行给付义务时，原告可以将判决作为执行文书申请强制执行。在给付之诉中，法院若判决原告败诉，该判决则成为原、被告之间不存在给付义务的确认判决。《最高人民法院关于审理消费民事公益诉讼案件适用法律若干问题的解释》第十三条第一款规定的停止侵害请求权属于要求被告不为一定行为的行为给付之诉，排除妨碍请求权、消除危险请求权和赔礼道歉请求权属于要求被告为一定行为的行为给付之诉。停止侵害、排除妨碍、消除危险都属于禁止性的请求权，而赔礼道歉属于人格恢复性的请求权。对于《最高人民法院关于审理消费民事公益诉讼案件适用法律若干问题的解释》第十三条暂未明确，待将来法律和司法实践中予以探讨扩充的损害赔偿请求权属于财产恢复性的给付请求权，不法收益收缴请求权属于带有惩罚性的给付请求权。

确认之诉，是指当事人要求人民法院确认某种法律关系存在或不存在的诉讼。确认之诉不以改变或者撤销既存法律效果为目的，而在于通过澄清、确认对业已存在却处于争议状态的事实，以解决纷争。确认之诉的客体为法律关系，不包括事实和事实关系。确认之诉的特点在于原告仅要求法院通过审判确认特定的法律关系存在或不存在，并不要求判令被告基于存在的法律关系履行给付义务。法院对确认之诉进行审理后所作出的判决，没有给付内容，不具有执行性。确认之诉可以进一步分为积极确认之诉和消极确认之诉。前者指原告起诉要求法院确认其主张的法律关系存在的诉讼，后者是指原告起诉要求法院确认其主张的法律关系不存在的诉讼。传统民法认为，确认之诉中的确认具有独立的法律意义，而给付之诉中对特定法律关系的确认，只是法院作出裁判的前提，不具有独立的法律意义。根据以上对确认之诉定义和特征的分析，消费民事公益诉讼原告要求法院确认经营者使用的不公平格式条款无效的请求，目的是要确认这种法律关系不存在，属于消极的确认之诉。

形成之诉又称为变更之诉，是指原告请求法院以判决改变或消灭既存的某种民事法律关系的诉。原告需要借助法院的判决来改变既存的法律关系时，才有必要提起形成之诉，如果可以通过民法上的形成权以单方的意思表示即可使法律关系发生变更时，则无须提起变更之诉。形成之诉中，原告一般是要求法院变更其与被告之间的法律关系，如解除合同关系的诉讼等。在法律有明确规定的情况下，原告也可以要求法院判决变更他人之间的民事法律关系。例如，债权人通过行使撤销权消灭他人之间已经成立的买卖关系。形成之诉的目的在于利用法院之判决，将现存的法律状态变更为另一新的法律状态。形成之诉在性质上具有变更权利的特点，通过对形成之诉所作的形成判决，能够当然地产生法律状态的变更。因此，形成之诉不像给付之诉那样往往需要等待对给付判决予以强制执行才能达到基本目的，而是只要有了生效判决就能立即达到变更一定的法律状态，这一点是其与给付之诉的一个重要区别。就其与确认之诉的差异而言，确认之诉的目的在于以判决来确认当事人之间的法律关系，而形成之诉的目的则在于以判决来变更法律关系。形成之诉的提起，必须有法律特别规定。形成判决的重要效力即"形成力"具有对世效力，可及于一般第三人，这种效力主要是针对典型的实体法上之形成之诉而言的。对于形成之诉，法院如果认定原告具有可产生某种法律效果的形成权，而作出认可此种法律效果的判决，即为形成判决。形成判决与其他判决相比，具有形成力是其特殊性之所在。所谓形成力，是指形成判决所具有的变更、形成法律关系和法律状态的法律效力。这种效力不仅对当事人双方产生，而且往往对一般第三人也会产生。而给付之诉和确认之诉的判决，原则上仅在当事人之间发生效力，一般第三人则为判决效力所不及。对于形成之诉，法院审理后所作的判决并不都是形成判决。法院判决原告胜诉的判决乃形成判决，但原告败诉的判决并非形成判决，此种判决并不具有形成力。也就是说，在原告败诉的情况下，该判决实际上是判断原告私法上形成权不存在的消极确认判决，这种判决仅具有既判力等法律效力，而不具有形成力。形成之诉依其形成效果不同，可分为实体法上的形成之诉与诉讼法上的形成之诉两种类型。前者是指，基于实体法规定的形成权之行使，请求法院以判决宣告其应形成的法律效果而提起的形成之诉。后者是指，基于程序法规定的形成权之行使，请求法院直接以判决宣告其应形成的法律效果而提起的形成之诉。实体法上的形成之诉与诉讼法上的形成之诉的显著区别在于，实体法上的形成之诉能够产生广泛的形成效果，而诉讼法上的形成之诉则无此种特点。就实体法上的形成之诉来说，又可以分为以下两种主要类型：（1）具有广泛效力的形成之诉。这类形成之诉是指，法院对其所作的形成判决，具有广泛性的形成效果。这类诉讼是实体法上的形成之诉的典型，以法有明文规定、不得通过解释而扩大范围为原则。依据形成判决产生的法律效果之变更的形态不同，这类形成之诉又包括如下两种具体形态：第一，形成判决专门针对将来的法律关系产生实体法上的法律状态的变更，例如，解除合同之诉等。第二，形成判决产生溯及既往的法律状态之变更，例如，确认合同条款无效之诉等。（2）不具有广泛效果的形成之诉。此类形成之诉在实体法上并没有明定其具有广泛性效果。例如，解除短期租赁的诉讼等。

消费民事公益诉讼原告基于实体法规定的形成权之行使，请求法院确认不公平条款无效，属于实体法上的形成之诉。消费民事公益诉讼原告起诉请求法院确认经营者使用的不公平格式条款无效，其目的不仅在于以判决来确认经营者和消费者之间基于消费合同的不公平条款而形成的法律关系，而且还有以判决来变更此种法律关系的目的，兼具确认之诉和形成之诉的特点。消费民事公益诉讼中法院确认不公平条款无效的判决，作为形成判决，其最终确定的法律关系和法律状态不仅约束当事人，还约束一般第三人。即案涉不公平格式条款自被确认无效之日起，对将来的消费者而言，均无效。此类诉讼属于具有广泛效力的形成之诉。

【类案裁判观点】

类案裁判观点一

  消费民事公益诉讼中确认不公平格式条款无效的形成判决具有形成力，这是一种对世效力，可及于一般第三人

有资格的消费民事公益诉讼发起主体并非唯一，其实体请求权独立存在，这些主体可能会针对同一被告的同一行为先后或者同时在相同或者不同的法院提起若干个公益诉讼。为了避免重复诉讼的堆积，浪费司法资源，加重企业负担，也为了更有力地保护消费者，在不公平格式条款的确认之诉中，法院确认案涉不公平格式条款无效的判决具有广泛的形成效力。即如果在消费公益诉讼中法院对案涉不公平格式条款作出无效确认判决，这一判决的效力不仅仅约束双方当事人，还约束一般第三人。该被确认无效的不公平格式条款，自始无效，对之前和将来的消费

者而言，均无效。这也属于公益诉讼判决既判力的绝对扩张。在司法实践中，如果法院已经就某一经营者使用的某一不公平格式条款作出确认无效的判决，又有相关主体针对同一经营者使用的同一不公平格式条款提起确认无效之诉的，人民法院应当不予受理，即使受理，也应当驳回起诉。

类案裁判观点二

消费民事公益诉讼的一项重要功能是针对经营者的不当经营行为预防损害后果的发生和扩大，这一功能面向将来

也就是说，在司法实践中如果消费民事公益诉讼原告针对经营者的某一不正当经营行为向法院提起诉讼，但这一经营行为在起诉时仅造成很少的消费者受损，甚至尚未导致消费者受损，但可以合理地预见该行为必然对众多消费者的合法权益和消费领域公共利益造成妨害或损害，则法院应当受理该案，并依法支持原告要求该经营者承担相应责任的诉讼请求。

【案例十九】

车某倩诉连云港亲亲袋鼠教育咨询有限公司、连云港苏宁置业有限公司苏宁广场购物分公司等侵权责任纠纷案[*]

【裁判摘要】

商场商铺承租人因经营不善等原因倒闭或歇业后，主动与消费者联系退费等事宜，且不存在经营者下落不明导致消费者无法找到交易对象、亦不存在租赁主体不清导致消费者无法区分交易对象的情形，消费者以《消费者权益保护法》第四十三条为依据，主张商场作为商铺出租人与商铺承租人共同承担赔偿责任的，人民法院不予支持。

原告：车某倩，住江苏省连云港市开发区。

被告：连云港亲亲袋鼠教育咨询有限公司，住所地：江苏省连云港市海州区通灌北路。

法定代表人：晏某，该公司总经理。

被告：连云港苏宁置业有限公司苏宁广场购物分公司，住所地：江苏省连云港市海州区通灌北路。

法定代表人：楼某君，该分公司经理。

被告：北京英启迪教育科技有限公司，住所地：北京市海淀区清河安宁庄东路。

---

[*] 案例来源：《最高人民法院公报案例》2022年第9期（总第313期）。

法定代表人：杨某丹，该公司总经理。

原告车某倩因与被告连云港亲亲袋鼠教育咨询有限公司（以下简称袋鼠公司）、连云港苏宁置业有限公司苏宁广场购物分公司（以下简称苏宁公司）、北京英启迪教育科技有限公司（以下简称英启迪公司）发生侵权责任纠纷，向江苏省连云港市海州区人民法院提起诉讼。

原告车某倩起诉称：原告与被告袋鼠公司签订了早教合同，在合同没有到期和履行完毕的情况下，被告单方面撤离，给原告造成了损失和痛苦，构成违约，应当承担赔偿责任，故请求判令三被告共同承担退还原告未授课程学费11224元，三倍赔偿金33673元，共计44897元。

被告袋鼠公司辩称：1.确认与原告车某倩之间存在早期教育培训合同法律关系，并就袋鼠公司因经营状况严重困难，致使公司停业，并导致公司无力为学员提供服务，给原告带来困扰的情况，表示歉意。但对原告的两项诉求均不认可。根据袋鼠公司与原告签订的具体合同及合同履行情况看，原告的实际剩余课时费为781元（12500元÷12个月÷8课时×剩余6课时），不是11224元。根据双方签订的合同，合同期限为：2017年5月6日至2018年5月6日，原告购买的课时总数为90节课时；总价为14400元；会员类型为：年卡，期限12个月。协议中还约定了合同期限内学员上课的时段及频次为一周两次。根据双方合同约定，学员应在协议规定期间内完成所有课程，袋鼠公司未收到学员请假通知的，视为学员自动放弃该节课程。2.本案诉争事项应适用合同法，而非依据消费者权益保护法。原告主张三倍惩罚性赔偿没有事实和法律依据。如果适用消费者权益保护法，消费者应为接受早教的学员儿童。本案不存在欺诈的事实前提，无论是合同的签订还是合同的具体履行，袋鼠公司均按照诚实信用原则履行着合同的各项条款，不存在提供的商品或服务具有欺诈的情况。即使在袋鼠公司陷入困境后仍在四处借钱努力退还客户剩余课时费，并积极与多数学员家长达成了善后协议。综上，请求驳回原告的诉求。

被告苏宁公司辩称：1.本案纠纷系原告车某倩与被告袋鼠公司之间的教育培训合同纠纷，原告的诉求与苏宁公司没有关联性。本案中原告与袋鼠公司签订教育培训合同，购买袋鼠公司提供的教育服务，原告相应的款项是直接进入袋鼠公司的指定账户，享受的优惠政策也是袋鼠公司单方向原告提供。现由于袋鼠公司单方面撤离导致原告与袋鼠公司签订的合同目的不能实现，根据合同的相对性，本案与苏宁公司没有任何关系，苏宁公司对此不应该承担任何责任。2. 苏宁公司与袋鼠公司之间为商铺租赁关系，苏宁公司不参与袋鼠公司的经营活动，苏宁公司不应承担赔偿责任。苏宁公司与袋鼠公司仅为商铺租赁关系，苏宁公司对袋鼠公司自身的商业经营活动没有管理权，也不存在管理义务，苏宁公司不能介入袋鼠公司的内部经营管理，所以苏宁公司对袋鼠公司给原告造成的损失不承担责任。袋鼠公司与苏宁公司之间不存在管理与被管理的关系，亦没有任何法律、法规规定授予苏宁公司作为出租人对承租人即袋鼠公司享有监管的权力，苏宁公司对袋鼠公司的经营行为没有管理的权限和职责，袋鼠公司的日常经营行为独立于苏宁公司的经营行为，原告主张的要求苏宁公司承担连带责任，没有任何法律依据。3. 苏宁公司在本案中已经尽到管理义务，袋鼠公司具有独立的法人资格，苏宁公司不应承担赔偿责任。作为商铺的出租方，苏宁公司在与袋鼠公司签订租赁合同时，已尽到应尽的管理义务：书面要求袋鼠公司在开业之日起在店铺内亮照经营，将相关主体及经营证照（包括但不限于营业执照、税务登记证、组织机构代码证、行政许可审批手续及相关证照等）等证件正本置放在经营场所的醒目位置。并且袋鼠公司也取得了工商经营相关证照，合法开业经营，苏宁公司已经尽到对袋鼠公司的应尽的管理义务，因此苏宁公司不应当承担赔偿责任。因此，本案中原告是单独支付预付款给袋鼠公司，双方单独签订合同、履行合同，这些行为与苏宁公司没有关系、不存在关联性。请求依法驳回原告对苏宁公司的诉讼请求。

被告英启迪公司辩称：英启迪公司与被告袋鼠公司之间是独立的法人关系，是商标授权经营关系，再无其他任何法律关系，请求驳回原告对于英启迪公司的诉讼请求。

江苏省连云港市海州区人民法院一审查明：

2014年6月，晏某从被告英启迪公司取得被告袋鼠公司品牌特许经营权。2014年7月，晏某与被告苏宁公司签订商铺租赁合同。2014年8月29日，晏某取得袋鼠公司营业执照（自然人独资，晏某为法定代表人）。2014年第四季度，袋鼠公司开始营业。车某倩等人均与袋鼠公司签订会员协议，其子女在袋鼠公司接受早教服务。2018年初，袋鼠公司出现资金周转困难。2018年3月23日，袋鼠公司向苏宁公司申请延期支付租金，苏宁公司回绝。2018年4月14日，袋鼠公司向苏宁公司提出解除双方租赁合同。2018年4月16日，袋鼠公司正式停业，并在店铺张贴告示：由于经营状况变化，本中心暂时停止营业，我们为因此给您带来的不便深感抱歉，合同期内的会员家长我们会与您及时联系办理退款手续。由于车某倩与袋鼠公司就剩余课时存在较大争议，经消费者协会调解不成诉至一审法院。袋鼠公司在应诉时称应苏宁公司要求，清场时刷课系统已经处理，无法提供刷课记录，要求按照剩余合同期限计算剩余课时（已经过的合同期限视为车某倩已全部正常上课）。

再查明，2017年5月6日，原告车某倩与被告袋鼠公司签订会员协议，约定课时96节，赠送2节课，定价14400元（实际交纳12500元），起始日2017年5月6日，到期日2018年5月6日，上课时段为周中周末，上课频次为一周两次。车某倩的刷课小票未予以保存，但车某倩陈述其剩余课时为88节。

会员协议内容：会员协议背面为格式条款，其中特别声明：本协议签订后，乙方（袋鼠公司）将向甲方（车某倩）提供会员卡一张，会员系统会登记会员的课时情况，上课时甲方务必携带会员卡并交乙方前台登记刷卡，该会员卡的使用方式为一节课刷卡一次，会员卡性质包括服务期限、每周上课频次、每周上课时段（周中/周末），在会员合同服务期限内课次消耗与卡类有效期两者任意一种完成，均视同乙方完成对甲方的服务，甲方可通过续费为孩子获得下一个阶段课程体验。

另附《合同重要信息》，主要为上课守则。签到：到达中心以后，请先至前台使用会员卡签到，做好刷课的手续。请假：如有特殊原因不能来上课，请家长至少提前一天致电中心请假，若中心未收到任何请假通知，视为家长自动放弃本节课程，系统将自动扣课。补课：家长可随时和顾问联系并提前确定补课时间，连续3周以上的请假，需在中心前台办理书面停课请假手续……会员必须在协议规定期内完成所有课程（包括补课和赠送的课时），一旦课程有效期截止，未结束课时将自动取消。

又查明，2014年7月11日，被告苏宁公司（甲方）与晏某（乙方袋鼠公司的法定代表人）签订《商铺租赁合同》，约定将苏宁广场第3层第304号商铺出租给乙方使用，租赁期限60个月（2014年9月30日至2019年9月29日），自该商铺开业日起计算。第三条商铺用途：3.1该商铺仅供用于经营袋鼠公司，类别为儿童早教。3.2乙方如拟将该商铺用于本合同约定之外的经营活动或用途，应经甲方书面同意。3.4乙方在该商铺内应合法经营，……并保证甲方不因乙方在该商铺内销售的商品、提供的服务或其他行为而受到任何第三方的投诉、索赔或遭受其他损失、责任。由此给甲方造成损失及责任的（含甲方为解决纠纷支付的各项费用），乙方应予以承担并负责赔偿。

第四条租金、费用及支付方式：4.2.1乙方应向甲方交纳租赁保证金118625元，该租赁保证金不是乙方预付的租金、物业服务费或其他费用，仅是乙方履行本合同、全部附件及各项管理制度约定义务的保证。4.2.3……甲方有权从租赁保证金中抵扣乙方拖欠的租金、物业服务费、其他费用、乙方应承担的赔偿、违约金、甲方代乙方承担的赔偿等。……4.2.4本合同解除或终止时，甲方应于以下条件经甲方确认全部满足之日起三个月内将租赁保证金无息返还乙方（共7个条件），其中第5个条件为：乙方发放的以该商铺为经营场所或其他与该商铺有关的会员卡、预付款类卡及类似卡片、资格证件的退还以及退费问题已经完成，被投诉等售后服务问题已经解决（乙方应向甲方提供证明文件）；第6个条件：乙方与甲方及/或消费者之间的纠纷（如有）已妥善解决，且无纠纷（乙方应向甲方提供甲方认可的相关证明文件）。

第九条经营条款9.1乙方应于甲方确定的时间正常营业。乙方应服从甲方对苏宁广场营业时间的安排，未经甲方书面同意，不得于营业时间内无故停止、暂停营业、撤离派驻人员或商品。9.3乙方应遵守甲方对苏宁广场进行的推广活动及时间安排。9.4乙方应独立承担因利用该商铺进行经营而产生的一切责任。如因乙方经营行为引起消费者直接向甲方提出修理、更换、退货或其他正当合理的要求时乙方应积极妥善处理。否则，甲方有权视具体情况，直接作出修理、更换、退货或其他合理的决定，有关费用由乙方承担。若因此导致甲方遭受损失时，乙方应负责赔偿。

被告袋鼠公司经营困难，无资金继续缴纳被告苏宁公司的租金及物业费，无法继续履行上述租赁合同。2018年4月14日，袋鼠公司提出解除双方租赁合同。

另查明，2014年6月23日，被告英启迪公司与晏某签订《特许经营合同书》，许可晏某在连云港市海州区58号苏宁广场投资设立加盟店，并授予被告袋鼠公司（特色课程）特许经营权，合同有效期五年，自2014年8月23日至2019年8月22日，特许经营费为24万元，年度特许经营费为第一年8万元、第二年8万元、第三年10万元、第四年10万元、第五年12万元。

江苏省连云港市海州区人民法院一审认为：

本案一审争议焦点为：1. 剩余课时费如何计算，被告袋鼠公司是否构成欺诈；2. 被告苏宁公司、英启迪公司是否应承担责任，承担何种责任。

根据《江苏省消费者权益保护条例》第二十七条规定，预付款消费，经营者发行单用途预付卡（含其他预收款凭证）的，单张记名卡限额不得超过五千元。预付卡不得设定有效期。经营者应当保存合同及履行的相关资料，方便消费者查询、复制；相关资料应当保存至合同履行完毕后两年。第二十八条规定，经营者停业、歇业或者变更经营场所的，应当提前一个月通知已交预付款的消费者，并按照前款规定承担责任。经营者未事先通知已交预付款的消费者并作出妥善安排，不提供或者不按照约定提供商品、服务又无法联络的，视为欺诈行为。本案中，原告车某倩与被告袋鼠公司存在早期教育培训合同关系，在合同履行期间，因袋鼠公司经营不善致使公司停业，袋鼠公司应当承担退还原告剩余课时费的责任。

关于剩余课时费的计算问题。首先，因为被告袋鼠公司掌握刷课系统,完全有能力举证证明剩余课时,而原告车某倩持有的刷课小票难以保存,消费者丢失也属正常。现袋鼠公司拒不提供刷课系统记录,应承担举证不能的法律后果。其次,从同期在袋鼠公司上课的朱某某、韩某等人提供的刷课小票看,课时并未按照会员协议约定计算,而是以实际上课次数计算,应视为双方对合同约定的变更。第三,根据《侵害消费者权益行为处罚办法》第十条的规定,对于退款无约定的,按照有利于消费者的计算方式折算退款金额。综上,一审法院支持原告自认剩余88课时的主张,经计算,原告剩余课时费为11224元(12500元÷98课时×剩余88课时)。

  关于被告袋鼠公司是否构成欺诈问题。袋鼠公司因经营不善致使公司停业,停业后积极与原告车某倩协商退款事宜,因双方对剩余课时存在争议,没有达成一致意见,故袋鼠公司并无欺诈行为,对原告主张三倍赔偿的诉讼请求,不予支持。

  关于被告苏宁公司、英启迪公司是否应承担责任、承担何种责任的问题,《消费者权益保护法》第四十三条规定,消费者在展销会、租赁柜台购买商品或者接受服务,其合法权益受到损害的,可以向销售者或者服务者要求赔偿。展销会结束或者柜台租赁期满后,也可以向展销会的举办者、柜台的出租者要求赔偿。展销会的举办者、柜台的出租者赔偿后,有权向销售者或者服务者追偿。根据该规定,结合本案案情,原告车某倩有权要求苏宁公司承担赔偿责任。首先,苏宁公司将位于苏宁广场第3层第304号商铺出租给被告袋鼠公司使用,用于经营儿童早教中心。根据双方签订的商铺租赁协议,双方不是简单的房屋租赁关系,苏宁公司对于袋鼠公司营业时间、商铺用途、消费投诉等方面都有限制性规定。苏宁公司的管理较一般的展销会举办者、柜台出租者更为严格。该经营场地相对独立,与其他客户相对隔离,经营形式符合柜台租赁的特征。苏宁公司应认定为"柜台的出租者"。其次,袋鼠公司已经停止经营,苏宁公司已将涉案商铺收回。再者,袋鼠公司向苏宁公司缴纳保证金118625元,该保证金仅是袋鼠公司履行合同、全部附件及各项管理制度约定义务的保证。苏宁公司有权从保证金中抵扣袋鼠公司拖欠的租金、物业服务费、其他费用、袋鼠公司应承担的赔偿、违约金、苏宁公司代乙方承担的赔偿等。综上，苏宁公司作为出租者，其在市场的管理经营过程中获得了经济收益，根据权利义务对等原则，出租者应在一定情形下承担一定的责任风险，其也预见到消费者与袋鼠公司发生纠纷时可能直接向其投诉，消费者选择到袋鼠公司进行预付款消费，也部分基于对苏宁广场的信任，故从保护消费者权益的角度和立场出发，苏宁公司应对原告承担连带赔偿责任。苏宁公司在承担赔偿责任后，可向袋鼠公司进行追偿。对于苏宁公司提出的袋鼠公司与苏宁公司之间不存在管理与被管理的关系，其不应承担连带赔偿责任的抗辩意见，与事实不符，不予采纳。袋鼠公司与英启迪公司是品牌特许加盟关系，双方系独立的法人，综合本案案情，原告要求英启迪公司承担连带赔偿责任，无法律依据，不予支持。

综上，江苏省连云港市海州区人民法院依照《中华人民共和国消费者权益保护法》第四十三条、《中华人民共和国民事诉讼法》第六十四条之规定，于2019年4月18日作出判决：

一、被告连云港亲亲袋鼠教育咨询有限公司于本判决生效之日起十日内给付原告车某倩剩余课时费11224元；

二、被告连云港苏宁置业有限公司苏宁广场购物分公司对上述第一项承担连带赔偿责任。其在承担赔偿责任后，可向连云港亲亲袋鼠教育咨询有限公司追偿；

三、驳回原告车某倩的其他诉讼请求。

袋鼠公司、苏宁公司不服一审判决，向江苏省连云港市中级人民法院提起上诉。

上诉人袋鼠公司上诉称：1.根据合同的约定，截至袋鼠公司停业时即2018年4月16日，被上诉人车某倩的剩余课时为6节课，应退金额为12500元除以12个月（有效期），再除以8课时/月，再乘以6（剩余课时数）合计为781元。2.车某倩主张按照消费者权益保护法处理诉争事实，突破了合同相对性。本案系教育培训合同服务纠纷，不属于生活消费领域。如果本案适用消费者权益保护法，消费者应该是接受早教的儿童,而不是家长作为原告。3.袋鼠公司在2019年1月份收到了一审法院十多份判决,均确认相关纠纷属于教育合同培训纠纷,亦明确引用了合同法,本案结果却与之前的多起案件截然不同。请求二审法院撤销一审判决并依法改判。

上诉人苏宁公司辩称:本案纠纷系上诉人袋鼠公司与被上诉人车某倩之间的商业行为,与苏宁公司无关,苏宁公司不应承担责任。

被上诉人车某倩辩称:本案教育培训合同合法有效,上诉人袋鼠公司应当将所有的课程培训完毕,但事实上袋鼠公司在没有告知车某倩的情况下,突然将店铺关闭,搬离店内物品,其行为已经严重违约,给车某倩造成经济及时间上的损失。袋鼠公司涉嫌欺诈,应支付车某倩未授课时费的三倍违约金。袋鼠公司的电脑系统保存有完整的上课记录,但其拒不提供,应当由其承担相应的不利后果。

上诉人苏宁公司上诉称:1.苏宁公司与上诉人袋鼠公司之间属于房屋租赁关系,并非柜台租赁关系。其一,涉案商铺套内面积达650平方米,与其他商铺相互独立、隔断封闭经营,且悬挂、摆放其经营的品牌和企业名称。其二,苏宁公司仅向袋鼠公司提供商铺并收取租金和物业管理费,袋鼠公司自行装饰装修,负担水电等费用,独立经营。苏宁公司对袋鼠公司的经营活动完全不参与,不具有支配和控制权。其三,苏宁公司作为出租方,对广场内所有承租商户的卫生、物业、开业时间等进行管理,系日常的公共管理,并非对袋鼠公司进行实质管理。其四,袋鼠公司用自己的品牌和影响力对外展示经营能力,与消费者形成合同关系。被上诉人车某倩非常清楚交易的对象和品牌,并直接向袋鼠公司付费,双方形成教育培训合同关系,与苏宁公司没有任何关系。2.袋鼠公司停止经营后,以实际行为表明不再履行租赁合同,苏宁公司为了防止损失进一步扩大,与袋鼠公司及时解约,系苏宁公司正当处分租赁合同权利义务的行为。苏宁公司向袋鼠公司收取的保证金,用于担保袋鼠公司违反租赁合同给其造成损失时的赔偿,包括欠付租金、违约金等,系民事合同常见的履约担保方式,而非苏宁公司的收益,更不能表明双方之间存在管理与被管理的关系,况且保证金不足以抵扣苏宁公司的损失。3. 车某倩独立地与袋鼠公司签订合同、履行合同，车某倩享受的优惠政策也是袋鼠公司提供的。根据合同相对性原则，违约责任应由袋鼠公司承担，与苏宁公司无关。根据一审判决的逻辑，对商业广场的经营者（出租方）极不公平，增加了交易成本，阻碍了市场的发展，赋予了出租方不应该承担的义务，不利于行业的发展。4. 一审法院就相同案件前期做出了判决且已经生效，这些判决均依据合同相对性原则，认定苏宁公司不承担责任。5. 根据《商业特许经营管理条例》和《江苏省消费者权益保护条例》的规定，被上诉人英启迪公司与袋鼠公司之间为特许加盟关系，英启迪公司有义务对袋鼠公司的经营活动加强指导、监督，并在袋鼠公司拒不履行消费者权益保护义务时，承担相应的法律责任。综上，请求二审依法撤销一审判决第二项。

上诉人袋鼠公司辩称：同意上诉人苏宁公司的上诉意见，苏宁公司不应承担责任。袋鼠公司在营业期间均是以袋鼠公司作为主体对外经营，苏宁公司是合同履行的案外人，对袋鼠公司对外签订的合同不承担任何义务和责任。

被上诉人车某倩辩称：当事人之所以去上诉人苏宁公司和上诉人袋鼠公司签订早教合同，就是因为苏宁公司巨大的品牌价值，其有理由相信所有入驻苏宁广场的商家都是经过苏宁广场的严格审核，是对苏宁品牌的信赖，相信入驻商家的实力也是与苏宁广场的实力相匹配，与路边商铺不同。苏宁广场的入驻商家都是各行业的佼佼者，而且苏宁公司对入驻的商家有严格的管理与被管理的关系，苏宁公司对袋鼠公司的营业时间、商务运作、消费投诉等都有限制性规定，苏宁公司的管理较一般展销会的举办者，柜台出租者更为严格。本案符合消费者权益保护法第四十三条相关规定，故苏宁公司应当承担连带责任。

被上诉人英启迪公司提交书面答辩意见：英启迪公司与上诉人袋鼠公司之间是商标授权的特许经营关系，不参与袋鼠公司的实际经营活动，只是提供早教的教学方法，一审判决英启迪公司不承担责任合法合理。

江苏省连云港市中级人民法院经二审，确认了一审查明的事实。

江苏省连云港市中级人民法院二审认为，本案二审的争议焦点为：

1. 被上诉人车某倩诉讼主体是否适格以及剩余课时费如何计算；2. 本案能否依据消费者权益保护法第四十三条的规定，判决上诉人苏宁公司承担相应的法律责任。

关于第一个争议焦点。第一，《亲亲袋鼠国际早教连云港中心会员协议》明确载明被上诉人车某倩系会员，其提起本案诉讼符合协议约定，本案诉讼主体适格。第二，一审考虑到车某倩与上诉人袋鼠公司对于剩余课时费的举证能力，结合同期上课的学员刷课小票，根据《侵害消费者权益行为处罚办法》关于退款的规定，从有利于消费者的角度出发，认定双方对合同约定已作变更，支持车某倩关于剩余课时为 88 节课、剩余课时费为 11224 元的主张并无不当，二审予以认同。

关于第二个争议焦点。二审认为，上诉人苏宁公司在本案中不应承担责任，理由如下：第一，苏宁公司不是合同相对方，其承担责任没有合同依据。本案的合同双方为被上诉人车某倩与上诉人袋鼠公司，袋鼠公司系自主品牌，自己提供教育培训服务并收取教育培训费用，苏宁公司并非涉案合同的当事人。消费者对自己的交易对象是袋鼠公司应当是清楚明知的，不存在因标识不全而产生混淆的情况。根据合同相对性原则，车某倩应当依据合同约定，向合同的相对方袋鼠公司主张合同权利，苏宁公司无承担责任的合同依据。第二，本案不适用消费者权益保护法第四十三条的规定，该条款的立法本意是在商品展销会结束后消费者无法找到其具体的交易对象，或商场租赁柜台主体不清导致消费者无法区分交易对象的情况下，为了维护消费者权益而要求主办方和出租方承担责任，给予消费者的一种保护。该条款的适用范围不应无限扩大，应有一定的适用范围，即只有在展销会结束后或者柜台租赁期满后，经营者下落不明，消费者找不到合同相对人的情况下，才能要求主办方和出租者承担责任。本案中袋鼠公司在经营不善关门歇业后，主动与消费者联系后续退费事宜，不存在联系不上或拒绝退费等情形，故不属于消费者权益保护法第四十三条规定的适用范围。第三，苏宁公司虽然对袋鼠公司进行管理，但该管理行为只是商场自身的正常经营管理，并没有参与袋鼠公司的经营管理，苏宁公司收取的租赁保证金性质是为了确保租赁合同的履行,并非为替代处理纠纷而预先收取。合同中并未约定苏宁公司全权替代处理消费者纠纷,收取租赁保证金的行为与袋鼠公司和消费者之间的纠纷没有关联性,不能据此要求苏宁公司承担因袋鼠公司自身经营行为而产生的风险责任。

综上,上诉人袋鼠公司关于本案诉讼主体以及剩余课时费的上诉请求依法不能成立,不予支持。上诉人苏宁公司关于其不承担责任的上诉请求依法成立,予以支持。一审判决认定的基本事实清楚,但适用法律不当,依法予以纠正。据此,江苏省连云港市中级人民法院经审判委员会讨论决定,依照《中华人民共和国民事诉讼法》第一百七十条第一款第(二)项的规定,于2020年9月18日作出判决:

一、维持连云港市海州区人民法院(2018)苏0706民初4652号民事判决第一、三项;

二、撤销连云港市海州区人民法院(2018)苏0706民初4652号民事判决第二项,即连云港苏宁置业有限公司苏宁广场购物分公司不承担责任。

本判决为终审判决。

【新旧法律依据对照】

旧法	新法
《民事诉讼法》(2017年6月27日第三次修正) 第六十四条 　　当事人对自己提出的主张,有责任提供证据。 　　当事人及其诉讼代理人因客观原因不能自行收集的证据,或者人民法院认为审理案件需要的证据,人民法院应当调查收集。 　　人民法院应当按照法定程序,全面地、客观地审查核实证据。	《民事诉讼法》(2021年12月24日第四次修正) 第六十七条 　　当事人对自己提出的主张,有责任提供证据。 　　当事人及其诉讼代理人因客观原因不能自行收集的证据,或者人民法院认为审理案件需要的证据,人民法院应当调查收集。 　　人民法院应当按照法定程序,全面地、客观地审查核实证据。

七、其 他

【法律适用指引】

法律适用指引一
举证责任及其分配

《民事诉讼法司法解释》第九十一条规定:"人民法院应当依照下列原则确定举证证明责任的承担,但法律另有规定的除外:(一)主张法律关系存在的当事人,应当对产生该法律关系的基本事实承担举证证明责任;(二)主张法律关系变更、消灭或者权利受到妨害的当事人,应当对该法律关系变更、消灭或者权利受到妨害的基本事实承担举证证明责任。"这一规定就是采用了法律要件分类说。具体而言:

1. 在合同纠纷案件中,主张合同关系成立并生效的一方当事人对合同订立和生效的事实承担举证责任;主张合同关系变更、解除、终止、撤销的一方当事人对引起合同关系变动的事实承担举证责任。对合同是否履行发生争议的,由负有履行义务的当事人承担举证责任。对代理权发生争议的,由主张有代理权的一方当事人承担举证责任。《最高人民法院关于审理民间借贷案件适用法律若干问题的规定》第十五条第一款规定:"原告仅依据借据、收据、欠条等债权凭证提起民间借贷诉讼,被告抗辩已经偿还借款的,被告应当对其主张提供证据证明。被告提供相应证据证明其主张后,原告仍应就借贷关系的存续承担举证责任。"这一规定体现了举证责任分配理论在司法解释层面的应用。

2. 在一般侵权纠纷案件中,主张损害赔偿的权利人应当对损害赔偿请求权产生的要件事实加以证明,即侵害事实、侵害行为与侵害事实之间存在因果关系、行为具有违法性及行为人存在过错。免责事由属于妨碍权利产生的事实,如受害人故意造成损害事实,应当由行为人加以证明。

3. 在劳动争议纠纷案件中,因用人单位作出开除、除名、辞退、解除劳动合同、减少劳动报酬、计算劳动者工作年限等决定而发生劳动争议的，由用人单位负举证责任。

4. 一些特殊案件中适用举证责任倒置。举证责任倒置并未脱离法律要件说的范畴，只是法律将某些特殊案件的部分要件事实的举证责任分配给了另外一方。例如，生态环境损害赔偿、医疗责任损害赔偿、缺陷产品致人损害赔偿等特殊类型的侵权案件，根据《民法典》规定，可以适用举证责任倒置。

5. 在法律没有明确规定时，人民法院可以通过公平原则和诚信原则，综合当事人的举证能力等因素，对待证事实进行考量，从而将其纳入法律、司法解释规定的某一规范所对应的事实，再决定举证责任的承担。

法律适用指引二

人民法院调查收集的证据

人民法院调查收集证据包括以下两种情形：

1. 当事人及其诉讼代理人因客观原因不能自行收集证据。根据《民事诉讼法司法解释》第九十四条规定，当事人及其诉讼代理人可以申请人民法院调查收集的证据包括：（1）证据由国家有关部门保存，当事人及其诉讼代理人无权查阅调取的；（2）涉及国家秘密、商业秘密、个人隐私的；（3）当事人及其诉讼代理人因客观原因不能自行收集的其他证据。

2. 人民法院认为审理案件需要依职权调取的证据。根据《民事诉讼法司法解释》第九十六条的规定，主要是指以下情形所涉及的事实：（1）涉及可能有损国家利益、社会公共利益的；（2）涉及身份关系的；（3）涉及公益诉讼的；（4）当事人有恶意串通损害他人合法权益可能的；（5）涉及依职权追加当事人、中止诉讼、终结诉讼、回避等与实体争议无关的程序事项的。

法律适用指引三

人民法院依法、全面、客观审核证据

任何证据都要经过人民法院依照法定程序,全面、客观审核后才能成为定案依据。无论是当事人提供的证据、鉴定机构出具的鉴定意见,还是人民法院等司法机关依职权调查取得的证据,都要经过各方当事人质证和人民法院审查认定程序。对于当事人提供的证据,要充分听取其他当事人意见,从多角度分析认证,综合认定证据的客观性、合法性和关联性,进而为认定事实提供准确依据;对于严重侵犯他人合法权益或明显有违社会公序良俗等取得的证据,应当作为非法证据予以排除;对于人民法院委托形成的鉴定意见,要防止"以鉴代审"。

法律适用指引四

举证责任制度

对于《民事诉讼法》第六十七条的适用需要注意以下几个问题:

第一,举证责任是一种不利后果,体现的是结果意义上的举证责任。这种后果只有在主要事实真伪不明时才能发生作用,能够查明事实的,不能通过举证责任让一方当事人承担不利后果。通过举证责任认定的事实是一种拟制事实,审判实践中应当尽量不予以适用,只有穷尽所有证据方法后才能予以适用;在能够查明事实或者对待证事实能够通过证明标准予以认定的,不应以举证责任的方式来认定事实。

第二,真伪不明的事实一般指作为裁判依据的基本事实,不涉及间接事实和辅助事实。从裁判适用实体法规范角度看,基本事实即实体法规范的要件事实,对基本事实存在与否作出认定,即可作出裁判。例外的是,即使作为间接事实,文书真实性仍是需要加以证明的。书证的真实性应当由提供者加以证明,需要进行鉴定的,提供者负有提出鉴定申请的义务。

第三，对于特定的待证事实而言，证明责任为单方责任，即由哪一方当事人承担是法律规范预先设定的，故在诉讼中不存在对某一待证事实的举证责任在不同当事人之间转移的问题。如《最高人民法院关于审理民间借贷案件适用法律若干问题的规定》第十六条规定："原告仅依据金融机构的转账凭证提起民间借贷诉讼，被告抗辩转账系偿还双方之前借款或者其他债务的，被告应当对其主张提供证据证明。被告提供相应证据证明其主张后，原告仍应就借贷关系的成立承担举证责任。"也就是说，民间借贷关系成立的事实证明责任始终在债权人一方，但债务人主张债务已消灭或应由他人偿还的事实属于另一待证事实，应由债务人承担举证责任。同样，举证责任的不利后果也只能由一方承担，无法由双方分担或共担。

第四，不负有举证责任的当事人对相关事实也可以提供相应证据进行反驳，以便使该事实处于确定状态，而不是被动地让事实处于真伪不明状态，即使该事实无法确定，该当事人也不承担不利后果。《民事诉讼法司法解释》第一百零八条第二款规定："对一方当事人为反驳负有举证证明责任的当事人所主张事实而提供的证据，人民法院经审查并结合相关事实，认为待证事实真伪不明的，应当认定该事实不存在。"也就是说，不负有举证责任的当事人为反驳而提供证据，还可以起到证明防御的作用，使负有举证责任的当事人所举证据的证明力下降。

法律适用指引五

展销会、租赁柜台消费相关法律责任

展销会是消费者和经营者集中进行交易的一种形式，在日常生活中经常运用。展销会由一个或数个单位主办，在特定的时间和地点内，有多个经营者集中展示和销售自己商品的活动。与日常生活消费紧密相关的展销会主要包括家具展销会、生活用品展销会、妇女儿童用品展销会、服装展销会、农副产品展销会，等等。租赁柜台销售商品或者提供服务与展销会有相似的特点，主要是指租赁柜台的租赁期限问题以及经营者

租赁他人柜台或者场地应标明真实名称和标记的问题。

一、在展销会、租赁柜台消费的特点

展销会的特点是展销人员不固定、时间短，当消费者发现商品存在的质量问题时，展销会可能已经结束，参展人员各奔东西，改换门庭。该特点致使消费者的合法权益受到损害后，难以找到经营者请求赔偿。相对而言，找到展销会的举办者比较容易，但展销会的举办者往往借口不是自己的行为而拒绝承担责任，使消费者受到损害的利益得不到赔偿。

因租赁柜台而发生的侵害消费者合法权益的行为在现实生活中屡见不鲜。主要原因是租赁柜台的经营者往往不标示自己真实名称或标记，而是使用出租者的名称或标记销售商品或提供服务，或者不使用任何名称或标记，使消费者误认为是出租者提供的商品或服务而决定购买或接受，致使消费者受到损害得不到很好的解决。另外，在租赁柜台购买商品或接受服务，合法权益受到损害，遇上承租人的租赁期限已到，撤出柜台，消费者很难找到当时租赁柜台的经营者赔偿其损失。

二、消费者在展销会、租赁柜台消费合法权益受到损害后的求偿途径

对于消费者在展销会、租赁柜台购买商品或者接受服务，合法权益受到损害后的求偿问题，《消费者权益保护法》区分情形作了规定。

1. 正常情况下的求偿规定。正常情况是指展销会尚未结束、柜台在租赁期内，经营者的经营行为仍在展销会和租赁柜台继续的情况。在此期间，消费者的合法权益受到损害的，可以向销售者或者服务者要求赔偿。之所以如此规定，是考虑到此时的经营者与一般经营者的性质基本相同，规定其承担责任符合合同的相对性原则。从另一个角度，在展销会、租赁柜台期间，消费者合法权益受到损害，如果与展销会举办者、柜台出租者无直接的因果关系，其只能向有合同关系的销售者和服务者要求赔偿，不可向展销会举办人、柜台出租人要求赔偿。

2. 展销会结束或者柜台租赁期满后的求偿规定。通常情况下，展销会结束或者柜台租赁期满后，经营者已经变换了经营地点，消费者要直接联系经营者有很多困难，考虑到这一情况，法律规定展销会结束或者

柜台租赁期满后，消费者的合法权益受到损害的，既可以向经营者要求赔偿，也可以向展销会的举办者、柜台的出租者要求赔偿。该规定一定程度上加大了展销会举办者和柜台租赁者对入驻的经营者的经营资格、经营能力和诚实信用的审查义务。

三、展销会举办者、柜台租赁者向销售者或者服务者的追偿

为了保护展销会的举办者和柜台出租者的利益，对确实因为销售者或服务者单方面的过错造成消费者利益损害的，《消费者权益保护法》规定展销会的举办者、柜台的出租者在赔偿了消费者的损失后，有权向销售者或服务者追偿。由此也可以看出，消费者权益保护法在侧重保护消费者合法权益的立场下，也充分尊重《民法典》等有关法律的一般规则，对承担了替代责任的市场主体，给予其权利救济的渠道。

【案例二十】

常某富诉南京秦房物业管理有限责任公司侵权责任纠纷案[*]

【裁判摘要】

业主委员会有权按照法定程序对小区公共区域的管理作出决定。在法律未对共享单车停放作出明确规定的前提下，业主委员会作出的不允许小区内部骑行、停放共享单车的决定对全体业主具有约束力，物业管理公司据此拒绝业主将共享单车骑入小区的，不构成侵权。

原告：常某富，男，汉族，住江苏省南京市秦淮区。

被告：南京秦房物业管理有限责任公司，住所地：江苏省南京市秦淮区水佐营。

法定代表人：邱某，该公司总经理。

原告常某富因与被告南京秦房物业管理有限责任公司（以下简称秦房物业）发生侵权纠纷，向江苏省南京市秦淮区人民法院提起诉讼。

原告常某富诉称：原告系南京市秦淮区双桥新村房屋占有、使用人，被告秦房物业系南京市秦淮区双桥新村小区物业管理公司。2019年4月4日，原告骑着共享单车欲进入小区，却在门口遭到被告工作人员的阻拦，为此原告报警。2019年4月11日，原告骑着共享单车进入小区时再次遭到了被告工作人员的阻拦，原告与之理涉，被告工作人员不仅态度极其

---

[*] 案例来源：《最高人民法院公报案例》2021年第9期（总第301期）。

蛮横，还言辞激烈、谩骂侮辱原告，双方发生口角，以致110再次出警。原告入住小区从未成立业主大会、选举业主委员会，被告通过何种途径取得小区物业管理权原告不得而知，被告禁止原告骑共享单车进入小区，严重侵犯了原告的正当权益。为维护自己的合法权益不受侵犯，原告向法院提起诉讼。请求：1. 依法判决被告秦房物业停止侵权、排除妨碍、消除影响，允许原告常某富骑着共享单车进入南京市秦淮区双桥新村小区；2. 依法判决被告承担本案诉讼费用。

被告秦房物业辩称：被告承认原告常某富主张的事实，但被告无侵权行为，也无损害事实；被告作为物业管理公司，与南京市秦淮区双桥新村小区业主委员会签订物业管理合同，根据物业管理合同的规定以及业主委员会的要求，对小区进行管理，包括禁止共享单车进入。所以，原告认为其权利受到限制，应当与业主委员会进行商榷，被告主体不适格。共享单车的理念是全体公民都可以使用，停放在小区内扰乱了全体业主的停车秩序，也不能让所有的公民享有使用共享单车的权利，不能使共享资源最大化，有悖社会公德。因此，请求驳回原告的诉讼请求。

南京市秦淮区人民法院一审查明：

原告常某富之子常某系南京市秦淮区双桥新村A幢B室房屋所有人，该楼位于小区东门附近，自2014年1月15日起由原告实际居住、使用。2019年4月4日，原告骑共享单车（摩拜单车）欲进入南京市秦淮区双桥新村小区北门，在门口遭到被告秦房物业工作人员的阻拦，为此原告报警。2019年4月11日，原告再次骑共享单车（摩拜单车）欲从北门进入小区时，又遭到了被告工作人员的阻拦，原告再次报警处理。原告在庭审中自述，自己之前骑共享单车从南京市秦淮区双桥新村北门进入，骑行至A幢楼，将共享单车"停在我楼栋门口一个树下"。

另查明，2017年8月28日，南京市秦淮区双桥新村住宅小区业主委员会在南京市秦淮区人民政府中华门办事处备案登记。2018年10月10日，甲方南京市秦淮区双桥新村业主委员会与乙方秦房物业签订"双桥新村小区物业管理托管合同"，约定：甲方将南京市秦淮区双桥新村小区委托乙方实行物业管理，合同期限三年；委托管理事项有维护公共秩序，包括门岗服务、物业区域巡查；维护物业区域内车辆行驶秩序，对车辆停放进行管理等；乙方的权利义务要根据甲方的授权和有关法律、法规及本合同的约定，在物业区域内提供物业管理服务；有权要求业主及物业使用人配合乙方合理、合法的管理服务行为；对业主和物业使用人违反《业主规约》和物业管理制度的行为，有权根据情节轻重，采取劝阻、制止、向主管部门举报等措施。2018 年 11 月 16 日，南京市秦淮区双桥新村业主委员会成员、南京市秦淮区人民政府中华门办事处工作人员、双桥新村社区居委会工作人员、宏光空降装备有限公司代表、秦房物业代表等在双桥新村社区召开双桥新村物业管理会议，作出书面的"双桥新村物业管理会议纪要"，要求秦房物业：做好小区非机动车辆管理，请物业公司不要让共享单车进入小区，小区内乱停乱放的自行车请物业公司及时清理摆放有序。

再查明，2017 年 7 月 19 日，南京市交通运输局、南京市公安局、南京市城市管理局印发的《关于引导和规范互联网租赁自行车发展的意见（试行）》要求：……鼓励企业通过技术创新等手段进行规范管理，在手机 App 中标注可停放区和禁停区，引导用户将互联网租赁自行车还至可停放区。2019 年，在南京市运营的共享单车主要有摩拜单车、哈啰单车、滴滴（青桔）单车等。上述共享单车在手机 App 中均有规范停放的提示：摩拜单车提示为"请将单车停放在路边公共停车处"；哈啰单车提示为"附近有禁停区，请勿在禁停区还车"；滴滴（青桔）单车提示为"还车时，请停至停车点"。

南京市秦淮区人民法院一审认为：

本案的争议焦点为，被告秦房物业工作人员阻拦原告常某富将共享单车骑入小区是否构成侵权。对此，应当从以下两个方面进行评判：

（一）关于将共享单车骑入小区是否为原告常某富的合法权益问题

1. 根据《中华人民共和国物权法》第七十三条规定，建筑区划内的道路、绿地、其他公共场所、公用设施和物业服务用房，属于业主共有。本案中，在小区内骑行、停放共享单车必然占用业主共有的道路、场地等，是否准许，应由南京市秦淮区双桥新村小区业主行使自治权，自主决定。南京市秦淮区双桥新村业主委员会已经南京市秦淮区人民政府中华门办事处备案登记，依法宣告成立，其与秦房物业签订"双桥新村小区物业管理托管合同"，并以"双桥新村物业管理会议纪要"的书面形式明确要求"请物业公司不要让共享单车进入小区"。据此，可以认定南京市秦淮双桥新村小区业主委员会对"禁止共享单车进入小区"作出了自治决定。根据《中华人民共和国物权法》第七十八条第一款"业主大会或者业主委员会的决定，对业主具有约束力"的规定，南京市秦淮区双桥新村小区业主委员会"禁止共享单车进入小区"的决定，对该小区全体业主具有约束力。原告常某富作为南京市秦淮区双桥新村房屋的实际居住和使用人亦有义务遵守该决定。

2. 南京市交通运输局、南京市公安局、南京市城市管理局印发的《关于引导和规范互联网租赁自行车发展的意见（试行）》，已经对共享单车按区域和点位规范停放作出指导性意见。在南京市运营的共享单车企业在手机App中均有规范停放的提示，其中原告常某富骑行的摩拜单车明确提示为"请将单车停放在路边公共停车处"。可见，通过政府管理部门的规范指导和共享单车企业的自我管理，南京市范围内共享单车应当在规定区域和点位停放已经成为普遍共识，形成了共享单车规范运营的良好社会秩序。本案中，原告在庭审中自述将共享单车"停在我楼栋门口一个树下"，实际是一种不规范的停放行为。一辆单车如此停放或许影响不大，但倘若人人如此，势必造成小区环境秩序的混乱，损害广大业主的合法权益。

综上，原告常某富租赁、骑行共享单车是其合法权利，但将共享单车骑入南京市秦淮区双桥新村小区则违背了小区的管理规约，突破了共享单车有序运营的规范，影响了南京市秦淮区双桥新村小区的环境秩序，损害了南京市秦淮区双桥新村小区其他业主的合法权益，违反了《中华人民共和国民法总则》第一百三十一条"民事主体行使权利时，应当履行法律规定的和当事人约定的义务"和第一百三十二条"民事主体不得滥用民事权利损害国家利益、社会公共利益或者他人合法权益"的规定，不应得到法律的支持和保护。因此，原告将共享单车骑入南京市秦淮区双桥新村小区并非其合法权益。

（二）关于被告秦房物业工作人员阻拦原告常某富将共享单车骑入小区是否侵权的问题

1. 物业管理人员阻拦原告常某富将共享单车骑入小区是正当的履职行为。被告秦房物业依据"双桥新村小区物业管理托管合同"，进入南京市秦淮区双桥新村开展物业管理服务，合法有据。其工作人员遵照小区业主委员会"请物业公司不要让共享单车进入小区"的决定，履行工作职责，阻止常某富将共享单车骑入小区的行为没有过错。

2. 物业管理人员阻拦原告常某富将共享单车骑入小区不侵犯其合法权益。原告将共享单车骑入小区并非其法定权利，而是违背小区自治管理规定，损害他人利益的行为，物业管理人员有合法的依据和正当的理由予以制止。

3. 物业管理人员阻拦原告常某富将共享单车骑入小区是维护公共行为规范的行为。南京市交通运输局、南京市公安局、南京市城市管理局已经对共享单车按区域和点位规范停放作出指导性意见，共享单车经营企业也积极响应，并在手机 App 中作出明确提示，使用者理应按规范要求骑行停放。原告坚持骑共享单车进入小区，穿行小区后将单车随意停放在其所住楼栋门口的树下，违反了共享单车的使用规范。物业管理人员对其进行制止，是对公共行为规范的维护。

综上所述，物业管理人员阻拦原告常某富将共享单车骑入小区是正当履职行为，并未侵犯原告的合法权益，被告秦房物业并不构成侵权。

据此，南京市秦淮区人民法院依照《中华人民共和国民法总则》第一百三十一条、第一百三十二条，《中华人民共和国物权法》第七十八条第一款，《中华人民共和国侵权责任法》第一条、第六条，《中华人民共和国民事诉讼法》第六十四条第一款、第一百四十二条之规定，于 2020 年 1 月 16 日作出判决：

驳回原告常某富的诉讼请求。

一审判决后，双方当事人在法定期限内未提出上诉，一审判决已发生法律效力。

【新旧法律依据对照】

旧法	新法	旧司法解释	新司法解释
《物权法》 第七十八条 　　业主大会或者业主委员会的决定，对业主具有约束力。 　　业主大会或者业主委员会作出的决定侵害业主合法权益的，受侵害的业主可以请求人民法院予以撤销。	《民法典》 第二百八十条 　　业主大会或者业主委员会的决定，对业主具有法律约束力。 　　业主大会或者业主委员会作出的决定侵害业主合法权益的，受侵害的业主可以请求人民法院予以撤销。		
《物权法》 第七十三条 　　建筑区划内的道路，属于业主共有，但属于城镇公共道路的除外。建筑区划内的绿地，属于业主共有，但属于城镇公共绿地或者明示属于个人的除外。建筑区划内的其他公共场所、公用设施和物业服务用房，属于业主共有。	《民法典》 第二百七十四条 　　建筑区划内的道路，属于业主共有，但是属于城镇公共道路的除外。建筑区划内的绿地，属于业主共有，但是属于城镇公共绿地或者明示属于个人的除外。建筑区划内的其他公共场所、公用设施和物业服务用房，属于业主共有。		
《民法总则》 第一百三十一条 　　民事主体行使权利时，应当履行法律规定的和当事人约定的义务。	《民法典》 第一百三十一条 　　民事主体行使权利时，应当履行法律规定的和当事人约定的义务。		

七、其 他

续表

旧法	新法	旧司法解释	新司法解释
《民法总则》 第一百三十二条 　　民事主体不得滥用民事权利损害国家利益、社会公共利益或者他人合法权益。	《民法典》 第一百三十二条 　　民事主体不得滥用民事权利损害国家利益、社会公共利益或者他人合法权益。		
《侵权责任法》 第六条 　　行为人因过错侵害他人民事权益，应当承担侵权责任。 　　根据法律规定推定行为人有过错，行为人不能证明自己没有过错的，应当承担侵权责任。	《民法典》 第一千一百六十五条 　　行为人因过错侵害他人民事权益造成损害的，应当承担侵权责任。 　　依照法律规定推定行为人有过错，其不能证明自己没有过错的，应当承担侵权责任。		
		《民事诉讼法司法解释》 （2020年12月23日修正） 第六十四条 　　企业法人解散的，依法清算并注销前，以该企业法人为当事人； 　　未依法清算即被注销的，以该企业法人的股东、发起人或者出资人为当事人。	《民事诉讼法司法解释》 （2022年3月22日第二次修正） 第六十四条 　　企业法人解散的，依法清算并注销前，以该企业法人为当事人； 　　未依法清算即被注销的，以该企业法人的股东、发起人或者出资人为当事人。

续表

旧法	新法	旧司法解释	新司法解释
		《民事诉讼法司法解释》（2020年12月23日修正）第一百四十二条　人民法院受理案件后，经审查，认为法律关系明确、事实清楚，在征得当事人双方同意后，可以径行调解。	《民事诉讼法司法解释》（2022年3月22日第二次修正）第一百四十二条　人民法院受理案件后，经审查，认为法律关系明确、事实清楚，在征得当事人双方同意后，可以径行调解。

【法律适用指引】

法律适用指引一
业主大会或者业主委员会的决定对业主具有法律约束力

《民法典》第二百八十条规定了业主自治管理团体作出决定的效力范围，从法律层面上明确了业主有服从业主大会和业主委员会决定的义务。业主大会和业主委员会是业主自治管理的两大机构。业主大会是由建筑区划内的全体业主参加，依法成立的自治组织，是建筑区划内建筑物及其附属设施的管理机构。业主大会由物业管理区域内的全体业主组成，是小区业主的议事机构，代表和维护物业管理区域内全体业主在物业管理活动中的合法权益。全体业主和各单个业主对业主大会享有相应的权利并承担一定的义务。业主委员会作为业主大会的执行机构，具体实施业主大会作出的决定，业主委员会通过执行业主大会的决议以保证更好地维护全体业主的权益。业主委员会是沟通业主和物业服务企业的桥梁，是全体业主集中意志的代表者。它在相关机构的指导下负责制定业主委员会章程，选择物业服务企业，监督居住小区物业管理工作的实施，对物业服务企业进行检查和监督，协助物业服务企业进行管理工作。业主委员会是整合广大业主的共同意愿，维护广大业主合法权益的有效组织形式。它的存在有利于明确业主与物业服务企业之间的责、权、利关系；有利于促进形成物业管理市场竞争机制，在物业管理市场中发挥着重大作用。业主大会或者业主委员会作为自我管理的权力机关和执行机关，其作出的决定，对业主应当具有法律约束力。《物业管理条例》第十九条规定："业主大会、业主委员会应当依法履行职责，不得作出与物业管理无关的决定，不得从事与物业管理无关的活动。业主大会、业主委员会作出的决定违反法律、法规的，物业所在地的区、县人民政府房地产行政主管部门或者街道办事处、乡镇人民政府，应当责令限期改正或者撤销其决定，并通告全体业主。"因此，对全体业主有法律约束力的业主大会或者业主委员会的决定需符合以下条件：第一，必须是依法设立的业主大会、业主委员会作出的决定；第二，必须是依法定程序作出的决定；第三，必须符合法律、法规、规章，不违背社会道德，不损害国家、公共和他人利益。

法律适用指引二

业主行使撤销权的问题

撤销权的对象是指撤销权人得行使撤销权予以消灭的既存法律关系。在建筑物区分所有的情形下，业主的合法权益涉及多方面的权利和利益。《民法典》第二百七十一条规定："业主对建筑物内的住宅、经营性用房等专有部分享有所有权，对专有部分以外的共有部分享有共有和共同管理的权利。"业主享有的专有权、共有权和成员权受法律同等保护，不受任何单位和个人侵犯。根据《民法典》第二百八十条规定，在业主大会或者业主委员会作出的决定侵害业主合法权益时，业主可以行使撤销权申请人民法院撤销该决定。业主大会或者业主委员会履行职责，代表业主意愿、维护业主利益的决定，对于小区的每一位业主都具有法律约束力。但是，如果业主大会或者业主委员会作出的决定违背了业主的利益，侵害了某一位业主或者若干业主的利益，因决定而遭受侵害的业主，有权向人民法院申请撤销业主大会或者业主委员会作出的该项决定。因此，业主行使撤销权的前提是其合法权益受到了业主大会或者业主委员会决定的侵害。业主的合法权益，通常指的是作为物业管理区域内区分所有权人的业主基于建筑物区分所有所享有的合法权利受到业主大会或者业主委员会决定的侵害。例如，业主大会或者业主委员会通过决定限制或者剥夺业主对共同所有部分所享有的使用、收益等权利，或者作出的改建、重建建筑物及其附属设施的决定侵害业主的合法权益，等等。《民法典》第二百七十八条规定了业主决定建筑区划内重大事项的共同管理权的范围及表决权的行使等问题，主要包括制定和修改业主大会议事规则；制定和修改管理规约；选举业主委员会或者更换业主委员会成员；选聘和解聘物业服务企业或者其他管理人；使用建筑物及其附属设施的维修资金；筹集建筑物及其附属设施的维修资金；改建、重建建筑物及其附属设施；改变共有部分的用途或者利用共有部分从事经营活动；有关共有和共同管理权利的其他重大事项等内容。业主通过参与业主大会共同决定上述事项。由于业主大会针对上述事项作出的决定对全体业主具有法律约束力，因此，如果业主大会所作的关于上述事项的决定侵害了业主的合法权益，则权益受到侵害的业主有权请求人民法院予以撤销。

关于业主行使撤销权的性质。传统民法理论认为撤销权在性质上属于形成权。撤销权指向的是变动已经存在的法律关系而不是相对人履行义务的行为。《民法典》第二百八十条第二款规定业主大会或者业主委员会作出的决定侵害业主合法权益的，受侵害的业主可以请求人民法院予以撤销。这表明，业主撤销权的行使须以诉讼的方式向人民法院提出并经人民法院裁判，与一般形成权仅需权利人依据单方行为行使无需经由诉讼途径行使不同。但这并不能改变该权利属性，业主行使的仍然属于撤销权。

关于业主撤销权行使的方式。《民法典》第二百八十条第二款规定，业主大会或者业主委员会作出的决定侵害业主合法权益的,受侵害的业主可以请求人民法院予以撤销。因此,业主撤销权属于需经诉讼途径行使的形成权,应当通过诉讼的方式来行使。合法权益受到业主大会或者业主委员会所作决定侵害的业主均可以行使撤销权。关于业主身份的问题,可参见《民法典》物权编第六章其他条款规定,并不只限于合法权益受到业主大会或者业主委员会决定侵害的建筑物区分所有权人,还包括尚未办理所有权登记但是根据商品房买卖民事法律行为已经合法占有该专有部分的民事主体,以上两类民事主体均有权提起撤销之诉。

关于业主撤销权行使的法律后果。撤销权的行使将导致既存法律关系消灭。业主行使撤销权请求人民法院撤销侵害其合法权益的业主大会或者业主委员会作出的决定,如果该决定仅涉及业主之间的权益,那么人民法院撤销该决定的法律效力仅及于诉讼当事人以及其他业主;如果该决定涉及业主、业主大会以及业主委员会以外的其他民事主体,那么业主大会或者业主委员会依据被撤销的决定与其他民事主体实施的法律行为也应为无效。至于其他民事主体因被撤销的决定而导致的权益保护问题,应区分第三人是善意或是恶意而有不同的处理方式,如果第三人是善意的,则在其与业主大会或业主委员会实施的法律行为被确认无效后,善意第三人有权请求业主大会或业主委员会赔偿其信赖利益损失;如果第三人是恶意的,则该行为被认定为无效后,第三人无权请求业主大会或业主委员会赔偿其损失。

法律适用指引三
关于业主大会及业主委员会的诉讼主体资格问题

业主行使撤销权请求法院撤销的是业主大会或业主委员会的决定,因此,业主撤销权纠纷的被告理论上应当是业主大会或者业主委员会。但我国现行法律中并未就业主大会以及业主委员会在诉讼中的主体资格问题进行明确规定。尤其是涉及业主委员会的案件中,法院大多肯定了业主委员会作为原告进行诉讼的法律地位,但对业主委员会作为被告的案件大多作出不予受理的裁定。实践中应当根据不同情况具体进行界定，可尝试综合衡量考虑案件的实际情况准许业主委员会应诉。

法律适用指引四
关于业主撤销权纠纷诉讼中的举证责任问题

司法实践中，主要包括业主实体权益及程序权益受到侵害两种情况下举证责任分配的问题。实体权益受到侵害，是指作为物业管理区域内区分所有人的业主基于建筑物区分所有的合法权利受到业主大会或者业主委员会决定的侵害，既包括因业主大会或者业主委员会决定而导致房屋价值受损，也包括业主个人在人身、财产等方面遭受到的重大利益损害。此时，业主应当举证证明其合法权益受到损害。而业主大会或业主委员会应举证证明其决定具备合理性及并未超过大多数业主的容忍义务范围；在超过大多数业主忍受限度的情况下，是否对权益受损的业主的利益进行例外的补偿措施，以增加业主大会或业主委员会决定的合理性水平。业主程序权利受到侵害指的是业主大会或者业主委员会所作出的决定的内容虽然并未侵害业主的合法权益，但其作出决定的程序违反了法律、法规的强制性规定。实践中此类案件主要包括业主因业主大会或业主委员会的表决程序违反了法律、法规的强制性规定而提起撤销之诉。在此情形下，业主需证明其程序性权益受到侵害，业主大会或业主委员会则需举证证明其所作决定程序合法。实践中，关于表决等方面的证据材料都是由业主大会或者业主委员会制作和保管的，业主大会或者业主委员会也有义务确保其所作决定程序合法，在业主因程序权益提起撤销之诉但举证能力有限无法提供证据时，可以依据公平原则适当考虑将举证责任倒置给具有举证能力的业主委员会。

法律适用指引五
关于过错责任原则

理论界对于侵权责任的归责原则体系存有不同认识。但一般都认为,《侵权责任法》第六条第一款规定的"行为人因过错侵害他人民事权益,应当承担侵权责任"是关于过错责任的一般规定,即过错责任原则的一般条款。该条第二款规定的"根据法律规定推定行为人有过错,行为人不能证明自己没有过错的,应当承担侵权责任"则是过错推定责任的一般条款。《民法典》第一千一百六十五条基本沿用上述规定,明确规定了过错责任原则和过错推定责任原则的一般条款,但在第一款规定中增加了"造成损害的"这一表述,以损害作为承担责任的必备要件之一,强调了过错责任原则必须造成损害的要求。一般认为,过错责任原则,是以过错作为价值判断标准,判断行为人对其造成的损害应否承担侵权责任的归责原则。在一般侵权行为引起的损害赔偿案件中,应当由主观上有过错的一方承担赔偿责任。主观上的过错是损害赔偿责任构成的必备要件之一,缺少这一要件,即使侵权人的行为造成了损害事实,并且侵权人的行为与损害结果之间有因果关系,也不承担赔偿责任。

过错责任原则是侵权责任中最基本、最主要的归责原则。其重大意义在于:第一,在道德观念上,确认个人就自己的过错行为所导致的损害,应负赔偿责任,乃正义的要求;反之,如果行为非出于过失,行为人已尽注意之能事,在道德上无可非难,不应负侵权责任。第二,在社会价值上,任何法律必须调和"个人自由"与"社会安全"两个基本价值,过错责任被认为最能达成此项任务,因为个人如果已尽其注意,即得免负侵权责任,则自由不受束缚,聪明才智可得发挥。人人尽其注意,一般损害亦可避免,社会安全亦足以维护。第三,过错责任体现人的尊严,肯定人的自由,承认个人抉择、区别是非的能力,个人基于自由意思决定从事某种行为而造成损害的,因其具有过失,法律予以制裁,使其负赔偿责任,最足以表现对个人尊严的尊重。[①]

准确把握过错责任原则的内涵,应当注意以下几点:

第一,过错责任原则要求过错作为侵权责任构成的必备要件。在侵权责任法中适用过错责任原则的场合,行为人的主观过错是必备要件之一。如果行为人在主观上没有过错,就不能构成侵权责任。

第二,过错责任原则要求以过错作为责任构成的最终要件。德国学者耶林指出:"使人负损害赔偿的,不是因为有损害,而是因为有过失,其道理就如同化学上之原则,使蜡烛燃烧的,不是光,而是氧,一般的浅显明白。"[②] 这一关于过错要件在一般侵权责任构成中决定性地位的经典表述,广为流传。过错责任原则要求以过错作为侵权责任构成的价值判断标准,过错不仅是侵权责任构成的一般要件,更是决定侵权责任构成的最终的、决定性的要件。

【类案裁判观点】

类案裁判观点一

部分业主对业主大会或者业主委员会决定事项不服提起的诉讼如何处理

实践中,经常发生部分业主以其没有参加业主大会或者业主委员会的会议为由,提出与业主大会或者业主委员会的决定事项相反的意见,要求人民法院支持其诉讼请求。根据《民法典》有关规定,业主大会或者业主委员会作出的决定,只要是在符合法定人数或者具有投票权的业主参加的情况下,所作出的涉及小区事项的决定,对该小区所有业主都发生效力。单个业主或者部分业主以其未参加会议为由提出的主张不能

[①] 王泽鉴:《侵权行为法》(第一册),我国台湾地区三民书局1999年版,第14页。
[②] 王泽鉴:《民法学说与判例研究》(第二册),中国政法大学出版社1998年版,第144~145页。

得到支持。

类案裁判观点二
业主大会或者业主委员会作出的与物业管理无关的决定如何处理

业主大会或者业主委员会作出的虽然与物业管理有关但侵害业主合法权益的决定，属于业主有权请求人民法院撤销的范围。《物业管理条例》规定，业主大会、业主委员会应当依法履行职责，不得作出与物业管理无关的决定，不得从事与物业管理无关的活动。因此，如果业主大会或者业主委员会作出与物业管理无关的决定，属于违反法律、行政法规的强制性规定的行为，自始就不具有法律效力，对业主也就不具有法律约束力。

൰录 最高人民法院典型案例

刘某云诉中国银行股份有限公司衡阳分行、中国建设银行股份有限公司衡阳市分行财产损害赔偿纠纷案

——消费者取款时银联卡号及密码被他人复制，卡上存款被取走，由提供银联卡的银行承担赔偿责任

《最高人民法院公布10起维护消费者权益典型案例》第7号
2014年3月12日

【基本案情】

刘某云在建行衡阳分行办理银联卡一张。2009年1月30日，其到建行衡阳分行设立在衡阳市解放路网点的自动取款机取款未果，便到隔壁中行衡阳分行网点的ATM机取款2500元，其账户尚有存款余额41395.49元。取款时该取款机已被他人非法安装了摄像头，利用摄像资料复制了刘某云的银行卡信息。次日，刘某云的银行卡被他人在他行ATM机上相继取款10次，每次取款2000元，共计20000元，并支付手续费10次，每次2元，共计20元。最后经ATM机转账一笔，金额21300元，支付转账手续费52元。至此，刘某云的银行卡在同一天内，经他行ATM机发生业务交易共11次，包括手续费共发生交易额41372元，账户存款余额只剩23.49元。刘某云遂向湖南省衡阳市雁峰区人民法院起诉，请求中行衡阳分行、建行衡阳分行赔偿41372元存款及利息。

【裁判结果】

一审法院判令中行衡阳分行承担赔偿责任，建行衡阳分行免责。中行衡阳分行不服，提起上诉，要求建行衡阳分行承担赔偿责任。湖南省衡阳市中级人民法院二审认为，刘某云在建行衡阳分行办理了银联卡，双方之间形成了储蓄存款合同关系。当事人应当遵循诚实信用原则，根据合同的性质、目的和交易习惯履行通知、协助、保密等义务。建行衡

阳分行有义务保障储户银行卡内的资金不被他人盗取，同时也有义务通知和告知持卡储户注意识别犯罪分子利用各种高科技手段窃取银行卡内存款的方式、方法及防范措施。由于发卡行建行衡阳分行既不能保障所发银行卡卡内信息的安全，又未告知持卡人熟知犯罪分子利用高科技手段获取卡内信息及密码的方式方法，故应承担刘某云银行卡内资金被盗取的民事责任。刘某云作为一名普通的持卡人，不了解ATM机的构造和工作原理，也不掌握和识别犯罪分子利用高科技手段在ATM机上窃取卡内信息和密码的装置，且刘某云的银行卡和密码未丢失，也未委托他人使用，故刘某云对银行卡信息和密码的泄露没有过错，不应承担责任。刘某云在中行衡阳分行的ATM机上取款，该行将存款支付给刘某云，是基于委托代理关系而履行代为支付存款的义务。根据《民法通则》的规定，代理人在代理权限内，以被代理人的名义实施民事法律行为，被代理人对代理人的代理行为承担民事责任。故建行衡阳分行作为被代理人应对代理人中行衡阳分行的代理行为承担责任。二审法院依法改判建行衡阳支行向刘某云支付储蓄存款41372元。

青海茂祥房地产开发有限公司与青海省气象局财产损害赔偿纠纷案

《最高人民法院发布关于依法平等保护非公有制经济，促进
非公有制经济健康发展民事商事典型案例》第2号
2016年4月8日

【基本案情】

2011年5月，民营企业青海茂祥房地产开发有限公司办理相关手续后建设开发位于青海省西宁市某商住小区项目。后青海省气象局将正在施工使用的唯一通道堵塞，造成无法施工。经诉讼及强制执行，该通道被疏通，共造成停工112天。青海茂祥房地产开发有限公司起诉要求青海气象局支付停工产生的违约金损失、人员工资损失、监理费报酬损失、

借款利息及罚息损失等各项损失合计 4358404.81 元。

【裁判结果】

青海省西宁市中级人民法院一审认为，根据《民法通则》第八十三条①关于"不动产的相邻各方，应当按照有利生产、方便生活、团结互助、公平合理的精神，正确处理截水、排水、通行、通风、采光等方面的相邻关系。给相邻方造成妨碍或者损失的，应当停止侵害，排除妨碍，赔偿损失"及《最高人民法院关于贯彻执行〈中华人民共和国民法通则〉若干问题的意见（试行）》第一百条②关于"一方必须在相邻一方使用的土地上通行的，应当予以准许；因此造成损失的，应当给予适当补偿"的规定，青海省气象局理应向青海茂祥房地产开发有限公司承担因侵权造成的财产损害赔偿责任。判决：青海省气象局赔偿青海茂祥房地产开发有限公司各项经济损失 1055240 元；驳回青海茂祥房地产开发有限公司的其他诉讼请求。

青海省气象局、青海茂祥房地产开发有限公司上诉后，青海省高级人民法院作出二审判决：驳回上诉，维持原判。

【典型意义】

本案是因相邻关系造成妨碍应当承担民事责任的典型性案例。实践中存在非公有制企业和政府机关、国有企业等因相邻关系等非合同关系引发的民事纠纷，在此类纠纷中，同样需要依照法律规定，对非公有制企业的合法权益予以保护，而不能允许其他主体对其合法权益肆意侵害而不承担相应法律责任。本案中，青海省气象局堵塞青海茂祥房地产开发有限公司开发建设青海省气象局旧房改造项目正在施工的唯一通道构成侵权的事实，已由另案生效法律文书所确认，对于此侵权行为造成的青海茂祥房地产开发有限公司的财产损失，青海省气象局应当予以赔偿。因此，青海茂祥房地产开发有限公司的诉讼请求，在有证据支持的范围内，得到了人民法院的支持。人民法院审理该案件时，平等对待双方当事人，准确适用《民法通则》及其司法解释等相关规定，依法支持青海茂祥房地产开发有限公司的相应诉讼请求，维护

---

① 《民法通则》已废止，本条对应《民法典》第二百八十八条。
② 《最高人民法院关于贯彻执行〈中华人民共和国民法通则〉若干问题的意见（试行）》已废止，本条对应《民法典》第二百九十一条。

了其作为非公有制企业的合法权益。

杜某某诉张某某、何某某财产损害赔偿案

《最高人民法院公布 10 起残疾人权益保障典型案例》第 7 号
2016 年 5 月 14 日

【基本案情】

原告杜某某为双眼全盲残疾人，其租赁壹某公司门面一间用于经营盲人按摩。在杜某某经营过程中，壹某公司不履行出租设施修理义务，且其员工破坏杜某某经营设施，阻碍杜某某对外经营，导致杜某某无法开展正常经营。为此，原告杜某某起诉到法院，要求张某某、何某某恢复其店内设施并赔偿相应的损失。法院在审理本案过程中查明，原告杜某某作为残疾人，法律意识淡薄，不能举示相关证据，且其起诉的被告不适格。为切实依法保护残疾人弱势群体的合法经营权益，减轻残疾人的诉讼负担，人民法院加大案件协调力度，最终促成原告杜某某与案外人壹某公司签订调解协议，切实保护了原告杜某某的合法经营权益。原告杜某某亦撤回了针对被告张某某、何某某的起诉。

【典型意义】

依法切实保障残疾人生产经营权利

让残疾人平等参与社会生活、共享改革发展成果，是具体检验支持残疾人事业发展的重要标志。本案原告杜某某系双眼全盲残疾人，其作为民事主体租赁门面用于经营盲人按摩，是残疾人平等参与社会生活的积极体现，其合法经营权利更应受法律保护。而本案出租方违约侵害残疾人正常生产经营，理应承担相应的责任。本案原告作为残疾人，由于其身体残疾、法律知识薄弱、经济条件有限等原因，在依法保护其权益时处于明显弱势地位。针对本案，法院的审理工作立足保护残疾人生产经营权益，加大案件调解力

度，最终通过调解方式结案，使本案残疾人能够平等参与社会生活、共享改革发展成果。

云和县土岩岗头庵叶腊石矿与国网浙江省电力公司矿产压覆侵权纠纷案

《最高人民法院发布十起审理矿业权民事纠纷案件典型案例》第10号

2016年7月12日

【基本案情】

2004年12月29日，云和县叶腊石矿取得叶腊石采矿权。2013年3月18日，浙北-福州特高压交流输变电工程获得国家发展和改革委员会的核准批复。2013年4月26日，国网浙江省电力公司将浙北-福州特高压交流工程线路工程发包给案外人施工。2014年8月20日，云和县叶腊石矿到案涉线路工程项目部反映，浙北-福州1000KV交流输电线路第5R67号桩及第5R66-5R68号桩之间的电线跨越其矿区。经核实，该输电线路路径确与云和县叶蜡石矿矿区范围存在冲突。2014年12月26日，浙北-福州案涉特高压交流输变电工程正式投运。云和县叶腊石矿以其不能正常爆破采矿为由提起诉讼，请求判令国网浙江省电力公司立即拆除建立在其采矿区域内的输电线路。

【裁判结果】

浙江省云和县人民法院一审认为，浙北-福州特高压交流输变电工程系经国家发展和改革委员会依法核准批复、依法建设的国家重点工程，投资巨大且已竣工并正式投入运营，如拆除将会给国家利益、社会公共利益造成重大损失，故对云和县叶腊石矿的诉讼请求不予支持。云和县叶腊石矿如认为国网浙江省电力公司架设电线给其造成损失，可另行协商或者通过诉讼途径解决。浙江省丽水市中级人民法院二审认为，即使国网浙江省电力公司建设支桩和架设电线的行为构成对云和县叶腊石矿采矿权的妨害，但考虑到案涉工程在满足福建与浙江联网送电需要及提高华东电网供电可靠性方面发挥的重要作用，且该工程投资巨大并已正式投入运营，如拆除，必将对浙江省电力供应造成重大影响，电力供应不仅涉及叶腊石矿的经济利益，更涉及社会公共利益。二审法院判决驳回上诉，维持原判。

【典型意义】

在建设铁路、工厂、水库、输油管道、输电线路和各种大型建筑物或者建筑群之前，建设单位须向省级国土资源主管部门了解拟建工程所在地区的矿产资源分布和开采情况。非经国务院授权的部门批准，不得压覆重要矿床。矿床压覆人未经审批评估、与矿业权人签订补偿协议、办理矿产资源储量登记等法定程序，在采矿权人矿区范围内建设工程，压覆矿产资源，侵害了矿业权人的合法利益。但就侵权责任的承担方式而言，应综合考虑输电线路等国家重点建设工程关涉国家利益和社会公共利益，投资巨大并已投入运营等因素，不宜径行判令拆除。在矿业权人仅请求排除妨碍的情形下，人民法院应予以充分释明，告知其可另行主张适当的责任方式，兼顾国家利益、社会公共利益和矿业权人的合法权益，适应国家产业政策与社会经济发展需要。

【点评专家】

陈德敏，重庆大学教授，博士生导师。

【点评意见】

本案的一审判决以案涉采矿工程项目不能干扰福建与浙江联网送电需要和不能影响华东电网正常发挥供电可靠性作用为由，不支持云和县叶腊石矿的拆除建立在其采矿区内输电线路的诉讼请求，并提出协商或者另行提起诉讼解决。二审依法维持一审判决。本案有两点指导意义：一是司法裁判中整体与局部的利益衡量问题，针对所涉浙北-福州特高压交流输变电工程已正式投入运营的既成事实，司法裁判考量的是社会公共利益与叶腊石矿的经济利益之间的平衡，一审和二审都依法保障整体公共利益的优先地位。二是司法裁判中法官释明权的行使，一审法院并未直接依原告请求以拆除建立在其采矿区内的输电线路作为责任承担方式，而是通过法官释明告知当事人可另行主张适当的责任方式。这种处理方式是利益衡量的结果,既兼顾社会公共利益,也为矿业权人的合法权益实现提供可能。

协调好整体公共利益和局部个体利益之间的关系是公正司法的关键,为公共利益规制个体利益合理边界是必不可少的。裁判中法官的释明权就是对当事人应有权益进行司法救济的方式之一,有利于促进诉讼审理的公正和效益的最大化,提升司法公信力。

贵州泰蘋河生态养殖开发有限公司诉贵州华锦铝业有限公司财产损害赔偿案

《最高人民法院公布长江流域环境资源审判十大典型案例》第4号

2017年12月4日

【基本案情】

泰蘋河公司是一家主要从事鲟鱼养殖的企业,从戈家寨大沟取水。华锦公司于2014年10月在戈家寨水库上游河段筑坝取水。由于华锦公司筑坝拦水,下游河道水量减少,导致泰蘋河公司养殖的鲟鱼在4月21至23日因严重缺水缺氧大量窒息死亡。泰蘋河公司主张,华锦公司从事工程建设,明知对原有供水水源有不利影响,应当采取相应的补救措施。华锦公司在未通知下游用水户做好应对准备的情况下,擅自蓄水断水,造成泰蘋河公司养殖的鲟鱼缺氧窒息大量死亡。泰蘋河公司诉至法院,主张华锦公司承担赔偿责任。

【裁判结果】

贵州省清镇市人民法院一审认为,河流生态流量可以保证河流所需的自净扩散能力,维持水生生态系统平衡,保证库区养殖业所需的水质水量。我国虽然没有关于河流生态流量的法律规定,但实践中有此要求,如水电站最小下泄流量就是保障河流生态流量的措施。华锦公司未办理取水行政许可及环境影响评价,擅自修建拦截坝取水,未保障必要的生态下泄流量,导致下游水量减少,养殖场进水减少,鲟鱼窒息死亡。故泰蘋河公司养殖的鲟鱼死亡与华锦公司蓄水之间存在因果关系,判决华锦公司赔偿泰蘋河公司经济损失 757158.6 元。华锦公司不服,提起上诉。贵阳市中级人民法院二审判决驳回上诉、维持原判。

【典型意义】

长江流域蕴藏着十分丰富的水资源,依法审理水资源开发利用案件,促进水资源可持续利用是人民法院环境资源审判的重要职责。本案系水资源开发利用过程中产生的侵权纠纷,涉及水资源利用中"生态流量"的保障和控制。河流生态流量具有重要价值,上游地区用水户在水资源开发和利用过程中,要保障河流生态流量,不能损害下游地区供水、通航、灌溉、养殖等生态流量受益方的合法权益,从而保障全流域水生生态系统基本功能的正常运转。本案中,作为主要从事鲟鱼养殖的泰蘋河公司与华锦公司均系戈家寨水库的需水方,均应依照法律规定取水、用水、排水。华锦公司在上游取水用水时未办理取水行政许可和环境影响评价,擅自修建拦截坝取水,未保障必要的生态下泄流量,损害了下游用水户的合法权益,导致损害事实的发生,依法应当承担赔偿责任。本案肯定了生态流量的重要价值,维护了生态流量受益方的合法权益,对于人民法院审理水资源开发利用案件具有指导意义。

兰坪三江铜业有限责任公司诉兰坪汇集矿业有限公司财产损害赔偿纠纷案

《2019 年度人民法院环境资源典型案例》第十三号

2020 年 5 月 8 日

【基本案情】

2016 年 6 月,兰坪县营盘镇清水河发生泥石流灾害。兰坪县国土资源局形成《兰坪县国土资源局关于上报兰坪县营盘镇清水河"6.07"泥石流灾害调查的报告》（以下简称调查报告），认定兰坪三江铜业有限责任公司（以下简称三江铜业公司）直接经济损失为233.91万元。调查报告同时指出，本次泥石流灾害为强降雨为主引发，兰坪汇集矿业有限公司（以下简称汇集公司）大板登铜矿矿区生产弃渣处置不当是加剧地质灾害灾损形成的直接因素，灾损各方应共同委托具有资质条件的技术单位开展专项调查工作，经责任认定后按照责任大小协商解决。因协商未果，三江铜业公司诉至法院，要求汇集公司赔偿其经济损失233.91万元。

【裁判结果】

云南省兰坪白族普米族自治县人民法院一审认为，调查报告证明，案涉泥石流灾害与汇集公司大板凳铜矿矿区生产弃渣处置不当之间存在因果关系，汇集公司未提供证据证明其存在免责事由或者其行为与损害结果不存在因果关系，应承担环境侵权责任。三江铜业公司本身亦存在一定的过错。鉴于各方未进行责任认定，亦不同意进行灾损司法鉴定，依据调查报告统计的灾损数据，结合财产折旧情况，确认三江铜业公司损失为222.20万元。根据双方过错程度，确定汇集公司承担50%的赔偿责任。一审判决，汇集公司赔偿三江铜业公司财产损失111.10万元。云南省怒江傈僳族自治州中级人民法院二审调整折旧比例，确定三江铜业公司损失数额为141.25万元，改判汇集公司赔偿三江铜业公司财产损失70.62万元。

【典型意义】

本案为环境污染事件引发的财产损害赔偿案件。根据《最高人民法院关于审理环境侵权责任纠纷案件适用法律若干问题的解释》第十条的规定，负有环境保护监督管理职责的国土部门出具的环境污染事件调查报告可以作为认定案件事实的根据。本案中，行政机关出具的调查报告对案涉泥石流灾害的成因、财产损失以及责任认定均有相关表述。人民法院结合双方当事人举证情况，依法采信调查报告作出事实认定，并综合过错程度和原因力的大小合理划分责任范围，在事实查明方法和法律适用的逻辑、论证等方面对类案审理提供了示范。